가야사
새로 읽기

주보돈 지음

가야사
새로 읽기

주보돈 지음

주류성

가야사 새로 읽기

발간사

한 권의 저서를 정리할 즈음이면 누구라도 지나온 삶과 함께 연구의 궤적(軌跡)을 잠시라도 되돌아보게 마련이다. 돌이켜보면 나의 역사 연구 입문은 학부 시절 접촉한 가야사에 대한 관심부터였다고 할 수 있다. 당시 임나일본부설의 존재를 처음 알게 되었을 때 상당한 충격을 받았다. 이때 앞으로 이 분야에 투신해 임나일본부설의 완전한 극복을 위해 힘을 보태고 나아가 가야사를 나름대로 체계화해 보겠다는 야심찬 생각을 가졌다. 그런 의지를 표명하려고 먼저 임나일본부설에 관한 장편의 어설픈 논고를 작성해서 대학 내에서 간행되던 잡지에다가 실었던 적이 있다. 이것이 나의 역사 연구의 첫 출발이기도 한 셈이었다. 얼마 뒤에는 가야의 멸망 문제를 다룬 글을 작성해 학부의 졸업논문으로 제출하였다. 이로써 장차 연구자로서 본격적인 길을 걷게 된다면 중심 분야가 어느 쪽인지의 대강은 이미 결정된 상태나 다름없었다.

사실 가야사 분야에 관심을 갖게 된 직접적 계기는 이미 오래전 고인이 되셨지만 뛰어난 역사 연구자인 천관우(千寬宇) 선생의 글을 읽고서였다. 선생은 1972년 가을부터 이듬해 봄까지 월간잡지 『신동아(新東亞)』에 「한국사의 조류

(潮流)」란 장편의 역사물을 연재하였다. 한국사의 흐름을 큰 시야(視野)에서 다룬 이 글을 우연히 접하면서 상당한 충격을 받았다. 특히『일본서기(日本書紀)』를 새로운 시각과 방식으로 읽어내어 가야사를 복원하려한 부분에 이르러서는 나도 앞으로 막연하게나마 이에 도전해 보아야겠다는 뜻을 품었다. 학부 시절 작성해본 두 편의 글은 지금 돌이켜보면 부끄럽기 그지없는 습작(習作)에 불과하지만 그런 의도 아래 나온 작은 시도였다. 천관우 선생은 1976-7년 「복원가야사」란 이름으로『문학과 지성』이란 계간지에 세 차례 걸쳐 가야사 관련 논문을 정식으로 게재하였거니와 나는 이를 즉시 구득해 읽고 또 읽어 가면서 가야사 연구에 힘을 쏟아야겠다는 다짐을 거듭하곤 하였다.

1975년 7월부터 16일 간에 걸쳐 경북대박물관에서 경주 황남동의 쪽샘 지구에 위치한 37호분 발굴을 실시하였다. 당시 참가 요청을 받았을 때 나는 기꺼이 참여하였는데 처음에는 학생이 나 혼자뿐이었다. 때마침 고고학 강좌를 수강해 고고학이란 새로운 학문을 조금 맛본 터라 현장에 대한 호기심이 발동하였기 때문이다. 아무런 기본 식견과 관련 실무 능력을 갖추지도 못한 채 발굴단의 정식 일원이 된 것이었다. 사실 거기에는 장차 고고학을 전업으로 공부해야 할지 모른다는 생각도 밑바탕에 깔려 있었다. 이보다 앞서 1973년 가을 경주를 답사하다가 155호분[天馬塚]과 계림로(鷄林路)에서 진행되던 발굴 현장을 목격하고 받은 영향도 바닥에 작용하지 않았을까 싶다. 37호분을 발굴하고 있던 바로 그 즈음 인근에는 황남대총(98호분) 발굴이 한창 진행 중이어서 틈나면 그곳으로 달려가 현장을 실견하기도 하였다. 이 장면은 뇌리에 깊이 각인되어 지금껏 경주의 적석목곽분(積石木槨墳)이 머리에서 떠나지 않는 오랜 기억으로 남아 있다.

그런데 대학원에 진학하여 여러 방면의 논문들을 접해가면서 생각이 조금씩 바뀌어져 갔다. 이미 발굴 현장의 어려움을 몇 차례 몸소 체험하고, 또 개인의 현실 여건이 여러모로 맞지 않아 고고학 분야는 차츰 멀리하게 되었다. 단지 그저 먼발치에서만 바라보는 대상으로 여겼다. 한편, 가야사 분야도 사료가 너무도 빈약해 초보자가 선뜻 달려들기에 문제점을 많이 안고 있다는 느낌이었다. 근본 사료를 적절히 다루면서 철저하게 비판할 수 있는 능력을 갖추지 않는다면 자칫 역사 해석에 위험이 언제나 뒤따를지 모른다고 여긴 것이었다. 이런 데에 생각이 미치자 가야사를 일단 옆으로 제쳐두고 신라사 쪽으로 눈을 돌렸다.

신라사 분야는 상대적으로 관련 사료가 풍부한 편이므로 이를 매개로 사료 분석과 비판의 능력을 어느 정도 함양할 수 있으리라 판단되었다. 그런 연후에 언젠가 다시 가야사 방면으로 돌아오겠다고 내심 다짐하였다. 당시 신라사 분야가 한국고대사 연구의 중심이었으므로 이를 통해 역사에 대한 안목과 시야를 한층 넓혀간다면 가야사에 대한 이해도 한결 정확하고 쉬워지리란 생각에서였다. 기실 가야사 분야를 연구하려한 처음의 뜻을 완전히 버린 것이 아니라 잠시 미루어 둔 셈이었다.

대학원에 재학 중이던 시절 주된 연구 대상을 가야사로 되돌릴 기회가 있었다. 1977년 말에서 1978년 초 3개월 이상 진행된 경북 고령군 지산동 44호, 45호분 발굴에 우연찮게 참가한 일이 있었다. 당시 단원은 통틀어 대학원생이 나 혼자여서 현장 책임을 졌다. 이 발굴이 뒷날 가야사나 가야고고학 분야에 끼친 영향이 너무나 컸음은 널리 알려진 바와 같다. 비교적 장기간에 걸친 무척 힘든 현장 생활을 참아가면서 한동안 멀리 두고 바라보기만 한 고고학이나 가야사 분야에 대한 관심을 밑으로부터 되살려내었다. 하지만 발굴 작업이 종료되고 사후 처리까지 일체 마무리한 뒤 내심 가야사에 대해 상당한 유혹을 느끼면서도 이미 설정해둔 방향을 다시는 바꾸지 않겠다고 재삼 마음을 추스렸다. 그래서 가야사를 뒤로 하고 신라사, 특히 그 가운데 지방통치와 촌락 문제 쪽으로 관심을 쏟아 석사학위논문을 작성하였다.

이처럼 학부 시절부터 대학원 재학 시절까지 가야사나 가야고고학을 연구의 전문 영역으로 삼을 만한 기회가 몇 차례나 있었다. 그와 같은 경험은 이후 저자가 한국고대사 연구자로서 본격적으로 활동하는데 알게 모르게 매우 큰 자양분이 되었음은 물론이다. 이 방면에 대한 관심을 끊지 않고 줄곧 갖고 있었음은 그를 입증해준다. 그래서 신라사에 전념하면서도 언제나 가야사 쪽으로 눈을 돌릴 기회가 오기를 기다리고 있었다.

1990년 초반 경상북도가 대구 지역 한국고대사 연구자들에게 제시한 가야사 관련 저술 용역은 이 방면에 관심을 돌리게 된 주요 계기였다. 저서 전체를 기획해가면서 나는 가야사 연구 궤적 전반을 연구사적으로 훑어보고 정리하는 서설(序說) 편의 집필을 맡았다. 한동안 옆으로 밀쳐둔 가야사 방면의 연구 현황과 경향 및 성과 전반을 세세하게 살펴볼 좋은 기회였다. 이를 통해 가야사 연구에 내재한 한계와 문제점 등을 새롭게 인지하게 되었다. 이후 가야사 연구 동향을 놓치지 않고 살펴가면서 뛰어들 채비를 차려갔다. 이따금씩 가야사 관련 논고를 작성하면서 언젠가는 전반적 흐름을 더듬어보는 작업을 본격화해 보리라 생각하고 꾸준하게 준비하던 중이었다. 2013년 봄 학기 고고학과 대학원 석·박사과정의 특강으로 가야사 강의를 의뢰 받았다. 가야사의 흐름을 주제로 삼기로 작정하였는데 상당한 부담을 안고 있었다. 하지만 언젠가는 시도해야 할 작업이라 여기고 힘들었지만 대강을 정리해 갔다.

그러던 차 때마침 고령군을 중심으로 해서 지방의 기초자치단체인 시군(市郡) 십여 개로 이루어진 협의체에서 가야사 전반을 정리해 달라는 요청을 받았다. 이들 시군은 가야권으로 설정된 협의체에 참여하고 있기는 하지만 가야의 실체는 물론 연구의 실상에 대해서는 잘 모른다는 것이었다. 처음에는 굳이 사양하였지만 오랜 기간 고령과 맺어온 인연을 떠올리자 뿌리치지 못하고 마침내 받아들이게 되었다. 그동안 주로 발굴을 통해 확보된 최신 고고학 자료의 재정리를 통해 가야권을 새롭게 설정하는 데에 초점을 맞추기 위해 고고 연구자들을 중심으로 연구 집필진을 꾸렸다. 연구의 총책임을 지게 된 나는 순수한 문헌사의 입장에서 가야사 전반을 정리한 총론(總論)을 맡았다. 바로 직전 대학원 시간에 강의용으로 대강을 정리해 둔 것이 유용하게 활용되었다.

본서는 사실 이와 같은 과정을 거쳐 탄생한 것이었다. 일단 그동안 진행된 가야사 연구의 최신 현황을 염두에 두면서 전반의 흐름을 개관해 보고자 하였다. 가야사를 다루면서 이 분야에 관심을 가진 초보자들이나 일반인들이 쉽게 접근할 수 있는 개설서나 입문서가 아직껏 없다는 사정을 크게 고려하였다. 그동안 가야사로 연구를 출발하였지만 다른 길을 걷게 되면서 나 스스로에게 했던 한 약속을 지키려는 계산도 작용한 작업이었다. 2012년에는 대중을 대상으로 한 『임나일본부설, 다시 되살아나는 망령』(도서출판 역락)을 간행해 초심의 일단을 실현시키는 신호탄을 올린 적이 있으므로 본서는 그 두 번째 작업이기도 하다.

하지만 이는 나의 가야사에 대한 관심의 끝이 아니라 차라리 새로운 시작이기도 하다. 이제 진정한 초심으로 돌아가 가야사 연구를 본격화하려는 다짐으로 세상에 내어놓겠다는 생각을 갖게 되었다. 장차 이를 발판으로 해서 한층 더 내실을 갖춘 가야사 개설서 간행을 기약해본다.

2017. 6 中初書숨에서 저자 씀

목차

들어가면서

　역사란 과거 인간 삶의 총체를 의미한다. 그들 가운데 극히 일부만이 기록으로 남겨지게 마련이다. 이 기록들을 역사학에서는 흔히 사료(史料)라고 일컫는다. 뒷날의 역사가는 사료들을 근거로 삼아 인간 삶을 복원해내는 작업을 시도한다. 그래서 역사학은 언제 어느 때라도 사료를 가장 소중하게 여길 수밖에 없는 학문 분야라 하겠다. 물고기가 물을 떠나서는 살아갈 수 없는 것처럼 사료가 없다면 역사가도 당연히 불필요한 존재일 뿐더러 역사 복원은 전혀 불가능한 일이 된다. 반드시 사료가 있어야만 역사가도, 역사도 존재하는 것이다.

　역사를 전문으로 다루는 역사가는 언제나 자신이 딛고 있는 현실적 입장에서 과거 사실을 살피게 마련이다. 이런 역사가의 관점을 한데 묶어서 흔히 역사인식, 즉 사관(史觀)이라고 일컫는다. 역사가는 역사를 복원하는 작업을 수행하는 과정에서 나름의 인식과 관점을 그 속에 밀어 넣어서 해석하려고 한다. 그래서 역사적 사실에는 역사가의 인식이 저절로 스며들어 간다. 그래서 똑 같은 사건·사실을 다루더라도 여러 가지 모습으로 비쳐지게 된다. 역사가마다 역사적 사실을 이해하는 입장과 인식이 꼭 같지 않은 데서 빚어지는 지극히 자연스런 현상이다. 역사학을 때로는 해석(解釋)하는 학문이라 일컫는 것도 바로 그 때문이다. 그래서 동일한 가야(加耶)의 역사를 대상으로 복원하더라도 누가 어떤 관점으로 어떻게 접근하느냐에 따라 전혀 다른 모습을 띠게 됨은 너무도 당연한 일이다.

이처럼 역사학은 크게 사료(사실)와 해석(사관)의 두 요소를 기본 축으로 삼는다. 그것을 낙동강 중심으로 성장·발전해서 562년에 이르기까지 존속한 가야의 역사에다가 대입해 보면 다른 무엇보다도 먼저 관련 기록, 즉 사료가 빈약하기 이를 데 없다는 사실이 저절로 눈에 들어온다. 빈약한 사료조차 매우 단편적이거나 너무 설화적 성격의 것들이 대부분을 차지한다. 그런 까닭에 현재 남겨진 사료만으로는 가야사의 뼈대는 물론 윤곽조차 제대로 그려내기가 어려운 실정이다. 그래서 가야사를 복원해내는 데에는 다른 무엇보다도 고고자료(考古資料)에 크게 기댈 수밖에 없다. 가야사 관련 자료들 가운데 고고자료가 단연코 비할 바 없이 커다란 비중을 차지하기 때문이다.

고고자료는 오랜 기간 인간이 삶을 영위해 오면서 남긴 흔적으로서 유적과 유물 등 일체를 총칭한다. 1970년대 이후 지금까지 가야 권역이라 추정되는 곳곳에서 진행된 발굴을 통해 고고자료들이 적지 않게 축적되었다. 이들을 종합적으로 정리해 예기치 않게 기존의 사료를 통해 설정된 가야사상(加耶史像)과는 무척 다름이 드러났다. 이는 기존의 가야 관련 기록이 매우 심각한 문제를 안고 있음을 뜻하는 사실이다. 말하자면 문헌을 근거로 정립된 기왕의 가야사 흐름은 전면적으로 재검토되지 않으면 안 되게 되었다. 그런 사례들 가운데 두드러진 것으로는 금관가야와 관련한 내용을 손꼽을 수 있다.

과거 오래도록 가야사라면 으레 김해에 위치한 금관가야(金官加耶), 금관국

(金官國)을 떠올리기 십상이었다. 가야는 성립할 때부터 멸망할 시점에 이르기까지 여러 갈래의 정치세력이 분립된 상태로 일관하였음을 주요 특징으로 한다. 그런 속에서도 줄곧 하나의 연맹체로 굳게 뭉쳤던 것으로 간주해 왔다. 그래서 가야사의 처음에는 금관국이, 그 뒤의 어느 시점부터는 대가야가 단일 연맹체를 주도한 맹주였다고 인식하였다. 맹주를 근거로 앞선 시기를 전기가야, 뒤의 시기를 후기가야라 명명해 가야사를 크게 두 시기로 나누어 이해함이 일반적이었다. 대부분 신라를 중심축으로 하여 정리된 역사서인『삼국사기(三國史記)』나『삼국유사(三國遺事)』에 실린 내용을 액면 그대로 받아들인 데에 근거를 둔 해석이다. 그렇지만 새로이 알려진 고고자료는 물론「광개토왕비(廣開土王碑)」및『삼국지(三國志)』,『송서(宋書)』,『일본서기(日本書紀)』등의 외국계 사서를 아울러서 종합적으로 정리하면 그와는 다른 모습을 띈다. 이 가운데 쟁점이 되거나 될 만한 몇몇 주요 문제를 정리하면 다음과 같다.

첫째, 가야가 시종일관 하나의 연맹체로 기능하였다는 주장은 여러모로 성립하기 곤란하다는 점, 둘째, 그래서 금관가야 중심의 이른바 전기가야 시기를 따로 설정하기가 어렵다는 점, 셋째, 가야는 시종일관 분립된 상태가 아니라 후기에 이를수록 고령의 대가야 주도로 내부의 통합운동이 점진적으로 진행되었다는 점, 넷째, 그런 과정에서 대가야가 자체 내부의 발전을 매개로 영역국가로 성장, 변신하는 과정을 겪었다는 점 등을 들 수 있다. 특히 그런 양상은 새로이 확보된 고고자료로부터 뚜렷이 증명되는 사실이다.

이상과 같이 고고자료와 함께 기존 문헌자료를 다른 시각에서 면밀히 재검토함으로써 가야사를 새롭게 재구성할 수 있는 길이 열린 것이다. 과거 지나치게『삼국사기』나『삼국유사』등 국내 측 사료에만 무게를 둔 나머지 그로부터 도출된 결과만을 굳이 고집하는 편향성을 보였다. 나아가 인근 삼국의

낙동강 중심의 영남지방

동향은 전혀 고려하지 않은 채 가야사 자체만을 좁게 들여다 본 경향성을 갖고 있었다. 그런 연구상의 한계로부터 많은 문제가 야기된 것이었다. 따라서 그런 점들을 반성하면서 이 책에서는 가야사의 전반적 흐름을 새롭게 정리해 보고자 하였다. 여기에서 추구하고자 한 기본 방향은 다음과 같다.

첫째, 금관국을 중심으로 한 소위 전기가야로 명명된 시기는 사실상 가야의 모태이기는 하지만 실상은 가야사라기보다도 직전 단계인 변한사(弁韓史)에 넣어서 따로 다룸이 한결 적절하다는 점이다. 현재로서는 가야란 단어가 가진 본래적 의미를 명확히 가늠하기란 힘들지만 명칭상으로 그것이 변한의 중심 세력인 구야국(狗邪國)에서 비롯되었음은 부정할 수 없을 듯하다. 일단 가야란 명칭의 시원은 그렇다고 하더라도 마한(馬韓)과 진한(辰韓)을 아울러서 고려하면 구야국이 한창 번성한 시기는 삼한 단계였음이 확실하다. 따라서 일단 구야국이 변한연맹체의 맹주로서 역할하였다고 해석하는 쪽이 올바르다. 마한과 진한 속에서 성장·발전해 그 뒤를 이었다고 할 백제와 신라의 동향을 아울러 고려하면 확연히 드러나는 사실이다. 기왕에 대부분 구야국을 변한의 일원으로 다루지 않고 오로지 가야사의 일부로서만 다루려는 편향된 접근을 한 것은 근본적 문제였다.

둘째, 4세기 초반 오래도록 한(漢)의 전진기지로 기능해 온 낙랑군(樂浪郡)과 대방군(帶方郡)이 313년, 314년 소멸된 사실과 함께 고구려의 남하로 야기된 파동이 가야사회 성립의 중요한 계기가 된 사실이다. 이로 말미암아 변한연맹체의 내부 질서가 붕괴되고 재편되는 과정에서 기존 정치체가 소멸하기도 하고, 대신 새로운 정치세력이 부상하기도 하는 등 격변을 거쳤다. 그 결과로서 성립한 것이 가야사회라 할 수 있다. 이렇게 이해할 때 비로소 변한과는 다른 가야사회의 출현이 제대로 해명된다. 사실 변한연맹체 단계에서는 수로를 통해 바깥 세계와 교류, 소통하는 것이 상대적으로 용이한 해안가 세력이 주축을 이루었다면 그런 격변을 겪고서 가야사회가 출현한 뒤에는 대신 내륙에 위치한 세력이 크게 성장·부상하는 변화를 보였다. 이는 변한에서 가야로 이행하면서 크게 달라진 변모를 보여주는 것이다. 이처럼 변한으로부터 가야에로의 전환은 구성 세력에서는 물론이고 중심 세력 등 제반 양상의 교체나 변동을 수반한 것이었다.

셋째, 금관가야 중심의 전기가야를 설정하면서 중시해 온 400년 광개토왕 병력의 낙동강 방면 진출에 대한 새로운 이해이다. 이 사건이 낙동강 유역권에 일정 정도 영향을 미친 것은 분명하지만 그렇다고 그것이 가야를 전기와 후기로 나눌 만큼의 큰 비중을 갖는 것은 아니었다. 이후 진행의 양상을 고려하면 광개토왕의 남정 결과로서 낙동강은 물류 흐름의 주요 수단인 교통로(交通路)로부터 신라와 가야 사이의 국경선으로 기능이 바뀐 사실이 가장 중요하게 부상한다. 낙동강 수로가 차단당함으로써 즉각 심각한 위기 상황을 맞았던 내륙의 정치세력은 곧장 생존 도모를 위한 자구책의 일환으로 통로 개척을 모색해 나갔다. 이로 말미암아 내부 관계망에서도 새로운 변화가 뒤따랐던 것이다. 그 결과로서 내륙의 중심인 대가야는 더욱 더 큰 세력으로 부상하였거니와 그와 함께 자체 내부도 현저히 변모하였다. 그 가운데 특별히 주목해볼 만한 대상은 섬진강 방면이 안정적 통로로서 개척된 점이다. 이로 말미암아 대가야의 문화적 영향력은 점차 서쪽 방면으로 특별히 확대·확산되는 면모를 보였다. 대가야 문화의 확산이 갖는 의미 속에 어떤 정치성이 깃들어 있는가 하는 점에 대해서는 아직 논자들 사이에 의견이 달라 완전히 합치된 상태는 아니지만 그것이 가야사의 전개 과정에서 갖는 의미가 작지 않다는 점에서는 인식을 공유해 가고 있다.

넷째, 가야는 존속기간의 대부분을 백제와는 우호적 관계로, 신라와는 적대적 관계로 일관함이 일반적 양상이었다는 사실이다. 물론 그렇다고 그런 관계가 아무런 변화 없이 그대로 지속된 것은 아니었다. 그와 같은 기조(基調)는 가야사의 전개에도 크게 영향을 미쳤다. 가야 각국은 기본적으로 독립된 정치세력이었고 그래서 각자는 줄곧 자립을 지향하였다. 그 속에서 꾸준하게 하나의 통합 왕국 건설을 꿈꾸었다. 그러나 끝내 하나로 통합된 단일한 규모의 큰 정치세력으로 발전하지 못하였다. 먼저 통합을 이루어 강대 세력으로 부상한 백제와 신라의 강한 영향력과 압박으로부터 쉽사리 벗어나기가 어려

왔던 데서 기인한다. 그런 가운데 가야의 여러 세력은 주로 백제와는 우호관계로, 신라와는 치열한 경쟁 관계로 일관함이 주된 흐름이었다. 이런 상황은 가야가 신라와 낙동강을 공유하고 있었다는 점, 정치적 중심지가 신라와는 가까운 반면 백제로부터는 멀리 떨어져 있었던 점, 과거 삼한 시기부터의 오랜 경험으로부터 받은 영향 등이 밑바탕에 작용하고 있었다.

다섯째, 가야권의 공간적 영역이 시종일관 고정적이지 않았으며 가야가 존속한 기간 구성 세력 사이에는 이합합산이 상당히 진행되었다는 점이다. 가야의 영역, 그를 구성한 정치세력에도 변화가 뒤따랐던 것이다. 진한과 변한이 각각 신라와 가야로 전환해가면서 구성 정치세력 혹은 영역이 아무런 변화없이 그대로 옮아간 것은 아니었다. 이를테면 진한 소속이었던 창녕 불사국(不斯國, 비사벌)은 잠시나마 가야권으로 편성된 적이 있는 반면 변한연맹체에 속하였던 부산 동래의 독로국(瀆盧國)은 비교적 이른 시기에 신라 영역으로 편입되었다. 이처럼 가야를 구성한 모든 정치세력이 처음부터 끝까지 현상을 그대로 이어간 것은 아니었으며 전개 과정에서 상당한 변동을 겪었다. 과거 마한 소속으로 백제의 정치적 영향권에 들었던 섬진강 유역권이 뒷날 가야권으로 편입되기도 하였다.

요컨대 이상과 같이 이 책에서는 몇몇 주요 사항을 특별히 강조하면서 가야를 주체로 한 가야사, 발전·변화하는 가야사를 역동적으로 새롭게 그려보고자 시도하였다. 문헌과 고고자료를 아울러서 종합적으로 점검하여 가야사의 흐름을 추적할 때 아무래도 대가야를 중심에 둔 서술은 불가피하였다. 현재까지 자료가 보여주는 실질적 내용이 그러하기 때문이기도 하다. 대가야는 문헌은 물론 고고자료 상으로도 가장 세력 규모가 컸던 것으로 확인된다. 그런 측면에서 이 책은 가야사라고 이름을 붙였지만 동시에 정확하게는 대가야사라 함이 적절할 듯 싶다. 그것은 다른 개별 가야사를 다룬 연구가 미진한 탓이기도 하다. 가야는 끝내 하나로 통합하는 데는 실패하였지만 사실 그것이 꾸준하게 추진되었으며 그런 측면을 대가야의 흐름 속에서도 찾을 수 있기 때문이다.

I

가야사 연구의 흐름과 경향

가야사 새로 읽기

1

왜곡으로 얼룩진
초기 연구

가야사 연구의 부진

되돌아보면 가야사 연구가 본격적으로 이루어지기 시작한 것은 1970년대에 이르러서의 일이다. 그 이전까지만 하더라도 다른 분야의 연구에 비추어 가야사의 그것은 극히 부진한 상태를 면치 못하고 있었다. 가야사의 전체적 윤곽을 그리기는 커녕 앞으로 나아가야할 바람직한 연구 방향조차 제대로 가늠하지 못할 정도로 초보적 수준에 머물렀다.

널리 알려져 있듯이 오랜 일제강점기를 통해서 가야사는 순수한 입장에서가 아니라 한반도의 식민 지배를 역사적으로 정당화하려는 정치적 목적성을 강하게 띠고 주창된 이른바 임나일본부설(任那日本府說)을 정설로 구축하려는 입장에서 추진된 연구가 주류를 이루었다. 당시 순수한 학문적 자세로 가야사의 실상을 추적해보려는 시도는 전혀 없었다고 하여도 과언이 아니다. 그 결과 가야사는 그야말로 철저히 왜곡·윤색됨으로써 만신창이의 모습을 띠게 되었다. 일제가 그려놓은 그와 같은 일그러진 가야상이 워낙 뿌리 깊게 내려진 탓에 해방 이후 한동안 그 영향으로부터 벗어나기란 그리 쉽지가 않았다. 이로 말미암아 가야의 실상을 제대로 드러내는 일은 꿈꾸기조차 힘든 형편이었다.

근대적 역사 연구 방법론에 입각한 가야사 연구는 겉으로만 그런 이름이 버젓이 내걸렸을 뿐 사실상 임나일본부 연구로서 출발하였다. 이처럼 가야사는 그 첫 단추가 잘못 끼워져 엉뚱한 방향으로 너무 멀리 나아간 탓에 이를 극복해내기 위해서는 다시 새로운 연구를 시작하면서 원점(原點)으로 되돌아와 출발하는 데에 적지 않은 시간과 노력이 투여되어야만 하였다. 가야사 연구가 오래도록 부진할 수밖에 없었던 일차적 요인도 바로 여기에 있었다.

'임나(任那)'는 낙동강 서안에 자리한 가야 지역을 전체적으로 일컫는 용어이다. '일본부'란 그와는 달리 일본 천황이 직접 통제하는 직할지에 두어진 관부(官府)를 말한다. 양자의 결합으로 이루어진 임나일본부는 곧 '임나 지역을 다스리기 위해 두어진 천황의 관청'이란 뜻이다. 말하자면 임나일본부설이란 결국 일본의 천황이 임나, 곧 낙동강 서안(西岸)에 자리한 가야권에다가 통치기구를 두고서 직접 다스렸다고 하는 주장이 되겠다. 뒤에서 다시 언급하겠지만 그렇게 주장할 만한 주요 근거는 『일본서기(日本書紀)』란 역사책에 있다. 거기에 보이는 내용에 대해 아무런 검증이나 비판을 거치지 않고 있는 그대로를 받아들여 강조한 데서 나온 것이 임나일본부설이라 하겠다. 이에 따르면 369년부터 562년에 이르기까지 근 2백 년 동안 일본 천황이 가야 영역을 통치한 셈이 된다. 가야는 독립된 정치세력이 아니며 어디까지나 일본 지배를 받은 식민지였을 따름이다. 그런 주장을 내세운 목적은 일본 제국주의가 대외 팽창을 추진하면서 한반도 식민지배가 정당하다는 명분을 역사 속에서 찾아내려 한 데에 있었다. 제국주의의 침략성과 잔학성을 숨기려는 목적이 깔린 주장이었음은 물론이다.

앞서 언급한 것처럼 임나일본부설이 아무런 사료적 근거 없이 무조건 내세워진 것은 아니었다. 그 근거로 활용된 것이 『일본서기』에 실려 있는 관련 기사였다. 전체 30권으로 이루어진 『일본서기』는 720년 왕명으로 편찬된 편년체(編年體)의 역사서이다. 『일본서기』가 편찬된 이후 같은 체제를 본받은 역사책의 편찬이 계속 이어진 까닭에 이를 흔히 일본 정사(正史)의 효시로서 손꼽는다. 그런데 『일본서기』에는 서문이나 발문 등 편찬과 관련한 전후 사정을 명확히 알게 하는 기록이 전혀 없어 그 목적을 분명하게 잘라서 말하기가 곤란하다. 다만, 편찬 당시의 전후 정황과 함께 여기저기에 흩어져 있는 여러 단편적 기록을 대충 수습해서 종합적으로 추정함으로써 대강을 짐작할 수 있을 따름이다. 그리하여 7세기 말부터 한참 고양되어 가던 천황 중심 국가주의 지배이데올로기를 역사적으로 뒷받침하려는 데에 편찬의 초점이 놓였던 것으로 추정되고 있다. 그렇다면 임나일본부설은 『일본서기』의 편찬 당초부터 그런 특정한 정치 목적을 밑받침해 주는 논리의 하나로서 개발된 것이라고 진단할 수가 있겠다. 그런 사정의 일단은 『일본서기』와 쌍벽을 이루는 사서인 『고사기(古事記)』와 견주어서도 쉽사리 유추되는 사실이다.

일본에서 7세기 후반 천황 중심의 국가가 성립하자 그에 어울리는 역사를 새롭게 정리하려고 시도하였다. 그 결과 712년 『고사기』 편찬이 마무리되어 일단락되는 듯하였다. 그런데 직후인 714년부터 『고사기』와는 별도로 역사 편찬을 새로 추진하기 시작하였다. 이는 『고사기』가 당초 내세웠던 역사 편찬의 목표나 기대치를 제대로 충족시켜 주지 못한 데서 비롯한 것으로 풀이된다. 그래서 『고사기』는 편찬되자마자 사실상 공식 용도로서는 거의 폐기되다시피 한 상태였다.

다시 역사서 편찬 작업이 새로 추진되어 720년 최종 완성을 본 것이 바로 『일본서기』였다. 두 사서를 대조하면 여러 측면에서 차이점이 확연히 드러나거니와 그 중 가장 두드러진 것은 한반도와 관련한 내용이다. 『고사기』에 견주어 『일본서기』에서는 한반도 관계(삼국 및 가야) 기사의 비중이 엄청나게 늘어났다. 특히 『고사기』에서는 활용한 흔적이 전혀 없는 『백제기(百濟記)』, 『백제본기(百濟本記)』, 『백제신찬(百濟新撰)』 등 소위 백제삼서(百濟三書)라 불리는 백제 관계 역사서가 동원되고 있는 것이다. 『일본서기』에서 그들을 직접 인용한 곳만 하더라도 26군데에 달한다. 백제 계통의 역사서를 활용한 까닭에 『일본서기』는 한반도 관련 기사를 많이 싣게 된 것 같다. 이는 한반도 관련 사실의 보충이 『일본서기』 편찬의 주요 목적 가운데 하나였음을 시사해주는 대목이다.

그런데 분량이 많이 늘어나게 된 한반도 내용 가운데 특별히 임나 관계 기사가 유난히 큰 부분을 차지하고 있는 점이 두드러지게 눈에 띄는 점이다. 그와는 대조적으로 『고사기』에서는 임나 기사가 단 한 줄도 확인되지 않는다. 이런 차이점은 퍽 이상스럽고 흥미로운 현상으로서 그냥 보아 넘기기 어려운 대상이다. 『일본서기』의 한반도 관련 사실 가운데서도 유독 임나에 주된 초점이 맞추어졌음을 느끼게 한다. 다시 말하면 『일본서기』 편찬자는 한반도 관련 사실에 대해서는 마치 임나를 겨냥한 듯한 서술을 시도하고 있는 것이다. 이처럼 임나 문제를 매우 비중 있게 다룬 『일본서기』가 이후 일본 고대국가의 공식 역사서로서 뿌리내리게 된 것은 그것이 당시 널리 요구되던 국가주의적 지배이데올로기를 충족시키는 데에 안성맞춤이었기 때문으로 보인다.

이처럼 임나일본부 문제는 『일본서기』 편찬 당초부터 일본 조정이 관심을 크게 기울인 대상 가운데 하나로 부각되었다. 당면한 현실의 정치적 목적을 채우는 데에는 매우 적절한 대상이었던 것으로 보인다. 일본 고대국가의 발달 과정에서 최고 정점에 도달한 시기의 지배체제를 흔히 율령체제(律令體制)라 일컫고 있거니와 702년 반포된 대보(大寶)율령을 거쳐 718년 양로(養老)율령으로 사실상 완성을 보았다. 거기에는 당을 자신들과 대등한 인국(隣國)으로 설정한 반면 지리적으로 가장 가까운 신라를 번국(藩國)으로 여기는 등 당시 일본국가 나름의 천하의식을 갖고 있었음을 엿보인다. 이런 의식을 역사적으로 뒷받침해 주는 논리의 하나로서 적절히 만들어낸 것이 바로 임나일본부였다.

이와 같이 임나일본부는 『일본서기』보다 8년 앞서 쓰인 『고사기』에는 전혀 들어있지 않은 내용이었다. 『일본서기』를 편찬하면서 새로 만들어 넣음으로써 하나의 가설로서 성립할 수 있는 바탕이 마련되었다. 그런 주장을 위한 자료적 근거로서 활용된 원전(原典)이 바로 백제삼서였다.

그러나 거기에 실린 내용이 『일본서기』를 편찬하면서 있는 그대로 옮겨진 것은 아니었다. 원전의 기록을 설정한 목적에 적절히 맞추어 내용까지 적지 않게 의도적으로 고쳤다. 7세기 중반 이후에 이르러서야 비로소 출현하는 일본이란 국호나 천황이란 왕호가 이들 백제삼서 속에서 버젓이 들어있는 점, 백제삼서의 주역(主役)이라 할 백제가 일본을 대상으로 이인칭의 귀국(貴國)이라 부르고 있는 점 등은 그런 양상을 뚜렷하게 확인시켜 준다. 백제삼서가 『일본서기』 편찬을 위한 기초자료로서 당국에 제출될 때, 혹은 직후 당국이 사서 편찬 과정에서 특이하게 상당 부분의 원전을 변개(變改)·왜곡(歪曲)·윤색(潤色)한 것이라 하겠다.

임나일본부설을 주장할 만한 자료상의 근거는 이미 『일본서기』가 편찬되면서부터 그 씨앗이 뿌려졌다. 내용의 사실성 여부와는 전혀 상관없이 당면 현실의 어떤 정치적 목적을 이루어내기 위해 주창된 것이었다. 이후 『일본서기』는 줄곧 일본고대사를 재구성하는 기본사료로서 널리 활용되어 갔거니와 그런 추세가 지속되는 한 거기에 실린 내용이 저절로 완전하게 사라질 리 만무하였다. 임나일본부설은 일본의 정치사회적 환경 변화에 따라서 일시적 소강(小康)을 맞는 경우는 있었겠지만 『일본서기』 자체가 없어지지 않는 한 언제나 되풀이 주장될 소지를 안고 있었다. 대외적 문호를 부분적이나마 개방한 에도[江戶]시대(1603~1867)에 이르러 자신들의 전통문화를 각별히 강조하려 한 풍조인 국학(國學)이 풍미하면서 임나일본부는 사실성 여하와는 전혀 상관없이 점점 강조되는 경향으로 나아가기 시작하였다. 다만, 아직 초보적 수준에 머물러 체계화되지 않은 상태였고, 게다가 특정한 정치 목적과 연동해서 본격적으로 가동될 분위기는 아니었다. 그러나 머지않아 그럴 시점이 도래하리라는 예고를 해주는 것이나 다름없었다.

과연 19세기 중엽 서구 열강에 의해 피동적으로 문호를 연 일본이 이후 제국주의국가로 탈바꿈해 가면서 임나일본부설은 새롭게 주창될 분위기가 차츰 무르익어 갔다. 지리적으로나 역사적으로 보아 일본 제국주의가 침략의 마수를 당장 뻗칠 수 있는 일차적 대상은 바로 코앞의 한반도였다. 일본 제국주의는 1876년 조선왕조를 강제로 개항시키면서 대륙에로 진출할 큰 밑그림을 본격적으로 그려나갔거니와 그를 위한 후방 기지를 안정적·지속적으로 확보, 유지해갈 필요성을 느끼고 있었다. 그와 같은 목표를 이루어내기 위한 방편의 하나로서 한반도를 영구적으로 식민지화하려고 하였다. 이처럼 식민 지배의 역사적 정당성을 확보하기 위해 적절하게 동원한 것이 곧 임나일본부설이었다.

금석문(金石文) 자료의 활용

바로 이 무렵 독일 계통의 근대역사학이 갓 설치된 제국대학(帝國
大學, 얼마 뒤 東京帝大로 개명)을 매개로 일본에 수용됨으로써 임나일본
부설은 그와 접목해 나갔다. 이제 임나일본부설은 제국주의적 팽창
정책과 자연스레 결합함으로써 새로운 모습으로 단장된 것이다.
일본국가의 제국주의화와 함께 도입된 근대역사학은 불행하게도
출발부터 정치색을 강하게 띠는 기형적 현상을 보였다.

마치 이때를 기다리기라도 하였듯이 임나일본부설과 직결시키
는 두 가지 새로운 자료가 출현하였다. 가지가 달린 특이한 모습의
철제 칼에 명문이 금(金)으로 상감(象嵌)되어 있는 칠지도(七支刀)와 돌
에 글자가 새겨진 고구려의 「광개토왕비」가 그것이다. 양자는 그 존
재가 알려지자마자 크게 주목을 끌어 곧장 임나일본부설을 보증해
주는 결정적 자료로서 적극 활용되기 시작하였다.

임나일본부설의 문헌적 근거로 활용된『일본서기』해당 기사의 내용
은 너무도 불합리하며 매우 설화성(說話性)이 짙다. 그래서 근대역사학
의 입장에서는 이것만으로 임나일본부설을 역사적 사실로 인정하기는
곤란한 속성을 지니고 있을 정도였다. 그런 상황에서 이를 보강해 줄 새
로운 당대 금석문 자료의 출현은 당연히 관심을 끌 수밖에 없는 대상이
었다. 이후 그것이 몰고 온 파장은 너무도 컸다.

칠지도

칠지도는『일본서기』신공기 46년조부터 52년조까지 임나일본부설 출발의
근거로 활용된 일련의 기사 가운데 맨 마지막을 장식하면서 백제가 일본에
바친 것으로 기록되어 있는 칠지도(七枝刀) 바로 그것이라 간주되었다. 칠지
도는 일단 내용이 여하하든『일본서기』에 실린 한반도 관련 기사가 역사적 사

실임을 증명해 주는 물증으로 간주되었다. 말하자면 임나일본부는 단순한 허구적·설화적 주장이 아니라 역사적 사실임을 칠지도가 증명해 준다는 것이었다. 한편 「광개토왕비」에는 몇 차례 왜(倭)의 활동과 함께 보이는 임나가라(任那加羅)란 국명이 주목을 끌었다. 왜가 임나가라와 밀접하게 연결됨을 의미한다는 것이다. 특히 「광개토왕비」 가운데 신묘년조(辛卯年條)라 명명된 기사의 내용은 곧바로 임나일본부가 실재하였음을 명백하게 입증하여 주는 증거라고 주장되었다.

19세기 말 일본에서 근대역사학이 수용되던 시점과 비슷한 때에 처음 알려진 두 금석문 자료는 기본 성격에 대한 객관적 점검의 기회를 갖고 역사 복원을 위한 기초 사료로서 검증을 미처 거치기도 전에 정치적 의도 아래 악용되는 비극을 겪게 되었다. 이로 말미암아 두 주요 자료는 오래도록 역사 복원을 위한 기본 사료로서는 제 기능을 발휘하지 못하였다. 아니 그보다는 오히려 역사를 왜곡시키는 제일급 자료로 바뀜으로써 이후 커다란 문제를 남기는 주역이 되었다. 근대역사학의 입장에서도 가야사 연구는 이래저래 불운한 모습으로 출발선상에 선 것이었다.

이후 일제 강점기의 가야사 연구는 미리 정해놓은 방향으로 진행되어 나갔다. 가야사는 오로지 임나일본부설의 대상으로서만 그 존재를 인정받음으로써 비정상적, 파행적 길을 걷도록 예정되고 말았다. 그 결과는 불을 보듯 뻔하였다. 가야를 주체로 한 가야사, 가야인을 주인공으로 삼은 가야사가 아니라, 외세에 의해 움직이는 피동적, 수동적 역사로만 그려질 따름이었다. 말하자면 당연히 들어있어야 할 가야인이 가야사 속에는 들어가 있지를 않았던 것이다. 살아서 움직이는 것이 아니라 박제(剝製)된 가야사상이 설정되어졌다.

식민지배의 역사적 필요성을 목적으로 주창된 임나일본부설은 그를 지탱하게 해준 일제가 패망한 마당에서도 줄곧 그대로 고수되었다. 「광개토왕비」와 칠지도를 매개로 기정사실화 해 둔 바탕 위에서 이제는『일본서기』등의 문헌자료를 한층 더 치밀하게 음미하는 방법론을 동원함으로써 실체를 구체화시키려고 줄기차게 노력하였다. 게다가 고고자료도 새로운 시각에서 적극 해석하고 활용함으로써 그를 더욱 체계화하려는 방향으로 나아갔다. 이를 테면 1948년 일본고대국가의 기원이나 천황가의 유래를 추적하면서 동경대학 교수 에가미 나미오[江上波夫]에 의해 제기된 소위 기마민족정

「광개토왕비」

복왕조설(騎馬民族征服王朝說)은 일본고대사 분야에서 일종의 파격이었지만 그런 전후 사정의 일단을 잘 반영해 준다. 그 주장의 바닥에는 임나일본부설을 깐 가설이었다. 기실 그런 과정을 거쳐 가야사는 이제 단순하게 임나일본부의 주장이라는 정도에만 머물지 않고 한걸음 더 나아가 일본고대사의 체계를 해명해내는 기본 요소로서 활용되었다. 임나일본부설은 정설로 간주되어 일본고대사를 설명하는 데 결코 빠트릴 수 없는 핵심적 과제로서 깊이 뿌리내렸다. 이는 임나일본부설을 충분히 극복하고 나아가 가야사를 체계적으로 복원해내는 일이 그리 녹록치 않은 대상임을 말해준다.

2
새로운 연구의
출발과 배경

주체적 가야사 연구의 시작

해방 이후 그 동안 가해졌던 온갖 제약과 한계로부터 벗어나 자유롭게 역사 연구를 수행해나갈 수 있게 되었다. 그렇지만 크게 오염된 가야사를 원래의 모습으로 되돌리는 일은 쉽게 이루어지지 못하였다. 하루아침에 그를 감당할 만한 능력을 갖춘 연구자가 배출될 리 만무한 점도 작용하였지만 정치적 목적으로 행해진 일제강점기의 연구 뿌리 자체가 워낙 깊게 내린 탓이었다. 이로 말미암아 가야사 연구는 오래도록 부진 상태를 벗어나기 힘들었다. 가야인을 주체로 한 가야사의 복원이란 너무도 요원한 일이었다.

한동안 가야사 연구의 부진을 씻기 위한 노력이 다각도로 이루어졌지만 제반 여건이 미흡하여 정상적 궤도로 진입하기는 무척 어려웠다. 물론 시급히 해결해야 할 일차적 과제는 임나일본부설에 의해 만들어진 역사상을 어떻게 구축(驅逐)해 내느냐 하는 일이었다. 초기에는 임나일본부설 자체가 허구임을 차분히 음미하고 실증적으로 분석해내는 자세보다도 심정적 혹은 감정적 차원에서 부당함을 강하게 외치려는 입장이 지배적이었다. 그래서 방법론상 학문적 객관성은 자연히 결여될 수밖에 없었다. 그와 같은 주장이 끈질긴 생명력을 갖기 어려움은 두 말할 나위가 없겠다.

그런 추세 속에서도 임나일본부설을 비판적으로 인식하고 가야사를 새롭게 재구성 해보려는 노력이 꾸준히 이루어져 성과는 차근차근 축적되어 갔으며, 그런 가운데 괄목할 만한 연구들까지 나오기도 하였다. 이를테면 김석형(金錫亨)에 의해 주창된 '삼한삼국(三韓三國)의 일본열도 내 분국설(分國說)'이나 재일조선인 이진희(李進熙)가 제기한 '광개토왕비문의 변조설(變造說)' 등등을 두드러진 실례로서 손꼽을 수 있다. 이들은 이미 주창될 당시 상당한 파장을 몰고 왔거니와 뒷날까지 오래도록 큰 영향을 미쳤다. 이로써 임나일본부설의 망령으로부터 점점 벗어나 가야사의 진면목을 드러낼 수 있는 기반이 조성되어졌다. 바람직한 가야사상(加耶史像)을 정립해 나아가야 할 길이 새롭게 눈앞에 펼쳐진 것이다. 다만, 당시 진행된 가야사 연구는 사료의 제약으로 말미암아 아직 초보적 수준을 크게 벗어나지 못하는 상황이었다.

사실 가야사 연구가 본격적으로 진행되어 한 단계 진전을 본 것은 1980년대에 들어와서의 일이었지만 그럴 만한 토대는 이미 1970년대부터 갖추어져 가고 있었다. 그를 추동한 직접적 요인으로는 문헌자료를 활용할 수 있는 지평이 크게 확대된 사실과 함께 새로운 고고자료의 급속한 증가와 축적을 손꼽을 수 있다.

가야사 연구의 진전과 관련하여 무엇보다도 먼저 지적해 두어야할 사항은 『일본서기』를 가야사 복원에 적극 활용할 수 있는 길이 열린 사실이다. 이는 임나일본부설에 대한 비판을 통해 그 족쇄로부터 어느 정도 벗어났기에 가능한 일이기도 하였다. 그 이전까지만 하더라도『일본서기』속에는 가야사 복원을 위해 동원할 만한 사료가 적지 않게 담겨 있었지만 이를 선뜻 활용하기를 꺼려하는 경향이 지배적이었다. 사실 그 자체 편찬 당시부터 강한 정치적 목적 아래 심하게 오염된 까닭에 철저한 사료 검증과 비판을 통해 활용할 수 있는 객관적 기준 마련이 선행되지 않으면 자칫 임나일본부설에 의해 구축된 역사상이나 논리 속으로 알게 모르게 빠져들 위험을 안고 있었다. 그래서 대체로『삼국사기(三國史記)』나『삼국유사(三國遺事)』등 국내의 사서에서 확인되면서 내용이 서로 합치되는 등 여러 측면에서 어느 정도의 객관성이 담보될 만한 지극히 한정된 사료만을 조심스럽게 활용하는 수준에 머물렀다.

그러다가 1970년대에 들어와 임나일본부설을 극복하고『일본서기』를 사료로서 활용할 수 있는 길이 트이게 되었다. 70년대 초부터 천관우(千寬宇)가 제기한 주체교체설(主體交替說), 혹은 백제군사령부설(百濟軍司令部說)이라 불리는 학설 덕분이었다. 이 주장에 따르면『일본서기』에 실린 한반도 기사 가운데 상당수는 일본(일본이란 국호는 7세기 중반 무렵 사용되기 시작하므로 당시에는 실상 倭를 의미함)이 주어로 되어 있는 것들을 백제로 바꾼다면 역사적 사실과 상당 부분 부합한다는 것이었다. 말하자면 원전에서는 본디 백제 중심이었지만『일본서기』가 편찬되는 과정에서 주어가 의도적으로 왜로 고쳐졌다는 것이다. 그렇다면 가야 영역을 정복한 뒤 그에 대해 정치적 영향력을 행사하기 위해 설치하였다는 임나일본부도 기실은 백제가 가야 진출 후 설치한 장치(백제군사령부)를 가리키는 셈이 된다. 특정한 정치적 목적을 달성하려고 천황이 직접 다스리는 직할지가 낙동강 유역에 있었다는 허구를 역사적 사실로서 꾸며내기 위해 사료 조작을 가했다는 것이다.

사실 임나일본부설의 출발이 되는 핵심적 기록인『일본서기』신공기 49년

조를 면밀히 살피면 과연 그런 측면이 뚜렷이 확인된다. 거기에는 왜가 낙동 강 유역의 소위 가야 7국과 영산강 유역의 정치세력을 복속시킨 것으로 되어 있으나 정작 그들이 수행한 구체적 군사 활약상은 보이지 않는다. 반면에 백 제 장군이 전쟁을 주도하고 있는 듯이 서술된 점, 근초고왕(近肖古王)과 왕자 근구수(近仇首)의 활동이 보이는 점 등으로 미루어 여기에는 백제 계통의 자 료가 동원되었음이 확실히 드러난다. 특히 전남 해안지역에 있던 정치세력으 로 추정되는 침미다례(忱彌多禮)를 남쪽 오랑캐의 뜻인 남만(南蠻)이라고 표현 한 점 등은 그런 측면을 여실히 보여준다. 한반도 남해안을 가리키는 남만이 란 표현은 왜 방면으로부터는 결코 나올 수 없는 것이며, 따라서 북쪽의 백제 왕도로부터 나타낸 호칭임이 분명하다. 게다가 이때의 사정에 대해서 『일본 서기』의 흠명기(欽明紀)에서 백제 성왕(聖王)이 541년과 544년 가야 제 세력을 사비성(泗沘城)으로 불러 모아 주재한 이른바 임나부흥회의(任那復興會議)에서 그것을 근초고왕대의 일로서 거듭 회상하고 그 시절로 돌아가자고 회유하는 장면은 그와 같은 추정이 그리 어긋나지 않았음을 뚜렷하게 방증하여 준다.

백제를 주체로 바꾸어 읽어야 한다는 주장이 제기됨으로써 『일본서기』 속 의 임나일본부설 관련 기사에 대한 원초적 사료 비판 작업은 비로소 안정적 으로 이루어질 수 있게 되었다. 이처럼 그와 연관된 사료를 이제 백제사나 가 야사를 복원할 수 있는 자료로서 본격적으로 활용할 길이 트이게 됨으로써 가야사의 자료 범위는 크게 늘어났다. 1980년대 이후 가야사 연구가 크게 붐 을 이루면서 진전하게 되는 일차적 배경은 바로 이런 데서 찾아진다.

새로운 연구 경향

　사실 가야사 관련 국내 사료는 다른 삼국사와 비교하면 빈약하기 이를 데 없다. 그나마도 단편적이며, 설화적 내용으로 가득한 것이 대부분이다. 따라서 그것만으로는 가야사의 대강은 몰라도 구체성을 띤 내용을 그려내기는 불가능한 일에 가까웠다. 사실 한국고대사 분야에서 앞으로 새로운 문자 자료의 출현을 기대하기란 너무도 난망한 일이다. 기대해 볼 만한 대상은 아무래도 고고자료 뿐이다. 우리 사회가 1960년대 이후 산업화 과정을 거치면서 부분적으로 지역 개발이 이루어지기 시작하였고, 이에 따라 학술적 발굴의 기회가 부쩍 늘어났다. 물론 당시의 정치 상황이나 사회경제적 형편으로 볼 때 정상적 발굴을 기대하기는 힘들었지만 역사 도시 경주의 종합개발계획이나 백제 무령왕릉(武寧王陵)의 우연한 발굴 등을 계기로 매장 문화재에 대한 인식과 관심이 점점 높아지던 추세였다.

　그런 희망과 기대에 마치 부응하기라도 하듯 1970년대 들어와 가야권역에 대한 본격적인 발굴이 이루어지면서 상당한 성과를 올리기 시작하였다. 1977년 말에서 1978년 전반까지 여러 달에 걸쳐 실시된 경북 고령(高靈)의 지산동(池山洞) 44호와 45호의 발굴은 그 신호탄이었다. 양자가 대가야(大加耶) 시기에 조성된 무덤임은 두 말할 나위가 없거니와 비슷한 형태나 규모의 것이 고령읍(현재 대가야읍) 서편에 우뚝 솟은 주산(主山)의 자락 곳곳에 산재해 있다. 고령읍 시가지를 내려다보면서 남북으로 달려 병풍처럼 둘러쳐진 주산 능선부의 낮은 곳에서 높은 곳으로 고총고분이 이어지고 그 아래의 경사면이나 작은 지맥의 능성부에도 수많은 크고 작은 고분의 존재가 확인된다. 현재까지 진행된 조사만으로 어림잡아 800기가 넘는 것으로 추산되고 있는데 상당 부분 도굴로 인한 파괴가 적지 않게 진행되었음은 물론이다. 이들을 흔히 지산동고분군

지산동 44호분 전경 (대가야박물관 제공)

이라 부르거니와 거의 대부분 5~6세기에 걸쳐 조성된 대가야 전성기의 고분들이다. 이 가운데 44호와 45호분이 최초로 정식 발굴을 거쳐 보고되었다.

그런데 이 두 고분은 모두 이미 여러 차례에 걸쳐 진행된 도굴의 피해를 막심하게 입었지만 한 봉분 안에 다곽식(多槨式) 혹은 다석실(多石室)이란 특이한 구조로 말미암아 다행스럽게도 원래의 모습 그대로를 간직한 부분도 적지 않았다. 특히 현실의 삶이 사후세계에까지 그대로 이어진다는 이른바 계세적(繼世的) 사고에 바탕해 한 사람의 주인공을 위해 살아 있는 사람 여럿을 강제로 죽여 함께 껴묻는 이른바 전형적인 순장묘(殉葬墓)임이 드러나 크게 주목을 끌었다. 44호분에서는 중심부에 3개의 큰 석실이 나란히 혹은 엇갈리게 조영되었고, 그 주변을 돌아가면서 32개의 석곽이 방사상으로 비교적 정연하게 배치되었는데, 이들에서는 적지 않은 유물과 함께 인골(人骨)들이 출토되었다. 한 기의 석곽에는 1인이 차지하였으나 2인을 함께 넣은 곳도 적지 않았다. 발굴 당시까지 온전히 남은 순장 인골은 22개체 분이 확인되었으며, 전체는 줄

대가야박물관 전시관의 순장 재현 모습

잡아 35명 이상에 이르는 것으로 추정되었다. 45호분은 44호분보다 수치가 약간 적어서 한 사람의 주인공을 위해 10여 명이 순장된 것으로 드러났다.

순장은 당시까지 겨우 몇몇 기록으로만 존재가 알려졌을 뿐 발굴을 통해 그 실체가 확인된 사례는 전혀 없었다. 그러다가 44·45호분의 발굴을 계기로 처음 주목받기 시작하였거니와 이후 순장 무덤의 존재가 적지 않게 확인되었다. 이제 가야권에서는 물론이고 신라 영역에서도 실재함이 드러나 특정한 시기에는 순장이 매우 경쟁적이다시피 유행한 사실이 분명해졌다. 그럼에도 현재에 이르기까지 지산동 44호분의 순장 수치 기록은 깨어지지 않고 있다. 44호분은 아마 순장 습속이 최고조에 도달한 시점에 조영되었다고 보아도 무방할 듯 싶다. 달리 말하면 44, 45호분은 대가야 문화가 도달한 절정기의 모습을 그대로 보여 준다고 풀이된다. 백제에서 제작된 것으로 보이는 대도(大刀)나 청동제의 합(盒), 중국 남조(南朝) 계통으로 추정되는 토제(土製)의 등잔(燈盞), 일본 남방의 오키나와 산출로 여겨지는 야광패(夜光貝)로 만든 국자 등은 그런 실상을 여실히 입증해 주는 증거이다.

이처럼 44, 45호분은 정식 발굴로 확인된 최초의 순장 사례로서도 그러려니와 그 규모로도 가야, 특히 대가야가 도달한 절정기의 상황이 그리 만만히 볼 수준은 아님이 드러났다. 이후 가야사 연구가 활성화하는 주요 계기가 되었다고 하겠다. 여하튼 가야 고분의 발굴로 당대 문화 수준이 상당할 정도에 이르렀음이 확인된 사실은 각별히 특기해도 좋을 사항이다. 이를 매개로 가야고고학이란 새로운 분야가 따로 정립되었다.

이와 같이 활발하게 진행된 고고발굴을 통해 가야 관련 자료는 급속히 축적되어 갔다. 이로써 가야사는 고고학으로부터 큰 도움을 받아 재구성될 기반이 마련되었다. 그런 측면에서 고고자료의 증가는 가야사 연구를 크게 촉진시킨 또 하나의 주요 계기였다고 평가할 수 있겠다.

사실 이후 고분을 비롯한 가야 시기의 각종 유적 발굴이 대대적으로 진행되었다. 대체로 낙동강 유역권을 중심으로 본격화하고 나아가 주변으로 범위가 확장됨으로써 그 수치는 크게 증가하였다. 그에 맞추어 대가야의 영역 범위도 늘어났음이 확인된 사실은 각별히 주목해 볼 만한 현상이었다. 특히 경남 함양, 산청은 물론 지리산을 넘어 섬진강 유역의 하동, 남원, 금강유역권의 장수와 남해연안의 광양, 순천, 여수 등지에서도 가야 계통 문물이 널리 존재한다는 사실이 드러났다. 가야문화가 분포하는 권역이 단편적인 기록으로만 알려진 추정 범위를 훨씬 넘어섰다. 가야사 연구가 문헌자료를 기초로 하되 고고자료와 함께 진행하지 않으면 실상과는 너무도 동떨어진 결과를 초래할 수 있다는 사실을 일깨워준 사례였다. 그런 의미에서 가야사 연구는 문헌사학과 고고학의 학제적(學際的) 연구가 가장 크게 요망되는 분야로 자리 잡게 된 점을 주요 특징의 하나로 손꼽을 수 있다.

가야사 연구가 본격적으로 추진되려면 그를 감당할 만한 연구자가 많이 필요하다. 연구자의 수가 늘어나려면 그에 대한 재정적 지원이 함께 이루어져야 마땅하다. 그를 위한 재정을 감당하려면 경제력의 전반적 향상은 물론이고 역사와 문화에 대한 인식과 이해도 아울러 깊어져야 한다. 1980년대를 거치면서 정치성이 강한 지역개발 사업이 추진되고 그와 동시에 향토문화에 대한 인식도 차츰 고조되던 추세였다. 이로 말미암아 그를 전담하는 전문연구자가 크게 요구되는 분위기가 형성되어 갔다. 바로 이 무렵 대학의 외형적 규모가 급속히 커져가면서 동시에 연구자 수도 늘어났으며 그에 발맞추어 지역마다 박물관을 비롯한 고고학 발굴 및 유관 자료를 다루는 각종 기관이 앞다투어 설치된 점도 그런 분위기 조성에 큰 몫을 하였다. 여러모로 가야사 연구를 촉진시킬 만한 제반 여건이 함께 어우러진 사실은 짧은 기간 가야사 연구가 급속히 향상되는 요인으로 작용하였다. 한편, 그런 과정에서 또 다른 성격의 문제점도 새로이 배태되어 가고 있었다.

3

연구 수준의 향상 및
문제점 표출과 극복

연구 수준의 향상

1980년대에 들어와 연구 인구의 증가와 재정적 지원, 그리고 각 지역 주민들의 향토문화에 대한 적극적인 관심과 후원 등은 가야사 연구를 크게 촉발시킨 기본 동력으로 작용하였다. 그동안 빈약한 자료만을 근거로 삼은 탓에 정리가 잘못된 사실이 밝혀졌음은 물론이고 많은 내용도 자못 비판적 검토를 거쳐 새로운 모습이 갖추어지기도 하였다. 기왕에 그냥 지나쳐버렸던 사실도 안목과 수준이 크게 향상됨으로써 새로운 모습으로 눈에 들어오기 시작하였다. 그 결과 가야사의 이해 수준은 전례 없이 높아져 갔다. 현존 자료가 제공하는 범위 내에서 가야사 전반에 대한 대체적인 윤곽을 그려낼 수 있게 되었을 뿐만 아니라 전반적 흐름도 대충이나마 짚어낼 수 있게 되었다.

그러나 새로이 구축된 가야사의 체계가 안정적으로 자리매김 되기 위해서는 함께 정리되어야 할 대상도 매우 늘어났다. 이는 비교적 짧은 기간에 가야사 연구 수준이 급성장한 만큼 문제점도 적지 않게 안게 되었음을 뜻한다. 자료에 근거를 둔 철저한 고증 작업을 거쳐 실상을 체계적으로 밝혀내는 데에 힘을 쏟기보다는 별달리 뚜렷한 근거도 없이 실제보다 과장되게 포장해 내세우는 경향성을 보였다. 고고자료를 다루면서도 역사적 사실을 애써 외면하려 들거나 아전인수(我田引水)격으로 이해하는 위험성도 드러냈다. 극히 부분적 현상이기는 하겠으나 방법론상으로 심각한 근본적 문제점을 노정하는 경우도 있었다.

이미 언급하였듯이 그동안 가야사는 여러 형식으로 오랜 기간에 걸쳐 엄청난 피해를 입어왔음은 부정할 수 없는 사실이다. 그러나 그렇다고 가야사를 마냥 사실과는 아무런 상관도 없이 무조건 미화하고 포장해서는 안 된다. 이런 자세는 언제라도 경계하고 척결해야 마땅한 대상이다. 그것은 또 다른 형태의 가야사 왜곡과 윤색을 불러오기 때문이다. 과거 가야사가 피해를 입었다고 해서 명백한 사료의 근거도 없이 실증적 과정을 외면한 채 실상보다 과도하게 포장해서는 안 되는 일이다. 그렇다면 이는 역사학의 근간을 뒤흔드는 행태이다. 특히 지방자치제가 실시된 이후 지나친 애향심적(愛鄕心的) 차원에서 무조건 당해 지역이 중심인 듯이 해석하는 우려할 만한 경향을 보여왔다. 향토사적 접근의 위험성은 지금도 여전히 존재하고 있다.

거기에 전문 연구자도 동참해 별다른 명확한 근거도 없이 실상을 과대포장하거나 상상을 초월할 정도의 이상스런 해석을 시도하는 경우도 종종 발견된다. 이를테면 주민의 자존 의식을 드높이고 그와 관련한 문화 상품을 개발한다는 미명 아래 가야금의 달인 우륵(于勒)을 자신의 지역 출신이라고 서로 경쟁적으로 끌어들이고자 하는 시도나, 여러모로 여러 사정을 신중하게 고려함이 없이 삼국과 함께 가야를 아울러서 사국(四國)시대라 무리하게 명명해 내세우려는 경향 등을 대표적 사례로서 들 수 있다. 특히 그런 양상은 고고학에서 두드러지게 나타나고 있으며 일부 문헌사학자들도 아무런 비판적 점검 없이 무조건 동조하고 있는 실정이다. 김해(金海) 중심의 금관국(金官國)이 400년 고구려 광개토왕의 4만 병력 남정으로 큰 피해를 입은 뒤 중심지를 부산 동래 방면을 옮겼다거나 그를 포괄하는 연합세력으로 오히려 커졌다는 주장은 역사의 일반적 흐름을 도외시한 향토사적 시각과 입장에서 거꾸로 해석하는 대표적 사례에 속한다. 옹관고분(甕棺古墳)이나 전방후원분(前方後圓墳)을 영조한 영산강(榮山江) 유역 정치세력의 독자성을 유난스레 강조하는 입장과 비슷한 면모이다. 함안의 안라(安羅), 합천의 다라(多羅) 혹은 고령의 가라(加羅)가 금관국의 몰락과 함께 그곳으로 주민이 이동하거나 영향을 받아 이후 급부상하였다는 논리도 마찬가지의 선상에 있다.

사실 오래도록 가야사를 한국고대사의 주류적 흐름 바깥에 방치해 둔 것은 근본적 문제였다. 그렇다고 주변의 경쟁세력인 삼국을 함께 고려함이 없이 가야사만을 단독으로 우뚝 치솟은 존재로 그려낸다거나 대단히 유력하였다고 강변하는 것은 억지의 위험한 발상이다. 가야가 여러 정치세력으로 이루어진 만큼 그들 각각의 내부 동향은 물론 상호 관계를 늘 염두에 두고 접근해야 마땅하다. 게다가 주변에는 강한 세력인 삼국이 호시탐탐 침탈의 기회를 노리고 있었다. 가야사는 이들 안팎의 다양한 세력들과의 상호 관계 속에서 전개되었다. 따라서 이런 사정을 염두에 두지 않고 특정 지역의 가야만을 각별히 강조한다거나, 삼국의 움직임을 전혀 고려하지 않은 채 독립적으로 그려낸 가야사상이란 실상과는 다른 기형적 모습을 띨 수밖에 없는 일이다. 그런 모습으로 그려진 가야사가 영속성을 보장받을 리 만무한 일이다.

가야는 사료가 희소하기 때문에 비판의 대상이 되어서 안 된다기보다는 차라리 거꾸로 그래서 한층 더 철저한 비판의 대상으로 삼아야 한다. 비슷한 시기에 공존한 삼국 등 인근 국가의 내부 동향과 흐름을 함께 다룬 연구에 대해서도 촉각을 곤두세워야 한다. 그래야만 그 속에서 가야사의 위상과 진면목이 제대로 정립될 수 있는 법이다. 너무 지나치게 가야에만 관심을 집중하거나 집착하는 등 시야를 좁혀서도 안 된다. 특히 현재 가야사 연구에서 절대적으로 긴요한 방법은 비교사적(比較史的) 접근이라 여겨진다. 가야 우위의 사고도 당연히 버려야 할 대상임은 물론이다. 일방통행식의 접근이 아니라 주변국들과의 상호 비교를 통한 철저한 비판과 반(反)비판의 자세는 언제나 견지되어 마땅한 일이다. 가야사 연구가 소수 연구자들만이 즐기는 그들만의 내부 리그로 전락해서는 곤란하다.

문제점의 극복 방향

최근의 한국고대사 관련 연구 동향을 일별하면 가야사 연구는 뚜렷하게 퇴조하고 있다는 느낌이다. 가야사 연구가 양적으로는 물론이고 질적으로도 크게 저하(低下)해가는 경향성을 보이고 있는 듯하다. 연구상의 활력을 잃고 마치 쳇바퀴 돌 듯 동어반복적인 주장만을 거듭하고 있는 모습이다. 거기에는 연구자의 현격한 감소나 새로운 자료 증가가 없는 점 등도 한편에서는 작용하였겠지만 방법론상의 문제점이 한층 더 근본적 요인일 것으로 보인다.

두루 알고 있다시피 가야사는 여러 정치세력의 분립 상태를 기본적 특징으로 하였다. 뒷날 멸망기까지 삼국과 대등한 반열에 오르지 못한 것도 그런 상태로 일관하였기 때문이다. 이는 어떻든 사료상에서 뚜렷이 확인되므로 부정하기 어려운 사실이다. 오히려 그 점이 비슷한 발전 과정을 거친 삼국과는 다르게 오늘날 가야사의 존재 가치를 한층 더 높여주는 특징적 요소라 평가할 수가 있다. 가야사의 전개가 그런 측면에서 삼국이 이전의 상태로부터 통합된 상태로 나아가는 모습을 가장 적절히 보여주는 사례라 할 수 있기 때문이다. 이 점이 그야말로 가야사를 중요한 연구 대상으로 삼고 부각시킬 수 있는 명분이 된다. 물론 가야가 시종일관 분립된 상태로 일관한 것만은 아니었다. 한국 고대국가의 형성과 발전의 과정이 분립으로부터 통합에로의 진전을 기본이라 설정한다면 가야사는 그런 두 가지 요소를 모두 보이는 셈이다. 이 점이 가야사의 주요 특징으로서 오늘날의 연구에서 크게 주목받게 만드는 소이연(所以然)이기도 하다.

가야가 하나로 통합되지 않았다고 애석해 여기기도 하거니와 이는 지역사(地域史)를 현실의 정치에 악용하려는 또 다른 역사 왜곡에 속한다. 정치성을 지닌 임나일본부설이 가야사 연구의 발전(가야사의 발전이 아니라)을 가로 막아 온 원흉의 기능을 하였다면 이제는 지역성(정치성을 밑바닥에 간직한 것)이 마치 가야사 연구를 진전시키는 듯이 겉모습을 그럴싸하게 포장하고 있지만 실상은 진정한 가야사 연구의 진행을 방해하고 있는 꼴이다. 오늘날 입장에서 가야의 우월성, 우위를 내세워서는 일시적 자기만족 대상은 될지언정 가야사의 체계화에 도움될 리 만무한 일이다. 실제로 있었던 그대로의 진정한 모습을 드러내어 놓는 것이 긴요한 시점이다. 그것이 곧 가야사의 존립 가치와 이유이기도 하다.

그러기 위해서는 역설적이게 다른 무엇보다도 개별 지역사의 연구가 우선적으로 진행되어야 할 과제이다. 이때의 지역사란 애향심 차원의 향토사가 아니라 확실한 자료에 근거한 객관적 연구를 가리킨다. 과거를 무조건 미화하려는 자세가 아니라 있는 그대로의 모습을 그려내도록 노력해야 마땅하다. 그것이 과거 임나일본부설의 망령으로부터 완전히 벗어나는 지름길이다. 개별 지역사란 곧 가야사의 입장에서는 개별 각국사(各國史)를 뜻한다. 각국의 형성과 발전, 내부 구조와 인근 국가와의 관계 등이 선명하게 밝혀져야 한다. 그것을 종합한 것이 곧 가야사 전체의 모습이 되겠다. 이런 양상은 삼국사를 통하여서는 결코 드러날 수 없는 가야사만이 간직한 고유한 면모이다. 그런 의미에서 가야사는 이론화할 수 있는 좋은 연구 대상이 된다고 하겠다. 가야사만이 갖고 있는 특징이도 하다. 그럼에도 그 동안 개별 지역사 연구는 거의 방치되다시피 하였다. 내부 구조가 어떠하며 운영의 실태가 어떠하였는가, 어떤 세력이 주축으로 내부 통합 운동을 어떻게 진행하였으며, 어떻게 변화하여 갔는가, 주변의 정치세력과는 어떻게 관계를 맺고 유지하려고 하였는가, 이런 과제들이 밝혀지면 모름지기 가야사의 내용은 한층 더 풍부해질 터이다.

그밖에 가야사의 실상을 밝혀내는 데는 정치사 일변도로부터 벗어나 문화사, 생활사 분야를 추적해 체계화할 필요가 있다. 정치사는 개괄적 흐름에 대한 윤곽을 잡아내고, 사료가 상대적으로 많으므로 반드시 필요한 분야임은 틀림없다. 그러나 매우 영성한 사료를 근거로 정치사를 굳이 재구성하려 하면 전혀 엉뚱하거나 혹은 주장을 위한 주장밖에 나올 수가 없는 측면도 강하다. 그래서 새로운 이론이나 인식, 방법론의 향상없이 비슷한 논란만 거듭하고 있음이 실상이다. 현재로서는 가야사 관련 문자 자료의 증가를 기대하기는 매우 어려운 상황이다. 그러므로 고고자료가 꾸준하게 증가해 가는 추세 속에서 관심을 쏟아야 할 분야는 정치사보다는 생활사, 생활문화사 혹은 사회사 쪽이다.

새로운 고고자료가 급속도로 축적되어가는 상황임에도 여전히 정치사적으로만 이해하려는 경향이 주류를 이루고 있다. 고고자료를 매개로 삼은 생

가야산 전경 (합천군청 제공)

활사, 생활문화사를 밝혀보려는 시도가 전혀 없는 것은 아니지만 아직 기대
수준에는 크게 미치지 못한다. 따라서 앞으로 이 방면에 대한 본격적 연구를
추진해 나갈 필요가 있다. 이를테면 앞서 언급하였듯이 가야의 경우는 독특
한 순장 문화가 존재한 사실을 손꼽을 수 있다. 국력 수준이나 규모 및 당시
정황에 비추어볼 때 지나치다고 할 정도로 순장의 비중이 컸다. 따라서 내용
자체도 중요하지만 왜 하필 그런 경향이 대가야에서 유난스레 부각되었던가,
그들은 사후 세계를 어떻게 설정하였기에 그처럼 순장에 크게 비중을 두었던
가, 순장 문화가 급작스럽게 나타나게 된 요인은 무엇이며 어떤 문화와 접촉
하고 언제 어떤 경로를 밟아 유입되어 어떻게, 얼마나 확산되어 갔는가 하는
등의 사항은 시급히 풀어나가야 할 과제이다.

　가야의 고총고분은 다른 지역과 비교해 유달리 산꼭대기로 달리면서 조영
되는 특이한 양상을 띠었다. 이는 비슷한 시기의 신라는 물론이고 백제나 고

구려에서도 보이지 않는 가야권에서만 확인되는 독특한 현상이다. 기본적으로는 좁은 공간을 적절히 활용하지 않으면 안 되는 데서 나온 발상이겠지만 거기에는 어떤 특별한 사후관념이나 산악(山岳)신앙과도 연결된 듯하다. 그 점과 관련하여 유독 대가야의 시조 탄생 신화에서만 가야산의 산신으로서 여성인 정견모주(正見母主)가 등장한다는 사실도 눈여겨 볼 대목이다. 한국 고대의 건국신화에서 여성이 산신으로 등장할 뿐만 아니라 건국시조의 탄생을 주도하는 유일한 사례에 속하기 때문이다.

최근 가야사 연구 동향을 살피면 어떤 한계에 봉착해 있다는 느낌이 강하게 든다. 이렇다 할 신선한 견해도 제시되지 않고 있거니와 질량으로 볼 때 전반적으로 침체되어 있는 양상이 뚜렷하다. 특히 문헌자료만으로는 더 이상 나아가기가 곤란할 듯 싶다. 이는 정치사 분야의 경우에 특히 더 두드러진 현상이다. 그러나 고고자료가 꾸준히 축적되어가고 있는 데에 생각이 미치면 여기에 새로운 돌파구가 찾아질 수 있을지 모른다. 고고자료를 적극 활용함으로써 다른 국가사(國家史)에서는 보이지 않는 분야가 관심의 대상으로 부각될 수 있기 때문이다. 그럴 때 다시 정치사·사회사를 새롭게 재점검할 수 있을 터이다. 어떻든 발상의 전환이 필요한 시점이다.

II

가야사 관련 사료

가야사 새로 읽기

1

사료 현황

가야사 관련 기록과 그 성격

역사를 복원해내는 데에는 기록이 필수적임은 두말할 나위가 없는 일이다. 역사 관련 기록을 일반적으로 사료(史料)라고 일컫는다. 사료라 하더라도 이들 모두가 다 동등한 무게를 갖는 것은 아니다. 당대인이 살아 있을 때 남긴 기록이 있는가 하면 이들을 근거로 후대에 여러 방식으로 가공(加工)을 거친 사료들도 있기 때문이다. 게다가 일단 비슷한 무게를 갖는다고 하더라도 누가 어떤 목적으로 사료를 남겼는가에 따라 거기에 담겨져 있는 내용은 크게 차이나게 마련이다. 그러므로 이들 사료를 활용해 역사 복원 작업에 들어가기에 앞서 각각의 사료가 갖는 무게를 먼저 가늠해두지 않으면 안 된다. 이런 작업 일체를 통틀어 흔히 사료비판(史料批判)이라 일컫는다.

다 아는 바처럼 가야사 사료는 매우 드물다. 그렇다고 해서 모든 사료의 대소경중(大小輕重)을 가리는 작업을 거치지 않고서 무조건 동등하게 취급할 수는 없는 노릇이다. 그렇게 해서는 가야사의 실상을 제대로 복원해낼 수가 없기 때문이다. 이미 언급하였듯이 가야사의 경우 특히 사료비판이라는 기초적, 기본적 과정을 거의 거치지 않은 채 정치적 목적에서 의도적으로 만들어낸 임나일본부설 때문에 만신창이의 모습을 하게 된 너무도 뼈아픈 경험을 갖고 있다. 그래서 가야사는 사료에 대한 기본적 검증 작업을 한층 더 철저하게 실시함으로써 각종 사료가 갖는 본래의 모습을 그대로 드러내어야 마땅하다. 그래야만 허구를 최소화하면서 가야사의 진면목을 재구성해낼 수가 있다.

현재 가야사 사료 가운데 당대인이 정리하여 직접 남긴 기록은 하나도 없다. 가야 당대에 자신들의 역사를 정리하였을 법한 어떤 흔적도 찾아지지 않는다. 다만, 『삼국유사』에 인용되어 있는 「가락국기(駕洛國記)」에 의하면 『개황록(開皇錄)』, 혹은 『개황력(開皇曆)』이라고 불리는 책이 쓰인 사실은 확인된다. 이 책은 금관국(이하에서는 원문을 인용하는 등 특별한 경우를 제외하고는 금관가야라 쓰지 않고 편의상 금관국이라 표기하기로 함)의 건국과 멸망을 다룬 점 등 전후 사정으로 미루어 그와 관련한 역사서임은 분명하다. 그것이 쓰인 시점이나 목적, 성격 등은 확실하지가 않은 상태이다.

과거 개황이 589년부터 600년까지 사용된 수(隋)나라 문제(文帝)의 연호와 동일하다는 점에 착목해 이때 쓰였다고 보는 견해가 있었다. 그렇지만 금관국의 역사를 쓰면서 왜 하필이면 중국 수나라의 연호가 사용되었을까를 고려하면 선뜻 납득되지 않는 주장이다. 그 이전 금관국 왕실이 신라의 진골 귀족으로 편입되기는 하였으나 김유신(金庾信)의 탄생설화가 적절히 시사해 주듯이 전통 귀족들로부터 극심한 견제를 받아 입지가 그리 굳건하지를 못하였다. 따라서 그때는 오래 전 멸망한 금관국을 내세우기 위한 목적에서 역사서를 썼다고 보기 힘든 상황이었다.

사실 그런 점은 책명을 통해서도 짐작해볼 수 있다. '개황'이 연호가 아니라면 거기에는 글자 그대로 '황실(황국, 황제)을 열다'라는 뜻을 내포한 것으로 보인다. 이때 황실을 열었다는 것은 이를 인용하고 있는 「가락국기」의 내용에 견주어 바로 금관국 시조인 수로왕(首露王)이 개국한 사실을 뜻함이 분명하다. 수로를 금관국 황제로 보려는 인식이 바닥에 깔려 있는 것이다. '개황'이 그런 의미를 갖는다면 『개황록』의 편찬은 차라리 금관국 출신자의 위상이 한껏 높아진 시점으로 비정함이 적절할 듯 싶다. 그럴 때 신라가 백제와 고구려를 멸망시킨 직후로서 김유신이 생존해 있었거나 아니면 사망한 이후라도 삼국 통일의 열기가 아직 채 가시기 이전의 어느 시점을 상정할 수 있겠다. 기실 이때는 삼국의 통합을 이룬 원훈(元勳)으로서 김유신이 열렬히 추앙되던 시기였거니와 당시 문무왕(文武王)까지도 외가(外家)가 금관국 계통의 피를 물려받았음을 자랑스럽게 내세우고 있을 정도였다. 따라서 삼국 통일의 두 원훈과 혈연적으로 연결된 수로왕의 금관국 건국을 두고 '황실을 열었다'고 표현해서 조금도 이상스러울 바가 없었다. 그런 측면에서 『개황록』은 통일기 초기 무렵에 쓰인 금관국의 역사서로 봄이 가장 무난할 듯하다. 「가락국기」에서 『개황록』이 금관국의 성립기와 종말기 두 번에 걸쳐 인용된 점은 그런 사정을 일정 부분 반영해 준다.

아쉽게도 『개황록』 자체는 현재 남아 있지가 않다. 다만, 그를 인용하고 있는 「가락국기」의 내용을 매개로 해서 어렴풋이나마 성격의 추정은 가능하다. 금관국 왕계를 중심으로 한 대강의 역사를 7세기 후반 입장을 반영해 쓴 것으로 보인다. 설화성이 짙은 내용으로 가득 찬 「가락국기」에 두 차례 인용된 점으로 미루어 이보다는 한결 더 설화적 성격이 강한 것으로 보인다. 황실을 열었다고 할 정도로 자신의 조상 현창을 주요 목적으로 삼았으므로 사실성보다는 설화적 성격을 짙게 풍긴 것도 부득이한 일이었다. 당대로부터 멀리 떨어진 후예들이 과거사를 서술했을 때 내용이 어떠하게 될 지를 보여주는 사례라고 하겠다.

기록 부재의 결과

『개황록』이 그처럼 설화적 성격을 강하게 띤 이유는 조상의 현창에다 크게 비중을 두었던 데서 비롯한 당연한 결과였겠지만 그에 앞서 금관국 당대의 역사가 일차적으로 정리되는 과정을 거치지 못하였기 때문으로 보인다. 그래서 설화성이 짙은 모습을 보이거나 아니면 전혀 다른 입장과 시각에서 가야사를 특정한 목적 아래 마음대로 난도질해 피동의 역사, 주인공이 없는 역사로 만들기도 하였던 것이다. 가야가 독립세력으로 존재하였을 때 자신의 역사를 정리하지 못한 채 멸망한 탓에 그런 문제가 생겨났다.

그와 같은 사정의 일단을 잘 보여주는 것이 백제와 신라가 연합해 한강(漢江) 유역으로 진출하였을 때 가야가 담당한 역할이다. 551년 백제와 신라는 연합세력을 결성, 한강 유역에로의 진출을 도모하여 성공을 거두었다. 이 작전에 가야도 백제에 이끌린 것이기는 하지만 연합군의 일원으로 당당하게 참전하였다. 그럼에도 가야가 맡은 구체적 역할은 어떤 기록에도 드러나지 있지 않고 오로지 피동적으로 움직이는 대상으로서만 그려져 있을 따름이다. 그런 사정의 일단이 『삼국사기』와 『일본서기』에 지극히 간략하게 비쳐지고 있다.

사실 백제가 주도해 추진한 한강 유역 진출은 성공을 거두었지만 『삼국사기』 백제본기에는 그와 관련된 흔적은 어떤 것도 찾을 수 없다. 반면 신라본기에서만 가야[加良]가 참전한 사실을 전해주고 있으나 구체적 역할은 기술되어 있지 않다. 아마도 이는 신라의 입장에서 이후 가야를 공략하기 위한 명분을 내세우기 위해 그런 사실을 매우 의도적으로 드러낸 것이라 짐작된다.

한편 『일본서기』에서는 가야가 아닌 임나란 이름으로 참전한 사실이 보인다. 『일본서기』의 기사는 백제 계통의 사료에 의거한 것인 만큼 백제의 입장이 깊숙이 스며들어 있었음이 확실하다. 그럼에도 가야의 참전을 기록한 두 기록 모두에서 입장의 차이가 반영되었을 법한데 그런 모습은 전혀 보이지 않는다. 단지 참전한 사실 자체만 전할 뿐 일구어낸 전공이나 성과 등도 전혀 기록되어 있지 않다.

반면 『삼국사기』 신라본기를 비롯한 거칠부전(居柒夫傳)에서는 신라가 10군(郡)을 확보한 사실이 기록되었고 『일본서기』에서는 백제가 6군을 장악한 것으로 기록하고 있다. 이를 놓고 일반적으로 신라가 한강 상류 10군, 백제가 한강 하류 6군의 땅을 장악한 것으로 풀이하고 있다. 어떻든 가야에게 돌아간 몫은 어느 곳에도 기록되어 있지 않다. 이는 자신의 기록을 남기지 못하였을 경우에 어떤 결과가 빚어질 수 있는지를 극명하게 보여 주는 사례이다.

가야사가 왜곡되거나 관련 사료가 지극히 빈약한 수준으로 남게 된 것은 이처럼 자신의 기록을 스스로 정리하지 못한 상태에서 멸망하였기 때문이다. 오늘날 가야사를 정리하려 할 때 이 점은 반드시 염두에 두어야 할 대목이다. 매우 단편적인 모습으로나마 앞으로 당대에 쓰인 기록이 조금씩 발굴되리라는 기대는 가져봄 직하다. 근자에 가야 관련 금석문 자료가 출현하여 크게 주목을 끈 것은 그를 예견해 주는 사례이다.

1980년대 후반 합천군 가야면 매안리(梅岸里)에서 석비가 발견된 적이 있다. 당해 지명을 따와 곧바로 「매안리비」로 명명되었거니와 지상에 오래도록 노출된 탓에 마모가 너무 심하게 진행되어 전모를 판독해내기가 무척이나 까

「합천 매안리비」 (한국금석문종합영상시스템 제공)

다로웠다. 글자의 흔적이 여러 행(行) 확인되나 그 가운데 겨우 두 행 정도, 그나마도 극히 일부의 글자만 읽어낼 수 있을 따름이다. 거기에 보이는 '간지(干支)'란 표현이 지금까지 알려진 금석문의 관례로 미루어 561년 이전 작성되었음을 추정케 하는 유력한 근거이다. 그런데 아직 이때는 가야 전체가 신라로 편입되기 이전이었으므로 가야 계통의 비문이라고 추정함이 일반적이었다. 만일 그렇다면 최초의 가야 관련 문자 기록이 되는 셈이다. 그로 말미암아 비록 판독이 힘들어 전모가 드러나지 않았음에도 당시 크게 주목을 받았다.

그러나 이런 이해에는 약간의 문제가 뒤따른다. 먼저 비문 속에 보이는 '간지'라는 표기가 과연 가야 계통이라 단정할 수 있을까 하는 점이다. 『일본서기』에 의하면 가야에서는 주로 동일한 '간지'를 '한기(旱岐)'라고 표기하였다. 반면 신라에서는 6세기 금석문상에서 거의 예외 없이 '간지(干支)'란 표기를 사용하였다. 둘째, 비문에는 '촌(村)'이 보이는 바, 신라에서는 당시 하나의 지역, 혹은 행정의 단위로 기능하고 있음은 확실한데 과연 가야에서도 그랬을까 하는 점이다. 물론 가야에도 촌이 사용되고 있었지만 용법이 신라와 같았을지는 의문이다. 신라에서는 6세기 촌이 자연촌(自然村)으로도 행정성촌(行政城村)으로도 함께 기능한 단위였다. 셋째, 가야에서는 아직 비가 세워진 사례는 알려진 바가 없으며 그런 흔적은 어디에도 보이지 않는다. 그런데도 대가야의 중심지도 아닌 변두리인 매안리 지역에서 그렇게 큰 규모의 비를 세우는 문화가 당시 과연 있기나 하였을까는 매우 의문스럽다. 여하튼 조심스런 접근이 필요한 대상이다. 넷째, 562년 이전 가야가 멸망하였다는 기록도 있으므로 반드시 건비 시점을 가야 제 세력의 멸망 이전이라고 단정해서는 곤란하다는 점이다. 이 지역이 먼저 신라 영역으로 편입되면서 세워졌을지 모를 일이기 때문이다.

위와 같은 몇몇 사항으로 보아 「매안리비」를 무조건 가야비로 결론짓는 것은 아무래도 너무 성급한 판단으로 보인다. 새로운 자료가 출현할 때까지 좀 더 신중한 자세를 견지하는 것이 바람직하다. 비슷한 시기에 합천 저포리(苧浦里)의 황강(黃江) 유역 발굴을 통하여 '하부사리리(下部思利利)(뒤의 利는 앞과 같다는 부호를 사용한 것이라 가정하였을 때에만 그렇게 읽을 수 있음)'란 명문이 아가리에 새겨진 단경호가 출토되었다. 하부는 부명(部名)이며 '사리리'는 인명으로

하부사리리 토기

하부사리리 세부

대왕명 장경호

추정되고 있다. 그렇다면 이는 대가야에도 '부'라는 특수한 조직의 존재를 알게 하는 명문이어서 크게 주목을 받고 있다.

한편, 현재 충남대박물관이 소장하고 있는 대가야 계통 장경호의 뚜껑과 몸통 두 군데에 걸쳐 '대왕(大王)'이란 명문이 확인되었다. '대왕'은 대가야의 왕호임이 확실시된다. 그렇다면 당시 대가야의 국왕이 대왕으로 불리었으므로 각별히 주목해 볼 대상이다. 이는 부명을 칭하고 있었던 사실과 함께 대가야가 도달한 정치사회의 발전 정도를 가늠하게 해 주는 자료이기 때문이다.

이상에서 언급한 것처럼 대가야인이 직접 자신의 역사를 정리해 남긴 흔적은 없다. 오직 멸망 이후 오랜 세월이 흐른 뒤에 정리된 설화성이 짙은 역사서 혹은 당대의 것이라도 극히 단편적 명문만 확인될 따름이다. 이들만으로 가야사 복원을 체계적으로 추진해내기란 힘들기 이를 데 없는 일이다. 따라서 현재로서는 다른 성격의 사료들을 매개로 해서 가야사 연구를 진행하는 수밖에 없다. 현재 남아 전하는 가야사 관련 사료는 크게 국내와 국외 계통으로 대별할 수 있다. 아래에서는 이들에 실려 있는 사료의 성격을 간단히 점검해보기로 하겠다.

2

국내 사료와
그 성격

『삼국사기』 속의 가야

국내 사서 가운데 비록 단편적 형태로나마 가야사의 흐름을 살필 수 있는
사료를 싣고 있는 것은 『삼국사기』이다. 『삼국사기』는 12세기 중엽 고려왕조
의 국가적 목적으로 김부식(金富軾) 등이 왕명을 받아 편찬한 이른바 관찬(官
撰)의 기전체(紀傳體) 사서이다. 삼국만을 대상으로 삼아 정리하였으므로 가야
를 다룬 항목은 따로 설정되어 있지 않다. 가야 관련 기사는 여기저기 흩어져
있어 전모를 파악하기가 쉽지 않다. 게다가 삼국이 멸망한 이후 오랜 세월이
흐른 뒤에 정리된 것인 만큼 그 속에 들어 있는 가야 관련 사료는 뚜렷한 한
계를 지닌다.

『삼국사기』는 기전체란 이름 그대로 삼국사 관련 내용이 신라 중심이기는
하지만 여러 항목으로 나뉘어져 있다. 그 가운데 가야 관련 기사는 신라본기,
지리지, 열전 등에서만 극히 한정적으로 다루어지고 있을 따름이다. 백제본

기나 고구려본기에서는 가야란 이름 자체가 전혀 보이지 않는다. 뒤에서 언급하듯이 가야가 백제와 매우 긴밀한 관계를 맺고 있었음에도 불구하고 백제본기에는 그런 편린이 조금도 남아 있지 않는데 이는 대단히 이상스럽게 여겨지는 대목이다. 원래부터 그런 사실이 실재하지 않았던 것이 아니라 뒷날 정리 과정에서 철저하게 배제되었음을 의미한다. 멸망한 뒤 오랜 세월이 흐르면서 많은 사실이 의도적이건 그렇지 않건 인멸되어 버렸던 것 같다. 그래서 가야는 단지 신라와의 관계 아래에서만 등장하고 있을 따름이다.

신라본기에는 가야 관련 기사가 단편적인 형태로 드물게나마 찾아진다. 특징적 현상은 신라본기의 경우 표기를 '가야(加耶)'라 하여 거의 통일성을 기하고 있는 점, 오로지 단일한 국가로서만 보이는데 그것이 특히 금관국을 지칭한다는 점이다. 따라서 신라본기만을 근거로 삼으면 가야는 성립기부터 멸망에 이르기까지 오직 하나의 통일된 국가로서 금관국만이 존재한 셈이 된다. 이는 가야 관련 사료들이 상당한 변개(變改)의 과정을 거쳐 원형을 거의 잃었음을 뜻하는 사실이다.

『삼국사기』 신라본기의 찬자는 가야가 단일한 금관국으로서 존속하였다고 이해한 까닭에 멸망의 시점과 과정에 대해서 중대한 착각을 일으키기도 하였다. 이를테면 그 이전까지는 줄곧 가야라고만 지칭하다가 법흥왕(法興王) 19년(532)에 이르러서 갑작스레 금관국으로 표기를 바꾸면서 멸망 관련 기사를 싣고 있는 것이다. 금관국은 파사이사금(婆娑尼師今) 23년(102) '금관국수로왕'과 같은 형식으로 처음 선을 보인 이후 멸망 기사에만 다시 등장한다.

이는 원래 금관국을 비롯한 여러 가야 각국 관련 사료가 따로 있었지만 통일을 기해 이를 모두 의도적으로 가야로 바꾸었으나 일부에 대해서만 실착을 범해 원전 그대로를 남겨두게 된 결과라 하겠다. 그런데 진흥왕(眞興王) 23년

(562)조에는 다시 '가야가 반란하였다[加耶叛]'란 기사가 등장한다. 금관국 즉 가야는 이미 멸망한 상태였다고 설정하였는데 다시 다른 기록에 가야의 멸망 기사가 보이니까 신라본기 찬자는 가야가 반란을 일으킨 것으로 풀이한 것이다.

그런데 신라본기와는 달리 지리지에서는 가야가 단일한 국가가 아니라 여러 정치세력이 분립한 상태였다고 기술하고 있다. 김해소경(金海小京) 조에는 금관국이 건국시조 수로왕으로부터 마지막 구해왕(仇亥王)까지 10대가 존속하였음과 함께 국명도 가락국(伽落國), 혹은 가야(伽耶)로 불린 사실이 명기되어 있다. 고령군(古寧郡) 조에는 원래 고령가야(古寧加耶)가 있었는데 신라에 병합되었다고 하였으며, 함안군(咸安郡) 조에는 아시량국(阿尸良國), 혹은 아나가야(阿那加耶)가 있다가 법흥왕대에 이르러 신라에 의해 멸망당하였다는 기사가 실려 있다.

한편, 고령군(高靈郡) 조에는 본래 대가야국(大加耶國)이 있었다는 내용과 함께 시조 이진아시(伊珍阿豉) 혹은 내진주지(內珍朱智)로부터 마지막 도설지(道設智)에 이르기까지 16대 왕이 520년간 존속한 것으로 기록하고 있다. 그렇다면 건국 시점을 서기 42년으로 설정한 셈이 되므로 역시 금관국과 꼭 같다. 여기에는 어떤 의도적 작위(作爲)가 강하게 작용하였음을 느끼게 한다. 언제인지 특정할 수는 없지만 대가야가 멸망한 뒤 그 역사도 정리된 적이 있음을 시사한다.

한편 열전에서는 그와는 약간 다른 양상을 보인다. 김유신전(金庾信傳)에서는 그의 조상세계를 『삼국유사』에 실려 있는 「가락국기」와 마찬가지로 수로왕으로부터 구해왕까지 10대가 존속하였으며 건국 시점을 역시 서기 42년으로 설정하고 있다. 개국 당시에는 국호를 가야라 하였으나, 뒷날 금관국으로 고쳤다고 한다. 한편 통일기에 문무왕의 명령으로 세워진 김유신비(金庾信碑)를 인용해 남가야(南加耶)라 표기함으로써 약간의 혼동을 보인다. 전자가 신라본기와 비슷한 입장이라면, 후자는 지리지와 동일한 사료 계통에 근거한 결과이다. 한편 강수전(强首傳)에서는 그를 '임나가량인(任那加良人)'이라고 하였다. 이는 금석문 이외에 한국의 역사서 상에서 확인되는 유일한 임나의 용례(用例)이다. 강수가 자신의 출신지로 내세운 임나가라가 어떤 가야일까를 놓고 논란되고 있지만 대가야로 봄이 일반적이다. 이밖에 열전에는 가락, 가야, 가라 등의 표기와 함께 아라국(阿羅國)도 확인된다.

이상과 같이 보면 『삼국사기』의 경우 신라본기에서는 가야라고 표기하고, 그것을 금관국으로 설정하는 등의 범례(凡例)를 내세워 상당한 통일성을 기하려고 시도하였음이 드러난다. 그런 입장이 약간의 실수를 범하기는 하였으나 대체로 일관되게 유지되고 있다.

그러나 지리지와 열전 등 다른 항목의 경우에는 표기도 다양할 뿐만 아니라 여러 국가가 분립된 상태였다고 기술함으로써 근본적 차이를 보인다. 이는 『삼국사기』의 각 편목이 여러 사람에 의해 나뉘어 편찬되었음을 보여주는 실례로서 전체적 통일성보다는 신라본기에 각별하게 비중을 두고 서술하려 하였음을 의미한다.

지금까지 진행된 가야사 연구를 일별하면 『삼국사기』보다 『삼국유사』 쪽이 실상에 가까웠음이 드러난다. 이는 물론 사료 계통이 달랐던 데서 기인한 것이지만 신라본기의 경우 정치적 입장이 강하게 스며들 정도로 의도적인 편집의 과정을 거쳤기 때문이었다. 그런 측면에서 다음에 언급할 『삼국유사』가 한결 당대 실상에 근접한 내용이었음을 확인할 수 있다.

『삼국유사』 속의 가야

　『삼국사기』와는 다르게 13세기 말 일연(一然)이란 승려 개인이 편찬한 사서인 『삼국유사』는 가야를 삼국과는 별개로 여러 독립된 정치세력으로서 다루고 있는 점에서 뚜렷한 특징을 보인다. 특히 가야를 취급한 여러 항목 가운데 연표(年表)라 할 첫머리의 왕력편(王曆篇)에서는 가야를 삼국과 나란히 동등하게 설정하였음이 주목된다. 가락(금관국) 뿐이기는 하지만 삼국에다 가야를 덧붙여 마치 사국(四國)이었던 듯이 다루고 있는 것이다. 이는 편찬자의 가야에 대한 인식을 뚜렷하게 엿보게 하는 대목이다. 일연은 사료가 많이 남았건 그렇지 않건 가야도 삼국과 대등하다는 인식을 갖고 있었음이 분명하다. 그 점은 이어지는 기이편(紀異篇)에서 (오)가야를 단독 항목으로 설정하고 있는 데서도 확인되는 사실이다.

　다만, 왕력편에서는 이때의 가야가 금관국을 가리킨다는 점에서 『삼국사기』 신라본기와 마찬가지의 인식을 내비친다. 이는 어쩌면 가야가 금관국 중심으로 하나의 통일왕조를 이룬 것으로 인식하기보다는 편찬자 개인의 입장과 능력의 범위 내에서 당시 가야 여러 세력 가운데 왕계(王系)를 제대로 알 수 있도록 정리된 것이 오직 그것밖에 없었기 때문일지도 모른다. 그렇지 않아도 제대로 정리된 가야의 역사서가 따로 없는 마당에서 상당한 세월이 흘러 다른 가야 세력의 왕계는

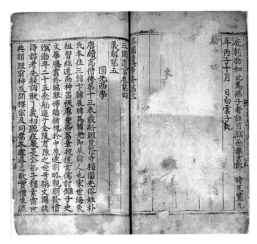

『삼국유사』

이미 알 수 없게 된 까닭에 부득이 금관국의 왕계만을 내세우게 된 것이 아닌 가 싶다. 그 점은 기이편에서 오가야(五伽耶) 조를 따로 설정하고 있는 데서도 유추되는 사실이다. 그렇지 않다면 바로 이어서 기술된 기이편은 왕력이 보여주는 사실과 모순되도록 가야가 여러 세력으로 분립된 점을 뚜렷이 나타내는 항목을 독립적으로 실은 사실 자체는 도무지 납득하기 어렵다.

위에서 언급한 것처럼 『삼국유사』 기이편 1에서는 오가야 항목을 독립적으로 설정하고 있다. 이는 『삼국사기』가 신라본기 속에만 가야 관련 기사를 기술해 넣어 신라에 편입되어야 할 대상으로서 당연시한 것과는 근본적으로 다르며 지리지와 매우 비슷한 입장이다. 『삼국유사』가 비록 분량은 적지만 가야사를 삼국과 함께 한국 통사(通史)의 흐름 속에 일정하게 위치 지우려는 의도에서 비롯하였다고 여겨진다. 일연이 기이편을 설정한 목적은 『삼국사기』의 역사 인식과 서술에 대한 불만을 근본 바탕에 깐 것이지만 가야사에 대한 설정도 그와 궤를 같이한 것으로 보인다. 말하자면 가야사에 대한 고려국가의 공식 입장에 일종의 정면 도전이며 반발이었다.

『삼국유사』 오가야조는 가야사 자체를 『삼국사기』 신라본기와 전혀 다르게 인식하고 있음을 보여준다. 내용상으로 보면 『삼국사기』의 신라본기보다는 오히려 지리지나 열전과 맥락이 닿아 있다. 일연은 가야가 하나의 통일된 정치세력이 아니라 여럿으로 분립되어 있었다고 이해하였다. 그처럼 분립된 상태의 구체적 실상에 대해 모든 원전이 동일한 입장을 지닌 것은 아니었다. 그래서 각기 다른 입장을 가진 원전인 「가락국기」(표기는 「가락기(駕洛記)」라 하고 있음)와 「본조사략(本朝史略)」의 두 계통 가운데 하나를 취사선택하지 않고 나란히 소개해 두고 있는 것이다.

「가락국기」에서는 6가야란 표현만 보일 뿐 구체적인 나라 이름은 전혀 등장하지 않는다. 대신 오가야 조의 본문에는 다섯 개의 국명인 아라(阿羅), 고령(古寧), 대(大), 성산(星山), 소(小)가야를 각각 들고 있다. 이들은 어디에서 근거를 둔 것인지 분명하지가 않다. 다만, 현재 남아 있는「가락국기」가 원문 그대로가 아니라 그를 약술한 것이라 밝히고 있으므로 원래는 거기에 금관국을 제외한 다른 5가야의 이름이 구체적으로 열거되어 있었을 가능성이 크다. 그렇지 않다면 또 다른 전승이나 원전에 근거하였을 여지도 있다.

같은 5가야라 하더라도 구체적 국명에 대해서는 다른 기록이 있어 그를 함께 소개하였다. 그것이「본조사략」으로서 거기에는 대가야 대신 금관국이 들어가 있다.「본조사략」이란 고려 초기의 역사를 간략하게 다룬 책으로 추정된다. 고려 태조가 후삼국 통일을 완료한 후 통일 정책의 일환으로서 940년 지방의 군현을 재정비하고 지명을 고친 사실이 있었는데, 그 가운데 보이는 오가야 관련 기사를 소개하면서 보완한 것이다. 그래도 가야가「가락국기」에 보이듯이 전부 6개가 아니라 7개나 되므로 중복을 피하기 위해 당시의 위치 비정에 대해 다른 견해를 제시해 두고 있다. 특히 비화(非火)를「본조사략」에서 창녕(昌寧)이라고 한 사실에 대해 자신은 고령(高靈)으로 본다는 이견을 제시하고 있는 점이 눈에 들어온다. 이 점은 일연의 5가야에 대한 인식에서 주목해 볼 만한 대상이다. 오가야조 자체가 당대의 사실이라기보다는 나말려초(羅末麗初) 인식의 반영임을 엿보게 하기 때문이다. 이는『삼국사기』지리지의 인식과 매우 유사한 것으로 여겨진다. 두 사서가 활용한 원전이 공통된 데서 비롯한 것으로 추정된다. 다만, 지리지에서는 비화가야와 함께 고성의 소가야를 제외하고 있는 점에서는 일정하게 차이가 난다.

여하튼 일연은「가락국기」에 근거해 가야가 줄곧 6개의 정치세력으로 분립되어 있었다고 간주했음이 분명하다. 이런 인식은 1970년대에 이르기까지 그대로 이어져 오래도록 우리 학계에서 움직일 수 없는 정설로 굳어져 왔다. 그러나 이후 국내외 사료를 종합적으로 판단하면서 가야가 적어도 10여 개의 독자적 정치세력으로 구성되었으며, 이들이 부침을 거듭하면서 가야사는 전개되었다고 봄이 정설화함으로써 그 이전과는 엄청난 차이를 보이고 있다.

『삼국유사』에서는 삼국 관련 기사를 기술하기에 앞서서 오가야 조를 먼저 들고 있다. 이는 기이편 첫머리의 고조선(古朝鮮) 조항 이후 삼국이 정립하기에 앞서 부침하였던 다양한 정치세력을 열거하면서 그 중의 하나로서 소개하였다. 이로 미루어 보면『삼국유사』는 가야사를 삼국사의 전사(前史)로 취급한 셈이 된다.

그러면서 기이편의 말미에는 다시 「가락국기」를 따로 싣고 있다. 「가락국기」는 고려 문종(文宗) 연간(1047~1083)에 쓰인 것으로서 금관국만을 중심 대상으로 다루었는데,『삼국유사』에서는 그 전문을 약술해서 실었다. 지금 전하는 내용으로 미루어 일연은 원래의 전문이 그대로 옮기기 곤란할 정도로 사실성과 동떨어져 있다고 생각한 것 같다. 일연은 기이편의 서문(序文)에서 공자가 괴력난신(怪力亂神)을 이야기하지 말라고 하였지만 시조 탄생과 같은 데서는 괴이(怪異)한 일도 있을 수 있다는 인식 아래 기이편을 설정하였다. 그럼에도 「가락국기」를 그처럼 줄여서 정리한 것은 괴이함의 정도가 너무 지나쳤기 때문으로 풀이된다.

다만, 왕력편의 가야 조는 「가락국기」에 의거한 듯한 인상을 풍기는데 양자를 대조하면 내용상 약간의 차이를 보인다. 특히 멸망 시점에 대해 「가락국기」가 532년 멸망한 사실을 전하는 「개황록」의 기사를 인용하고 있으나 본문에서는 오히려 562년설을 선택한 반면, 왕력편에서는 거꾸로 전자를 선택해 정리하고 있다. 이는 일연이 가야가 삼국과 대등하다는 입장에서 왕력편을 정리하면서 다른 사료가 없었던 까닭에 부득이「가락국기」를 활용하지 않을 수 없었으나, 거기에 실린 잘못에 대해 나름대로 교정을 감행하였던 것이다. 이는 가야사에 대한 일연의 기본 인식을 엿보게 하는 대목이다.

『삼국유사』에서는 가야사 관련 기사가 그밖에도 단편적·파편적 형태로 여기저기에 실려 있다. 가령 탑상편(塔像篇)의 금관성파사석탑(金官城婆娑石塔) 조나 어산불영(魚山佛影) 조, 물계자(勿稽子) 조에 보인다. 앞의 두 개는 일연이 가야문화권 지역을 순방하면서 현지에서 획득하거나 직접 보고 들었던 자료를 나름대로 정리한 것이다. 물계자 전승은『삼국사기』열전에 비슷한 내용이 보이는데 전체가 대동소이하나 핵심에서 약간 차이가 난 까닭에 싣게 된 것이다.

『신증동국여지승람(新增東國輿地勝覽)』 속의 가야

일반적으로 가야사 복원을 위한 기본 사료를『삼국사기』와『삼국유사』등 고려시대에 정리된 것으로 한정하고 있다. 다만, 그 뒤의 것이라도 매우 예외적이라 할 정도로 활용하는 대상이 조선 성종(成宗) 연간에 간행된『동국여지승람』을 중종 대에 이르러 새로이 보완 정리한『신증동국여지승람』이다. 특히 이 책의 권29 고령군(高靈縣) 건치연혁(建置沿革) 조에는 앞의 소개한 사서에는 보이지 않던 내용이 등장해 특별히 주목을 끈다.

먼저 대가야가 이진아시왕부터 도설지왕에 이르기까지 16세 520년 간 존속한 사실이 제시되어 있는데, 이는『삼국사기』지리지의 기사를 그대로 옮겨 적은 것임이 분명하다. 그런데 바로 뒤이어 신라 말기의 명유(名儒) 최치원(崔致遠)이 쓴「석리정전(釋利貞傳)」과「석순응전(釋順應傳)」이 인용되어 있다. 승려

합천 해인사의 여름 (합천군청 제공)

인 이정과 순응은 각기 선후하면서 해인사(海印寺)의 창건과 중흥을 위해 활약하였다. 최치원이 중앙 관직에서 물러나 해인사에 머물면서 그들의 전기(傳記)를 썼다. 그가 주변에서 전해지던 이야기를 듣거나 이미 수집한 자료를 근거로 재정리한 것이므로 일단 사료적 가치는 매우 높은 것으로 판단된다.

「석리정전」에는 가야산신 정견모주(正見母主)가 천신 이비가지(夷毗訶之, 간혹 之를 문장 말미의 종결사로 보고 제외해 이비가로 부르는 견해도 있다)와 감응해서 대가야왕 뇌질주일(惱窒朱日)과 금관국왕 뇌질청예(惱窒靑裔) 두 형제를 낳았다고 하는 대가야 중심 건국신화에 대한 간단한 이야기가 소개되어 있다. 「석순

웅전」에서는 대가야 말기의 이뇌왕(異腦王)이 당시 적대국 신라 왕녀(王女)와 혼인해 월광태자(月光太子)를 낳았다는 등의 내용이 간략하게 소개되어 있다.

고려시대 편찬된 사서에 전하는 가야 관련 사료가 거의 대부분 금관국 중심으로 정리된 사실에 견주면 대가야 관련 사료라는 측면에서 대단히 소중하게 다루어야 할 대상이라 평가된다. 어쩌면『삼국사기』지리지의 찬자도 이를 참고하였을 가능성이 크다. 대가야왕과 신라 왕녀의 결혼 이야기는『삼국사기』신라본기 법흥왕 9년(522)조에 보이며, 또 뒤에서 소개할『일본서기』에도 실려 있으므로 두 나라의 관계상 당시 매우 중시된 사건이었음을 유추해낼 수 있다. 그들 사이에 태어난 인물이 월광태자라는 사실은 다른 사료에서는 전혀 보이지 않는 특이한 내용이다. 월광은 불경(佛經)에 보살로서 등장하는 이름이므로 대가야 말기의 국가 혹은 왕실 불교와 관련해 눈여겨 볼 대상이다. 그밖에 같은 책 고령현 고적(古蹟) 조에는 신라의 대대적인 대가야 공격에 대비하여 쌓았다는 동경제(東京堤)와 관련한 이야기가 기록되어 있다.

3

국외 사료와
그 성격

중국계 사료

중국 측 사서에 가야와 관련된 내용이 최초로 보이는 기록으로서는 『삼국
지(三國志)』 동이전(東夷傳) 한조(韓條)를 손꼽을 수 있다. 거기에는 가야란 이름
의 모태로 추정되는 구야(狗邪)란 국명과 함께 뒷날 안라(安羅)의 초기 국명이라
할 안야(安邪) 등이 보인다. 모두 삼한 가운데 한 축인 변한연맹체에 소속한 독
립 국가로서 각기 이름을 올렸다. 후술하듯이 이들은 가야를 구성한 나라들의
전신이기는 하였어도 자체가 가야였던 것은 아니다. 엄밀히 말하면 이는 어디
까지나 변한(弁韓)일 뿐이므로 가야의 전사(前史)로서 다루는 편이 온당하다고
판단되어 본격적인 가야 관련 사료라 말할 수는 없겠다. 그 내용이나 입장을
거의 그대로 잇고 있는 『후한서(後漢書)』나 『진서(晉書)』의 경우도 마찬가지이다.

중국 사서에서는 삼국을 동이전 속에 입전(立傳)시킴으로써 자신들의 입장
과 시각에서 역사를 정리해 갔다. 삼국 가운데 고구려가 가장 빨라 3세기 후

반 편찬된 『삼국지』에, 백제는 6세기 중엽의 『위서(魏書)』에 처음 입전되었다. 한편 신라는 이보다 한창 늦은 629년 남조 양(梁)의 역사서로서 편찬된 『양서(梁書)』에 처음 열전이 설정되었다. 신라는 백제 사신의 안내를 받아 521년 양나라와 처음 통교하였으므로 이를 매개로 해서 중국 측 정사에 오르게 된 것이라 하겠다.

중국 정사의 열전 속에 가야란 국명이 처음 입전된 것은 『남제서(南齊書)』에 이르러서의 일이다. 이 사서는 남제를 이은 양나라 때에 소자현(蕭子顯)이 저술한 것으로서 당대와 그리 멀지 않은 시점이어서 사료적 가치가 대단히 높은 것으로 평가되고 있다. 가라(加羅)라는 이름으로 중국 정사에 소개된 사실을 신라의 사정과 비교하면 오히려 훨씬 빨랐다. 그것도 백제 등 인근 선진국의 도움을 받지 않고 가라 단독으로 남제와 통교한 점은 각별히 주목해볼 사실이다. 다만, 가라국왕 하지(荷知)가 위험을 무릅쓰고 사신을 보내어 보국장군본국왕(輔國將軍本國王)이란 작호를 받은 사실만 지극히 간략하게 기술하였을 뿐 더 이상의 내용을 싣지 않았음은 무척 아쉬운 대목이다. 삼국과는 다르게 이후 중국 정사에는 가야와 관련한 열전은 더 이상 따로 설정하지 않았다. 『남제서』의 기사가 가야로서는 처음이자 마지막이었던 셈이다.

이후 가야 관련 기사가 중국의 정사 속에 등장하지 않는 것은 단독으로 중국과 통교하지 않았기 때문인지 아니면 단순한 기록상의 누락 때문인지 잘 알수가 없다. 다만, 그보다 앞서 남제의 심약(沈約)이 편찬한 『송서(宋書)』에는 왜왕(倭王)이 송나라에 줄곧 요청해 마침내 승인받기에 이른 작호 속에 임나와 함께 가라란 국명이 나란히 보이는 사실은 특별히 주목된다. 열전 속에 입전된 상태가 아닐 뿐더러 비록 윤색된 형태이기는 하지만 임나와 함께 가라의 존재 사실을 알려주므로 『남제서』의 기록과 연결시켜 주목해 볼 만한 대상이다.

가야 관련 사료는 그밖에 중국 측 기록 곳곳에 극히 드물게나마 파편적 형태로 확인되고 있다. 당태종의 지시를 받은 개국공신 장손무기(長孫無忌)와 위징(魏徵)이 주도해 636년 완성을 본『수서(隋書)』에는 신라가 마치 가라국(迦羅國이라고 표기되었음)에 예속된 듯한 기록이 보인다. 이는 거꾸로 신라가 가라를 복속한 사실을 잘못 기록한 것이라 추정되고 있다. 660년 장초금(張楚金)이 정리하고 옹공예(雍公叡)가 주를 붙여 완성한『한원(翰苑)』30권의 신라 조에는 임나와 가라가 멸망한 기록이 보인다. 이와 같이 가야와 관련해 지극히 간략하며 단편적 기사는 당대에 편찬된『통전(通典)』이나 북송(北宋)대에 쓰인『책부원구(册符元龜)』에도 보이나 새로운 내용은 아니다.

중국 측 사료 가운데 사서는 아니지만 각별히 주목해 볼만 한 내용이「양직공도(梁職貢圖)」의 백제국사(百濟國使) 조에 보인다.「양직공도」는 양나라 무제 때 형주자사 소역(蕭繹)이 양에 왔다간 외국 사신의 용모를 그림으로 그린 뒤 바로 옆에다가 당해 나라의 특기할 만한 대강이나 풍속 등을 글로서 묘사

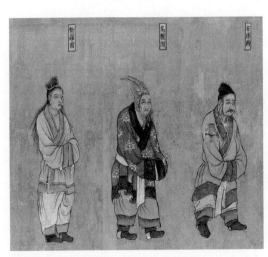

양직공도의 삼국 사신도

한 것이다. 현전하는 것이 뒷날 모사(模寫)를 거친 것이기는 하나 자체는 바로 당시의 내용 그대로를 전하는 것이므로 사료적 가치가 매우 높은 것으로 평가되고 있다. 거기에는 백제의 곁에 있으면서 그에 부용(附庸)된 나라로서 반파(叛波), 탁(卓), 다라(多羅), 전라(前羅), 상기문(上己文), 하침라(下枕羅) 등의 가야 계통 나라

이름이 여럿 등장한다. 아들은 비록 백제의 눈을 거친 것이기는 하지만 6세기 초 여러 가야가 존재한 사실을 알려주어 크게 참고가 된다. 특히 이들은 『일본서기』에 보이는 가야의 여러 국명과도 곧바로 대응되므로 주목을 받아 왔다.

이상과 같이 보면 중국 측 사서에 보이는 가야 관련 사료는 매우 단편적, 파편적 내용뿐이지만 그럼에도 면밀히 분석하면 가야사를 복원해 내는데 보완 자료로서 충분히 활용할 만한 여지가 엿보인다.

일본계 사료

가야 관련 사료를 담고 있는 일본 측 사서로서는 단연 720년 관찬의 『일본서기』를 손꼽을 수 있겠다. 여기에는 가야 관련 사료가 적지 않게 실려 있다. 다만, 이미 앞서 언급한 것처럼 이들 대부분은 임나일본부설이란 특정한 정치적 목적을 충족시켜 주기 위해 동원된 것이므로 왜곡·윤색으로 심하게 오염된 탓에 각별한 주의를 요한다. 이들을 가야사 복원에 동원하려면 적절한 사료비판의 작업을 사전에 철저히 거치지 않으면 안 된다. 이미 주체교체론을 통하여 그에 접근하기 위한 기초적 토대는 마련된 상태이지만 한 걸음 더 나아가 개별 사료들을 이용하는 데에는 여전히 조심스럽고 신중하지 않으면 안 된다. 주체교체론은 전체 윤곽을 다룬 것이므로 개별 사료 하나하나가 모두 진실성을 그대로 담고 있다는 사실을 보증해 주지는 않기 때문이다.

『일본서기』의 가야 관련 기사 전반을 일별하면 몇 가지 점에서 특징적 현상들이 발견된다. 첫째, 전체적으로 볼 때 가야가 아니라 임나 관련 사료가 주축을 이룬다는 사실이다. 가야는 어디까지나 임나를 구성하는 개별 국가들로서만 설정되어 있을 따름이다. 이로 말미암아 임나란 명칭 자체가 자칫 일본에서 만들어낸 용어로 오인 받을 소지를 보였다. 실제로 기왕에 그런 경향이 뚜렷하였다. 『송서』에 보이듯 왜의 5왕(王) 일부가 송으로부터 인정받은 작호 속에 들어 있다는 점도 그렇게 생각할 여지를 제공하는 근거의 하나이다. 그렇지만 임나란 용어는 「광개토왕비」에도 보일 뿐만 아니라 924년 세워진 창원 봉림사(鳳林寺)의 「진경대사탑비(眞鏡大師塔碑)」에서도 확인된다. 게다가 국내 사서로서는 유일하게 『삼국사기』 열전 강수(强首) 전에서도 찾아진다. 그런 의미에서 임나란 『일본서기』가 창안한 용어가 아님은 확실하다. 다만, 국내 사서가 가야계 일색으로 정리된 점과는 무척이나 대조되는 특이한 현상은 주목해야 할 것 같다.

둘째, 가야는 분립된 여러 독자적 정치체로 존재한 점이다. 가야는 단일한 정치체가 아니라 독자적인 국명을 지닌 여러 국가들로 이루어져 있었다. 임나는 그런 여러 독립 국가가 하나의 통합된 상태를 지향한 정치체로서 나타난다. 임나는 간혹 특정 가야를 지칭하는 경우도 보이지만 기본적으로는 하나의 통합된 정치체가 아니라 장차 추구해 나가야할 어떤 지향성을 지닌 존재로서 등장한다는 점이 특징적이다. 그럴 때 하나의 통합을 추구하는 주체로서는 특정 가야가 아니라 배경으로 백제가 등장한다. 임나는 백제의 도움을 받아서만 비로소 하나의 통합된 정치체로서(아마도 국가 연합, 혹은 연맹체를 가리킴) 성립, 기능할 수 있다는 의식이 바탕에 깔려 있는 것이다.

셋째, 이들 가야 관련 기사의 대부분은 자체가 남긴 독자적 기록에 의거한 것이 아니라 백제의 사서 특히 백제 삼서에 근거를 두고 작성되었다는 점이다. 어디에서도 가야의 역사서로부터 인용된 흔적은 발견할 수가 없다. 그러므로 가야 관계의 개별 사실들은 엄밀히 말하면 백제의 입장을 거친 결과로 볼 여지가 많다. 거기에 실린 개별 사료들을 다루는 데는 그러 실상을 염두에 두지 않으면 안 된다.

넷째, 가야 여러 세력 가운데 특히 대가야(가라로 표기되어 있음)가 서술상의 중심을 이루고 있다는 점이다. 『삼국사기』가 시종일관 금관국을 중심으로 서술된 것과는 무척 대조적이다. 그런 측면에서 두 사서의 내용은 서로 양립하기 어려울 정도이다. 금관국은 『일본서기』 전반을 점검하면 단 한 번도 유력한 국가로 다루어진 적은 없으며, 줄곧 대단히 약체의 세력으로만 기술되어 있을 따름이다. 한편, 대가야에 버금갈 정도의 비등한 정치적 기반을 갖춘 세력으로는 6세기 초에 한정된 일이기는 하지만 안라가 등장하는 점이 특징적이다.

요컨대 일본 계통의 가야 관련 사료는 『일본서기』가 주류이며 상대적으로 가장 많은 내용을 담고 있다. 따라서 가야사를 복원하는 데에는 이제 무시할 수 없을 정도로 비중이 크게 높아진 상태이다. 다만, 내용상 상당한 문제점을 안고 있으므로 활용하려면 언제나 사료비판을 게을리 해서는 곤란하다. 그밖에 9세기에 편찬된 『신찬성씨록(新撰姓氏錄)』에도 가야 관계 단편적 기사들이 보이지만 이들은 여러 씨족 가계(家系)의 현창을 목적으로 삼은 것이어서 기록 그대로를 받아들이기 힘든 문제점을 안고 있으므로 사료로서 활용하는 데에는 신중함이 각별히 요구된다.

III

가야사의 여명 (黎明)

가야사 새로 읽기

1

변한(弁韓)의
성립

가야의 모태

어떤 초기 국가라도 성립되는 과정에 대해서는 건국신화를 매개로 설명하려 함이 일반적 경향이다. 신화 자체를 곧 역사라고 말할 수는 없지만, 그 속에는 일정한 역사성이 깃들어 있다고 인식하기 때문이겠다. 인근의 다른 국가들과 마찬가지로 가야에서도 기록상으로 시조신화, 건국신화가 전해지고 있다. 그 가운데 두 종류가 남아 전하는 점은 주목되는 사실이다.

하나는 「가락국기」에 실려 있는 금관국 김수로왕의 출현과 관련한 건국신화이며, 다른 하나는 최치원이 지은 「석리정전」에 실린 뇌질주일 중심의 대가야 건국신화이다. 가야를 구성한 여러 정치세력 가운데 유독 이 두 나라는 각각 특정 시기의 한때 가장 유력한 적이 있었던 만큼 과정이야 어떻든 자신들 중심의 건국신화를 남김으로써 그런 실상을 상징적으로나마 전해주고 있는 셈이다. 물론 다른 여러 개별 가야 국가들의 경우도 원래는 저마다 나름의 시

시조 신화의 현장, 구지봉

조신화 혹은 건국신화를 갖고 있었고, 그것이 뒷날까지 일정 기간 전승되기
도 하였을 터이다. 그러나 끝내는 기록상으로 정착되지 못한 채 소멸해 버렸
으며, 현재는 두 계통만이 남아 전해지는 것이다. 지금껏 남아 전한다는 사실
자체에는 어떤 역사성이 깃들어 있음을 충분히 시사해 준다.

일반적으로 역사는 승자의 입장에서 기록된다고 말하기도 하지만, 남아 전
해지는 두 개의 가야 건국신화는 공교롭게도 당시의 사정을 일정 정도 반영
해 줌은 틀림없다. 초기 가야사를 복원하려는 데에 이들을 적극 활용한 것도
그 때문이다.

그러나 이는 두 종류의 신화 속에 실제로 얼마나 많은 사실성이 담겨져 있

는 지와는 전혀 다른 별개의 문제이다. 거기에는 전승의 과정에서 후대의 요소가 저절로 많이 스며들게 마련이기 때문이다. 이를테면 건국의 시점만 놓고 보더라도 서기 42년에 두 나라가 함께 건국한 것으로 명시되어 있다. 여기에는 후대의 작위적 요소가 들어가 있음은 의심할 여지가 없겠다. 서로 멀리 떨어져 각기 형성·발전되어간 두 나라가 같은 시점에 건국되었을 리 만무한 일이기 때문이다. 실제 금관국의 모태로 추정되는 구야국은 그에 앞서 존재했음이 확인되기도 한다. 따라서 신화를 어느 정도까지 어떻게 가야사 복원에 이용할 것인지는 모쪼록 신중을 기해야 마땅한 대상이다.

널리 인정되듯이 뒷날 성립한 가야의 모태로서 변한(弁韓)이 있었다. 사실 가야사가 시작하는 시점과 과정을 역사적으로 해명하고자 할 때 가장 먼저 부닥치는 곤란한 문제는 이 변한을 그 속에 어떻게 위치지울 것인가 하는 점이다. 오래도록 손쉽게 변한을 초기, 혹은 전기의 가야사로 설정하여 왔음은 다 아는 바와 같다.

그렇다면 먼저 변한과 함께 삼한의 일원으로 존재한 마한과 진한은 과연 어떻게 설명해야 좋을 것인가 하는 문제점에 곧바로 봉착하게 된다. 당시는 변한만이 단독으로 움직일 수 있는 상황이 아니었기 때문이다. 게다가 그것이 역사의 전개 과정을 제대로 반영하는가 어떤가 하는 점도 커다란 문제로 부상한다. 변한이라고 통칭하지만 그것은 단일한 국명이 아니며 사실상 여러 분립된 독자적 정치세력으로 이루어진 연맹체의 명칭이었다. 그런 분립의 상태는 가야가 성립되면서도 거의 그대로 이어졌다.

그처럼 여러 정치세력의 분립이란 측면에서 변한과 가야가 처한 정치적 상태가 유사하였으므로 변한을 곧 가야의 모태라 결론 내리기는 쉽지만 변한이 바로 가야라고 하는 등식은 성립되지가 않는다. 뒤에서 살펴보게 되듯이 변한 사회가 가야사회로 전환해가면서 내부적으로 상당한 이합집산 등 변동 과정을 거쳤기 때문이다. 그러므로 변한을 곧바로 가야와 등치시키는 것은 역사적 실상과 크게 어긋난다고 하겠다. 그런 사정은 바로 인근의 신라사와 대비해 볼 때 저절로 드러나는 사실이다.

신라의 모태는 경주에 위치한 초기국가 사로국(斯盧國)이었다. 사로국은 진한을 구성한 세력으로서 비슷한 규모와 성격을 지닌 12개국 가운데 하나였을 따름이다. 사로국은 진한 연맹체의 가장 유력한 정치세력으로서 어느 시점부터 맹주로서 역할 하였다. 그렇다고 해서 사로국이 곧 신라였다거나, 혹은 진한이 곧바로 신라로 전환된 것은 아니었다. 4세기에 들어와 삼한 사회 전반에 걸쳐 커다란 정치 파동이 일어나자 진한을 구성한 동료국가들 사이에서 정치적 통합운동이 벌어졌다. 이때 사로국도 그런 움직임에 적극 참여해 마침내 최후의 승자가 됨으로써 진한은 소멸되고 신라가 성립하기에 이른 것이다. 따라서 사로국은 신라의 모태이기는 하였어도 그 자체가 곧 신라였던 것은 아니었다.

사로국은 진한의 여러 구성 세력을 병합함으로써 양적으로는 물론이고 질적으로도 현격하게 다른 성격의 신라로서 재탄생하기에 이른 것이다. 이후 오래도록 사로란 용어가 경주분지만을 한정적으로 지칭하는 개념으로 사용되었다면, 신라는 그와는 다르게 사로를 정치적 중심지로 해서 지방까지를 아우르는 광역의 지역을 포괄하는 개념의 국명이었다. 그러므로 진한 아래 사로국이 존재하던 시기는 사실상 신라라 할 수 없으며, 따라서 그와는 구별해서 진한시대라 불러야 올바르다. 진한 속에는 사로국과 동등한 구조와 기능을 지녔던 여러 독립 국가가 포진되어 있었기 때문이다.

이상과 같은 사실로 미루어 변한을 무조건 가야사로서 다루어서는 실상과 크게 어긋나므로 자칫 놓치게 되는 부분이 적지 않다. 기록상 건국의 기년이

42년으로 설정된 것도 실상을 반영한다기보다는 후대에 부회된 데에 불과할 따름이다. 『삼국지』에 의하면 변한을 구성한 여러 정치세력 가운데 뒷날 가야란 국명과 연결되는 구야(狗邪)는 늦어도 서기 22년 이전에 벌써 존재한 상태였다. 따라서 사실상 건국신화 속에 등장하는 42년이란 연대는 크게 의미를 갖는 해라고 단정하기 어렵다. 게다가 당시 국명도 어디까지나 구야국이었다. 물론 가락(駕洛)이란 국명이 먼저 성립되었고, 그것이 가야, 가라로 발전하였으리라 간주하는 견해도 있지만 사료가 정리된 시점이나 음운상으로 보아 그렇게 단정하기는 곤란할 듯하다.

여하튼 구야국을 소속 정치세력의 하나로 둔 변한을 가야사와 어떻게 접목시킬 것인가의 여하에 따라 가야사의 건국 시점이나 구조, 발전 과정 등에 대한 전반적 체계는 크게 달라지게 마련이다. 변한을 가야사의 전기(前期)가 아니라 그 뿌리 혹은 기반을 이루었다는 의미에서 전사(前史)로서 다룸이 한층 적절하다고 판단하므로 아래에서는 그런 입장과 시각에서 서술해 나가려 한다. 전사는 단순히 앞선 시기의 역사라는 의미이며, 따라서 변한을 가야사 전기로 취급하는 것과는 내용상 현격히 차이 나게 마련이다.

변한의 성립과 그 시점

변한은 마한, 진한과 함께 삼한을 구성한 정치체의 하나이다. 변한은 단일한 특정 국가의 이름이 아니라 어디까지나 연맹체의 명칭이었다. 구야국은 변한연맹체를 구성한 여러 독자적 정치세력 가운데 하나였을 따름이다. 그러므로 변한 자체를 곧 가야라고 단정할 수는 없는 일이다. 변한을 구성한 여러 나라들 가운데 뒷날 가야 소속의 국가로 발전한 나라가 있는가 하면 내부의 주도세력이 교체되어 국명이 전혀 다르게 바뀌거나 다른 정치세력에 의해 통폐합됨으로써 소멸한 나라도 적지 않았다. 그런 와중에 새로이 나라로서의 모습을 갖춘 경우도 상정된다.

그런데 3세기 말엽 편찬된『삼국지』위서 동이전 한조에 따르면 3세기 중엽 무렵의 변한은 12개의 이른바 초기국가로 이루어졌다고 한다. 그러나 이들은 어디까지나 3세기의 사정을 보여줄 뿐, 처음부터 그런 상태가 지속되었다고 단정하기는 어렵다. 3세기에 이르기까지 상당한 변천의 과정을 거쳤을 터이기 때문이다. 그렇다면 과연 변한이 성립한 시점, 그를 구성한 초기국가가 출현한 시점은 언제였을까,『삼국지』에 보이는 초기국가의 수치와 구조는 변함없이 이어졌을까 등등 불확실한 점이 너무도 많다. 그것은『삼국지』의 한조 자체가 역사적 성격의 서술이 아니라 3세기란 특정 시기에 사정을 한정적으로 그리고 있는 민족지적(民族誌的) 성격이 워낙 강하기 때문이다.『삼국사기』가 삼국의 역사를 연대 순서에 따라서 정리해 나간 것과는 자못 대조적 방식으로 기술되어 있는 것이다. 다만,『삼국지』한조 속에도 어렴풋하게나마 변한의 역사를 추적할 만한 약간의 실마리를 보여주는 기록이 찾아진다. 그것이 이른바 염사치사화(廉斯鑡史話, 鑡의 시전적 원음은 '착'이지만 기존 관례에 따라 편의상 '치'로 발음한 설에 따른다)이다.

염사치는『후한서』동이전 한조에 등장하는 '염사읍군(廉斯邑君)'의 존재를 고려하면 특정한 인물의 이름이라기보다는 '염사(廉斯)'라 불렸던 정치 집단의 우두머리를 가리키는 호칭으로 봄이 적절하다. 염사치는 동시에 진한의 우거수(右渠帥)라 칭하기도 하였다. 이는 진한이 염사를 비롯한 비슷한 규모와 성격의 정치세력 결속체(結束體)였음을 시사해 주는 사실이다.

'염사의 수장(首長)', 곧 염사치는 진한 내부에서 어떤 문제가 발생하자 무리를 거느리고 소속 읍락을 벗어나 낙랑으로 나아갔다. 그런 도중에 어떤 밭에서 참새를 쫓아내는 남자 1인을 보았는데 그 사람의 말이 한어(韓語)가 아니어서 이야기를 나누게 되었다. 그 사람은 자신이 본디 한인(漢人)으로서 이름을 호래(戶來)라 하는데, 무리 천 오백 명과 같이 벌목을 하러 내려왔다가 한인(韓人)에게 붙들려 머리를 깎고서 노예생활을 영위한지 3년이나 흘렀다는 것이다. 염사치가 때마침 자신들이 낙랑에 항복하러 가려는데 같이 가지 않겠느냐고 권유하자 이에 호응해 마침내 함께 낙랑으로 나아갔다. 낙랑군에서는 염사치의 보고를 받은 뒤 큰 배를 내어서 진한에 들어가 붙잡혀 있던 호래의 동료들을 구출하였는데, 천 명은 아직 살아 있었으나 오백 명은 이미 죽은 상태였다. 이에 염사치는 진한을 설득해 사망자 오백 명에 해당하는 변상으로 진한인 만 오천 명과 변한포(弁韓布) 만 오천 필을 내게 하였다.

이 사건이 발생한 시점을 왕망(王莽)이 건국한 신(新)나라의 지황(地皇) 연간이라고 하였으므로 서기 20년에서 22년의 사이에 해당한다. 이 기사를 통해 이미 이때 진한이라는 연맹체가 성립되어 있었음을 추출해낼 수 있다. 말하자면 진한과 변한은 이 시점을 하한으로 해서 그에 앞서 성립하였음이 분명하다. 당시 변한에서 생산한 포는 교역의 대상 혹은 수단으로서 널리 알려져 있었다. 뒷날 3세기에 이르러서도 변한사회에서는 '폭이 넓고 가는 포[廣幅細布]'가 만들어졌다고 특기되어 있는데, 그와 같은 포의 제작 전통은 늦어도 이때로부터였음을 유추해낼 수 있는 것이다. 마한은 그에 앞서 존재한 상태였으므로 삼한의 성립 하한 시점은 아무리 늦추어도 서기 1세기 초가 되는 셈이다. 이는 가야가 처음 국가를 형성한 시점이 42년이라는 건국신화에 보이는 내용을 부정할 수 있는 유력한 근거가 되겠다. 변한의 성립 시점을 생각하는데 굳이 42년이란 기년에 집착할 필요는 없는 일이다. 염사치사화를 통해 진한과 변한은 벌써 1세기 초에 상당한 인구와 경제력을 보유한 상태였음을 짐작할 수가 있다.

그렇다면 변한을 구성한 여러 초기국가는 이미 그 이전에 성립해 있었다고 하여도 무방할 듯하다. 다만 당시 변한의 구성 세력이 꼭 12개였다고는 말하기는 곤란하다. 뒷날 '염사'와 같은 국명이 보이지 않는 것으로 미루어 여러 정치세력은 이후 상당한 소장성쇠(消長盛衰)의 과정을 거쳤을 터이기 때문이다. 고고학적 양상으로 보아 진한의 사례와 마찬가지로 변한을 구성한 여러 초기국가들은 늦어도 서기전 1세기에는 성립해 있었음이 확실하다.

읍락국가의 구조

변한이 다수의 초기국가로 이루어진 연맹체라면 이들 초기국가는 연맹체가 결성되기에 앞서 이미 존재한 셈이 된다. 초기국가들 각자는 어떤 대내외적 필요성 때문에 미약한 수준에서나마 결속함으로써 변한연맹체가 탄생하기에 이른 것이라 하겠다. 그 성립은 늦추어 잡아도 서기전 1세기 무렵이다. 당시 초기국가의 규모는 알지 못하겠으나 수치는 적지 않았을 것으로 보인다. 다만, 수치가 언제나 고정불변하였을 것 같지는 않다. 초기국가가 출현한 이후 정치사회적 변동으로 말미암아 꾸준한 흥망성쇠와 이합집산의 과정을 거쳤을 터이기 때문이다. 그러면서 외형은 점점 커져갔을 가능성이 크다. 마침내 3세기에 이르러서는 변한을 구성한 초기국가의 수치는 대략 12개 정도로 정리되었던 것 같다. 이런 유동적 경향성은 초기국가의 내부 구조를 살피면 쉽게 유추되는 사실이다.

한국고대사에서는 초기국가를 오래도록 부족국가(部族國家)라 불러 왔다. 그러나 1970년대 들어와 부족국가는 지연성(地緣性)을 지닌 국가로서의 성격을 드러내는 데에 혈연성(血緣性)이 강한 부족(部族)이란 용어를 내세우는 것은 부적절하다는 지적이 널리 제기되었다. 이로 말미암아 막연히 소국(小國)이라 부르기도 했다. 소국은 일시 편의적으로는 사용할 수 있겠으나 단순히 규모가 작다는 의미일 뿐 명칭에 공통성을 지닌 기본적 특징이나 성격이 전혀 담기지 않으므로 학술적 용어로는 적절하지 못하다는 비판을 받았다.

그리하여 대안으로서 새롭게 제기된 것이 성읍국가(城邑國家)였다. 이 용어는 한때 두드러지게 확산되는 경향성을 보였다. 성읍국가라 부를 때의 성읍이란 곧 평지의 낮은 구릉 위에 흙으로 쌓은 토성(土城)으로서 문헌 기록상에 자주 등장하기도 한다. 그런데 이런 토성은 고고학 자료와 연구 성과가 축적되면서 조영 시점이 초기국가가 형성되던 시기보다는 한결 뒤늦어 연대가 서로 합치되지 않는다는 데에 문제점이 있는 것으로 봄이 일반적이다.

이후 초기국가란 용어 및 구조와 성격, 기능 등을 둘러싸고서 논란이 거듭되었으며 급기야는 정치인류학의 취프덤(chiefdom) 이론이 수용, 적용되기까지 하였다. 이로 말미암아 새로운 용어와 개념들이 여럿 안출되면서 난립하는 양상을 보였다.

이처럼 한국사 속에서 처음 출현한 국가의 용어와 개념, 성격을 놓고서 적지 않은 논란을 거쳤지만 아쉽게도 각양각색의 주장만 난무하였을 뿐 아직껏 뚜렷이 합의된 결론을 도출해내지는 못한 상태이다. 다만, 삼한 사회를 설명하는 데에서는 유독 『삼국지』 동이전에 실린 여러 국가들에 공통적으로 보일 뿐만 아니라 같은 시기를 대상으로 삼은 『삼국사기』에서도 사용되고 있는 읍락(邑落)이란 용어가 초기국가의 내부 구조를 해명하는 데 가장 적절하다고 여겨 이를 활용한 읍락국가(邑落國家)가 주창되었다. 읍락국가는 문헌과 고고 자료를 함께 연결하여 이해할 수 있다는 점에서 초기국가를 나타내는 용어로서 가장 적절해 보인다.

　읍락국가는 읍락을 기본 단위로 하는 초기국가를 가리킨다. 하나의 읍락국가는 여러 개의 읍락으로 구성되었다. 그리 흔하지는 않았겠으나 하나의 읍락이 곧 하나의 읍락국가로 기능하였을 경우도 상정된다. 읍락국가를 구성하는 읍락의 수치는 특별히 고정된 것은 아니며, 읍락국가마다 각기 차이가 났고, 또 계속해서 변동이 뒤따랐다. 대체로 여러 개의 읍락이 연맹, 혹은 연합함으로써 하나의 정치체로 기능을 발휘함이 일반적 양상이었다. 따라서 구성 읍락의 수에 따라 읍락국가가 갖는 정치적·경제적 우열이 저절로 결정될 수밖에 없었다. 읍락의 수치가 많을수록 아무래도 인구가 많고, 아우르는 경역이 넓었을 터이므로 경제적으로 우세하였을 것임은 너무도 당연한 일이었다.

　읍락국가의 내부에는 정치적 중심지, 구심(求心)으로 기능하고 역할을 맡은 유력·우세한 읍락이 존재하였다. 이는 일반 읍락과 구별해 특별히 국읍(國邑)이라 불리었다. 하나의 읍락국가는 국읍을 중심세력으로 해서 여러 읍락이 결속함으로써 다함께 역할을 하는 정치체였다. 개별 읍락은 연맹체의 소속 성원으로서 국읍에게 기능의 일정 부분을 양보한 상태였지만 기본적으로는 독자성을 지니고 있었다. 말하자면 읍락이 처음부터 국읍에 정치적 하위 조직으로 완전히 예속된 존재는 아니었다.

　그런 의미에서 읍락국가는 처음부터 강한 결속력을 갖추고 출발한 것이 아니었던 셈이다. 다만, 그런 상태가 줄곧 변함없이 그대로 지속되지는 않았다. 시간이 흐를수록 바깥으로부터 가해지는 압박이나 위협이 점점 커지고 또 경제 활동을 긴밀히 협력해 공동으로 추진하는 것이 한층 이로웠기 때문에 국읍을 구심으로 해서 결속력은 점점 강화되어 갔다. 이에 반비례하여 읍락의 독자성은 상대적으로 위축되어갈 수밖에 없었다.

읍락의 형성

그런데 처음부터 그와 같은 구조와 기능을 지닌 읍락국가가 일거에 출현한 것은 아니었다. 신석기 단계를 거쳐 청동기 단계에 이르기까지 오랜 과정을 밟은 산물이었다. 특히 청동기 단계에 이르러 농업생산력이 급속히 향상되어가면서 공동체 속에서 계급 분화가 진행된 사실과 밀접한 관련이 있다.

이 시기에 계급 분화에 기반을 두고서 초보적이나마 정치체가 점점 모습을 드러내기 시작하였으니, 이것이 곧 읍락의 모태였다. 한반도 전역에 걸쳐 개인의 묘제로서 지역에 따라 각기 시차를 달리하면서 조영되기 시작한 지석묘(支石墓)는 그런 사정의 일단을 상징적으로 알려주기에 충분한 표지이다. 부장된 유물은 아직 그리 두드러진 양상을 보이지 않아 한계를 안고 있지만 청동기 문화에 바탕한 개인 묘제로서 지석묘가 출현한 사실은 장차 계급 간의 격차가 한층 더 진전되고 이를 기반으로 더욱 큰 규모의 정치체로 발전해가리라는 사실을 예고해 주고 있었다.

그런 전반적 양상은 김해의 구산동이나 창원의 덕산리, 진동, 산청의 특리 지석묘 등에서 뚜렷이 확인된다. 이들은 규모도 엄청날 뿐 아니라, 군집(群集)을 이루고 있으며 상당히 정제(整齊)된 제단(祭壇) 시설과 지하 유구(遺構)를 갖춘 매우 발달된 형식이었다. 동일한 지석묘라 하더라도 초기의 그것과는 기본적 모습과 성격을 달리함을 여실히 보여 주는 사례라 하겠다.

한편 같은 지역에서도 지석묘의 밀집도가 굉장히 높아지는 현상도 나타났다. 이런 양상은 한마디로 지석묘 사회라 하여도 작은 규모로 개별 분산적이던 초기와 전성기 사이에는 현격한 차이가 남을 보여 준다. 이는 곧 생산력의 수준과 함께 계급 분화의 정도가 현저히 달랐음을 잘 반영해주는 사실이다. 정치체가 성장해 결집이 이루어짐으로써 읍락이 출현하고, 나아가 마침내 초

구산동 지석묘 (김해시 공식 블로그 제공)

기국가의 수준에까지 도달하였음을 예상케 한다.

읍락이 출현하는 시점은 여러 가지 요인으로 말미암아 지역마다 달랐을 터이다. 지리적으로 한반도 북쪽에 비해 특히 남쪽이 아무래도 뒤늦었을 것임은 분명하다. 한반도 남부 지역 내에서도 지역에 따라 일정 정도의 차이가 났을 것이다. 현재의 문헌과 고고자료를 아울러서 이해하면 읍락국가의 출현은 동일한 양상으로 진행되지 않았음을 보이기 때문이다. 한반도 북부 지역의 경우가 대체로 빨랐다. 전반적으로 보아 북부에서는 늦어도 서기전 4세기 이전에는 여러 읍락국가를 기반으로 한 고조선(古朝鮮)이라는 정치적 연맹체가 성립되어 있었음이 확실하다.

그 무렵 그곳의 지배자는 중국식의 왕(王)을 자칭하면서 일정 정도의 관료

조직까지 갖추었고, 중국 전국(戰國) 7웅(雄)의 하나로서 영역을 접하던 연(燕)나라와 직접 맞서 싸우려고 할 정도였다. 그렇다면 고조선 지역에서는 그를 구성한 읍락국가는 훨씬 앞서 성립한 셈이었다고 해도 좋겠다. 고조선이 전국시대의 연을 통해 철기 문화를 받아들이기 이전이었으므로 이들의 문화적 기반은 철기가 아니라 청동기라고 봄이 적절하겠다. 이 지역에서 출토되는 비파형동검(琵琶形銅劍), 혹은 뒤이어진 세형동검(細形銅劍) 문화는 바로 그런 실상을 여실히 반영해 준다.

읍락국가의 출현

그러나 한반도 남부지역은 북부와는 사정을 전혀 달리하였다. 현재의 고고자료상으로 미루어볼 때 지석묘가 조영되던 청동기 문화 단계에서는 특정 읍락을 중심으로 여러 읍락이 결속한 읍락국가가 출현하였다고 단정할 만한 명확한 근거는 보이지 않는다. 단순히 지석묘의 규모와 밀집도 등으로 보아 특별한 경우에 한정해 읍락이 성립되었을 개연성 정도만을 짐작할 수 있을 따름이다. 부장된 청동기가 빈약하기 이를 데 없어 정치력·경제력의 집중도도 그리 높았다고 보기 힘들기 때문이다.

기실 한반도 남부 지역에서 고고자료상으로 여러 읍락의 결속체인 읍락국가 성립을 가늠할 수 있는 것은 지석묘 단계 바로 뒤의 목관묘(木棺墓) 단계에 이르러서의 일이다. 그렇다면 읍락국가가 성립하는 문화적 기반이 모든 지역에 걸쳐 동일하였다고 단정하기는 어렵겠다. 아마도 지역에 따라 상당한 편차를 보였을 것이다. 한반도 남부 지역의 경우는 청동기 문화를 거쳐 철기 문화 단계에 이르러서 비로소 가능해진 일로 짐작된다.

사실 청동기 문화를 토대로 자체 내의 계급 분화에 토대해 성립한 읍락국가를 일차국가(一次國家)라 하고 그로부터 영향을 받음으로써 성립한 읍락국가를 이차국가(二次國家)라 해서 구별한다면 사실상 한반도 남부 지역에서는 북부와는 다르게 외부로부터 가해진 문화 파급과 함께 이미 일차국가를 경험한 주민의 이동과 영향으로 성립한 이차국가적 성격이 주류였다고 할 수 있다. 여하튼 읍락국가의 기반과 형성 과정을 놓고 본다면 동일한 한반도라도 북부와 남부는 뚜렷하게 차이가 난다고 하겠다.

이처럼 한반도 남부 지역의 읍락국가 형성 과정을 추적하려 할 때 특별히 고려하지 않으면 안 되는 사항은 선진문물의 수용과 주민 이동의 문제이다. 선진문물을 보유한 목관묘 문화는 지석묘와는 전혀 계통을 달리하였다. 양자는 진화해간 연속적 문화가 아니었다. 지석묘 문화 사회에 계통이 다른 이질적 목관묘 문화가 급속히 들어와 결합함으로써 커다란 파장이 일어났다. 묘제 자체는 물론이고 유물의 부장 양상에서도 큰 변화가 나타난 것이다. 목관묘 문화의 이입과 함께 발달한 청동기 및 철제의 무기와 농공구가 부장되고, 또 기존의 무문토기(無文土器)와는 계통이 다른 소성도(燒成度) 높은 고식(古式)의 와질토기(瓦質土器)가 제작, 부장되었다.

묘제 뿐만 아니라 전반적인 유물 부장 양상으로 보면 이전과는 현격하게 달라진 점을 쉽게 느낄 수 있다. 그렇다면 지석묘 문화로부터 목관묘 문화로의 이행이란 곧 외부로부터 가해진 파장을 동반한 결과로 풀이할 수밖에 없다. 지석묘와 목관묘 문화 사이에는 상호 어떤 계승성을 인정할 만한 내용이 거의 보이지 않음은 그를 뚜렷이 증명해 준다.

양자를 서로 대비하면 돌과 나무라는 소재(素材)의 차이는 물론이고, 무덤의 조성 지역 등도 달라서 계승성을 거의 보이지 않는다. 그런 문화 변동이 단순히 문화 접촉으로 서서히 전개된 것으로 보기는 곤란할 정도로 급속하고 또 대대적으로 진행되었음을 특징적 현상으로 한다. 그러므로 목관묘를 조영한 집단은 매우 발달한 청동기와 철기 문화란 이질적 성격의 선진문물을 보유하고서 기존 지석묘 조영 지역에 진입한 것으로 진단함이 적절하다고 하겠다.

전반적 양상으로 미루어 볼 때 문화 파동은 선진지역인 북으로부터 남쪽으로 확산되었음이 분명하다. 그런 사정은 일단 『삼국사기』와 『삼국유사』의 내용을 통해서도 유추되는 사실이다. 비록 변한이 아닌 진한, 나아가 그 구성 세력인 사로국의 형성 과정에 국한해서 보이는 일이기는 하나 낙랑이나 중국 방면으로부터 가해진 힘에 의해 유이민 파동이 작용한 사실은 뚜렷이 확인된다.

진한 사회의 형성이 유이민과 직결된다면 바로 인근의 변한 사회가 그와는 전혀 상관없는 무풍지대(無風地帶)였을 리 만무한 일이었다. 따라서 자체 내부의 점진적인 생산력 향상을 통해 비교적 조용하고 완만하게 진화의 과정을 걷고 있던 지석묘 사회에 북으로부터 발생한 새로운 유이민이 대거 내려와 결합하면서 격변을 겪게 되었다고 봄이 적절하다. 이들 새로운 유이민이 보유한 기반이 바로 목관묘 문화였다.

북쪽에서 남쪽으로 다량의 유이민이 이입하게 된 직접적 계기는 기록상 두 가지를 상정할 수 있다. 하나는 서기전 2세기 초엽 고조선의 준왕(準王)이 위만(衛滿)으로 교체되는 현상이었다. 『삼국지』에 따르면 준왕은 위만에게 불의의 공격을 받아 수도 왕검성(王儉城)을 잃고 겨우 좌우궁인(左右宮人)만을 거느리고 남쪽으로 갔다고 한다. 물론 기록된 대로 당시 사정상 준왕과 함께 극소수만이 남하하였을 터이나 위만에 의한 지배체제가 정립되어 가는 과정에서 발생한 유이민이 잇달아 남쪽으로 이주하였을 가능성이 크다. 기록상으로 보면 그들이 이주하여 정착한 곳은 대부분 충청권과 그 이남이었으리라 추정되고 있다. 준왕은 거기에 정착한 뒤 한왕(韓王)이라 자처하였는데, 얼마 뒤 그 후예들이 끊어지자 이를 이어받은 세력의 주도로 마한이란 새로운 연맹체가 탄생하기에 이른 것이었다.

고조선의 몰락으로 발생한 이주민의 주류는 준왕이 앞서 정착한 곳으로 나아갔겠지만 그들 모두가 같은 곳으로만 이주했을 리 만무하다. 일부는 낙동강 유역권으로도 진입하여 파장을 일으키는 데 한 몫하였을 것으로 보인다. 외부로부터 가해진 파장으로 말미암아 기존 지석묘 사회 내부에서 그에 적절히 대응하려 한 움직임은 당연히 상상해 봄직한 일이다. 아마 내부 결속력을 강화해가면서 읍락의 규모는 한결 커졌고 그런 과정에서 새로운 읍락이 출현하기도 하였을 터이다.

그러나 고조선 유민의 주류가 충청권으로 나아간 만큼 낙동강 유역으로 진입한 소수의 유이민으로부터 받은 충격파는 상대적으로 그리 크지는 않았으리라 여겨진다. 다만, 새로운 문화가 낙동강 유역으로 잇달아 급속히 유입하게 되는 하나의 계기로 작용하였을 것임은 분명하다.

그런데 낙동강 유역권에 큰 파장으로 작용한 것은 이어서 일어난 위만조선의 멸망 사건이다. 서기전 221년 중국의 중원 지역에서 최초로 통일제국을 건설한 진(秦)이 짧은 기간 존속하다가 서기전 206년 멸망하고 대신 한(漢)이 서기전 202년 통일제국을 이루게 되자 변경의 안정을 도모하기 위해 각별한 노력을 기울였다. 특히 북쪽의 흉노와 함께 동쪽의 위만조선은 신흥제국 한의 주된 표적이었다. 위만조선이 바로 인접한 전국의 연(燕)으로부터 철기 문화의 영향을 받아 그만큼 위협적 세력으로 성장한 상태였기 때문이다. 위만조선이 강대국 한나라의 대대적인 공격을 받아서도 1년간 격렬하게 대적할 수 있었던 사실은 그를 방증해 주기에 충분한 증거이다.

한의 무제(武帝)는 주변 지역을 제압해 가면서 동방정책을 강력하게 추진하였다. 그 결과 서기전 108년 위만조선을 멸망시켜 정치적 중심지에 낙랑군을, 그 주변 지역 일대에는 각각 진번군과 임둔군을, 서기전 107년에는 현토군을 두어 소위 한사군을 설치하였다. 이처럼 한의 침공과 위만조선의 멸망으로 야기된 정치사회적 변동은 자연히 유이민의 발생이란 파동을 낳았다.

위만조선의 말기인 우거왕(右渠王) 때에 조선상(朝鮮相) 역계경(歷谿卿)은 현실 정치 문제를 여러 차례 건의한 자신의 간언이 받아들여지지 않자 2천 호를 거느리고 동쪽(사실상은 남쪽)으로 나아갔다고 한다. 이는 멸망 이전부터 이미 주민의 이탈이 시작된 사실을 여실히 보여 준다. 이후 위만조선의 멸망으로 발생한 유이민이 대거 남쪽으로 내려와 백두대간을 넘어서 낙동강 유역권으로 진입하였다.

물론 이들이 낙동강 방면으로만 진출한 것은 당연히 아니었을 터이다. 다만, 마한 지역에서는 준왕 및 그 후예들에 의해 상당한 정치적 장벽이 구축된 탓에 일부만 들어갈 수 있었지만 이번에는 그 주류가 백두대간을 넘었을 것으로 여겨진다. 이 파장이 낙동강 유역권에 미쳤던 영향은 고조선 준왕의 그것에 비할 바가 아니었던 것 같다.

북으로부터 유입된 유이민으로 말미암아 성장일로에 있던 낙동강 유역권의 지석묘 사회 내부는 요동쳤다. 이때 유이민과 선주민 사이에는 크게 세 가지 형태의 결합이 진행되었으리라 짐작된다. 첫째, 유이민이 주도하여 선주민을 지배 아래에 둔 경우, 둘째 선주민 중심으로 유이민을 수용한 경우, 셋째, 양자 사이에 적절히 타협이 이루어진 경우이다. 아마도 유이민의 수나 선진문물의 강도, 선주민의 세력 정도 등 여러 가지 요소에 따라 그 향방이 결정되었을 것 같다.

그들 셋 가운데 어느 쪽이라 하더라도 안정 상태로 진입한 이후는 모두 생

목관묘 (김해 구지로 12호분)

존을 도모하기 위해 선진문물을 적극 입수해 기존의 문화적 기반을 적극 대체해 나감이 대세였다. 말하자면 청동기에 바탕한 지석묘 사회로부터 철기문화에 바탕한 목관묘 사회로의 이행이 이루어진 것이다. 이에 따라 지석묘 사회는 바닥에서부터 근본적 변화를 겪지 않을 수 없었다. 이런 과정에서 지석묘 사회에서 형성된 읍락 이외에 새로운 읍락이 생겨나기도 하고, 그들의 결속으로 읍락국가가 출현하였을 것으로 보인다. 각 읍락의 상태나 읍락국가의 형편이 동일하지 않았음은 물론이다. 이들에 바탕해 비교적 짧은 기간에 빠른 속도로 변한이란 연맹체도 결성되어 갔다. 그것이 곧 갓 출발해 제대로 기반을 갖추지 못한 읍락국가들이 안팎으로 직면한 위기를 벗어나는 최선의 길이었기 때문이다.

전반적으로 볼 때 같은 낙동강 유역권에서 서기전 1세기 무렵 비슷하게 성립한 변한과 진한이 구별되는 근거는 뚜렷하지가 않다. 3세기 무렵의 사정을 전하는 『삼국지』의 기록에 의거하면 의복(衣服)과 거처(居處)는 동일하였고 말과 법속(法俗)은 서로 비슷하였지만, 귀신(鬼神)에 대한 제사가 달랐다고 한다. 이는 제사체계 및 조상세계에 대한 인식이 동일하지 않았음을 의미하는 것으로 풀이된다.

지금까지 두 지역에서 행해진 고고발굴을 통해 확보된 서기전 1세기 조영의 목관묘 문화를 상호 대조하면 진한이 한층 두드러지게 우세한 양상을 보인다. 이로 미루어 진한이 유이민의 강세 지역이었다고 풀이한다면 상대적으로 미약한 양상을 보인 변한 지역의 경우 지석묘 문화 집단의 전통이 우세하였을지 모를 일이다. 다만 뒤에서 언급하듯이 진한과 변한의 사회 구성상 차이에는 경제 활동으로 빚어진 점도 아울러 작용하였으리라 여겨진다.

읍락국가의 변화

지석묘 문화 단계에서부터 형성되기 시작한 읍락은 계급 분화가 내부에서 진행되기는 하였어도 기본적으로는 혈연성을 바닥에 깔고 있는 공동체였다. 그러나 철제 농공구의 발달과 보급의 확산으로 농업생산력이 전반적으로 향상되어 가면서 내부 계급 분화는 꾸준하게 진전되었다. 그에 따라 제일 상위의 수장층을 비롯한 사제(司祭), 전사(戰士), 수공업자(手工業者), 상인(商人) 집단 등 전문성을 보유한 특수 계층들도 각각 형성되어 갔다. 읍락의 구성원으로서 농업으로 생활을 영위하는 하호적(下戶的) 성격의 주민과 함께 노예가 적지 않게 존재하였다. 이들 각각은 보유한 직능이 그대로 유지되는 한 그들의 지위도 계속 세습되었다.

그러나 그런 상태가 영구히 안정적으로 이어지기란 쉬운 일이 아니었다. 읍락과 함께 읍락국가도 줄곧 내부적으로 정치적·사회적 변동을 겪었기 때문이다. 따라서 지배집단도 앞서 언급한 염사치의 사례에서 유추되듯이 언제나 고정불변하게 지위를 유지해간 것이 아니었다. 읍락 및 읍락국가가 변동을 경험하면서 수시로 교체되기도 하였다. 그야말로 격동의 혼란기였다.

읍락 자체는 읍락국가를 구성하는 기초 단위이기는 하였어도 나름의 독자성을 기본적으로 보유한 정치체였다. 읍락 각각은 존립을 위해서는 물론이고 유력 우세한 세력으로의 성장을 통해 읍락국가 내부 주도권을 장악하려고 끊임 없는 노력을 기울였다. 대외적으로는 선진문물을 적극 입수하려고 시도하였으며, 여타 주변 세력과도 교역·교류·교섭하면서 서로 치열하게 경쟁을 벌여갔다. 그런 과정에서 읍락들의 부침이 거듭되고 그에 따라 읍락국가의 정치적 구심인 국읍이 교체되기도 하였다. 3세기의 읍락국가가 서기전 1세기의 그것과 그대로 직결된다고 쉽사리 단정짓기 곤란한 이유도 바로 이런 데서 찾아진다.

개별 읍락은 그처럼 나름의 자율성, 독자성을 지닌 정치체였으므로 이를 기반으로 성립한 읍락국가란 내부의 정치적 결속력이 그리 강고하지는 못하였다. 읍락국가는 발전 과정에서 꾸준히 내부 결속력이 강화되기는 하였지만 세력 기반이 비등해서 두드러지게 큰 차이가 나지 않는 한 완전히 하나로 결합하기는 쉽지 않았다. 그렇게 되기 위해서는 다른 결정적 요인과 함께 일정한 계기가 필요하였다. 읍락이 독자성을 유지하는 한 읍락국가가 내부 결속력을 강화하는 데는 뚜렷한 한계를 지닐 수밖에 없었다. 그래서 어떤 의미에서는 읍락국가는 읍락의 연맹체였다고 풀이할 수도 있다.

그런데 2세기 중반 무렵 삼한사회 내부에서 어떤 변화의 움직임이 드세게 일기 시작하였다. 그것은 『삼국지』한조에 환령지말(桓靈之末), 즉 후한의 환제(桓帝)와 영제(靈帝)가 재위하던 기간(147~188)에 한예(韓濊)가 강성해져 한의 군현(郡縣)이 제대로 통제하기 어려워지자 백성들이 한국(韓國)으로 많이 흘러 들어 갔다고 하는 기사가 보이는 데서 유추된다. 이 기사의 한·예란 직접적으로는 군현과 영역을 접속하고 있는 임진강 유역을 비롯한 그 부근 일대를 한정적으로 지칭하였을 터이지만 한 걸음 더 나아가 한반도 남부 지역에서도 사정은 마찬가지였다고 상정해도 무방하다. 삼한 사회 전반이 그 동안 철기 문화의 세례를 강하게 받으면서 크게 성장·발전을 이룬 결과로 짐작된다.

대성동 91호 목곽묘 전경

　이처럼 삼한 사회 전반은 2세기 중반 무렵 한군현도 정치적 영향력을 행사
하기가 그리 녹록치 않은 수준에까지 이르렀다. 그 자체는 곧 삼한사회의 정
치적 성장을 의미하는 사실이지만 그 밑바탕에는 당연히 향상된 경제력이 크
게 작용하고 있었음을 의미한다.

　바로 이 무렵을 하한으로 기존 목관묘와는 기본 계통은 함께 하면서도 외
형이 한층 커진 새로운 성격의 묘제로서 목곽묘(木槨墓)가 조영되기 시작한
사실이 각별히 주목된다. 유구의 외형이 유난히 커졌다는 사실만으로도 목곽
묘는 목관묘보다 한 걸음 더 나아간 새로운 형태의 묘제라고 할 수 있지만 부
장 유물 내용에서도 그런 측면이 뚜렷이 엿보인다.

　목곽묘는 내부에 시신을 넣은 목관을 안치할 수 있는 공간뿐만 아니라 수

많은 부장품을 배치할 수 있는 공간까지 따로 마련할 정도로 부피가 엄청나게 커졌다. 따라서 토기는 물론이고 당대의 부(富)를 상징한다 할 철제품, 정치 사회적 권위를 나타내는 무기나 옥류(玉類)의 장신구류 등 질량 양면에서 직전과는 현격하게 차이가 나는 물품을 부장하였다. 이는 철기 문화의 광대한 보급으로 농업생산력 전반은 물론이고 교역과 교류가 크게 발전하였음을 증명해 주는 물증이다. 후장(厚葬)의 양상으로 미루어 사후(死後) 세계에 대한 관념까지도 바뀌어졌음을 시사해 준다. 이는 읍락이 밑으로부터 요동쳤음을 의미하는 것으로서 농업생산력 향상에 따라 경제력이 꾸준하게 성장한 결과라 하겠다.

이처럼 정치력의 성장으로 마침내 읍락국가 내부의 통합력도 상당한 수준으로까지 진전되었으리라 짐작된다. 그런 변동은 삼한 사회 전반에 걸쳐 진행되었고, 그 결과 한군현의 중추인 낙랑과 가까운 지역의 한·예가 군현에 대해 직접적인 위협으로 작용할 정도였다는 기록이 나온 것이라 하겠다. 삼한 사회의 성장·발전은 곧 낙랑이 정치적 혼돈의 소용돌이 속으로 빠져들 때 이탈한 주민이 선택하게 될 피난처로서 기능할 여지가 한결 높아졌다.

후한의 혼란과 멸망, 삼국으로의 정치사회적 격동이 시작되어 많은 주민들이 이탈, 한강 유역과 그 이남으로 흘러 들어갔다. 그런 과정에서 2세기 말 일시 중국 본토의 혼란을 틈타 요동지역의 패자로 군림하기에 이른 공손씨(公孫氏) 세력은 더 이상의 이탈을 막기 위한 목적에서 새롭게 낙랑군의 남쪽 공지(空地)에다가 대방군(帶方郡)을 설치하는 조치를 취하였다. 여하튼 이런 사실은 삼한 사회 내부가 상당한 격동을 겪고 있던 일단의 상황을 반영해 준다. 그런 실상을 뚜렷이 증명하는 사건이 3세기 중엽에 일어났다.

조위(曹魏)가 공손씨의 뒤를 이어 낙랑군과 대방군을 장악한 뒤 얼마 지나지 않은 245년 전후 무렵 진한 소속의 8국을 관장(管掌)하는 권한을 대방군으로부터 낙랑군으로 바꾸는 결정이 통역을 거쳐 전달되는 과정에서 오해를 살 만한 문제가 벌어졌다. 이때 어떤 유력한 읍락국가의 최고 수장인 신지(臣智)가 대방군 관할 하에 있던 기리영(崎離營)이란 병영을 선공함으로써 한바탕의 싸움이 발생하였다.

이 사건의 구체적 내용과 전말(顚末)을 비롯한 주동자 신지나 동원된 병력 등을 둘러싸고 논란이 많아 실상을 가늠하기는 쉽지 않다. 이 싸움에서 대방 태수 궁준(弓遵)과 낙랑태수 유무(劉茂)가 연합해 직접 나설 정도이고 보면 그 규모가 작지는 않았으리라 여겨진다. 삼한이 선진의 낙랑군과 대방군을 상대로 먼저 싸움을 걸었으며, 게다가 마침내 낙랑태수 궁준을 전사시키기까지 하였다. 이는 곧 삼한 사회가 상당한 군사력과 함께 발달한 무기체계를 갖추었음을 뜻한다. 앞서 언급하였듯이 한군현에서도 한·예를 강성하였다고 평가한 사정은 이로써 충분히 입증된다고 하겠다. 이 무렵 조영된 목곽묘의 부장 양상은 그를 뚜렷이 입증해 주기에 충분한 물증들이다.

낙랑과 대방 두 군과 싸움을 벌인 신지의 실체가 누구인지 분명해진 상태는 아니지만 그런 양상이 특정 읍락국가에만 국한된 것은 아니었을 터이다. 물론 당시의 읍락국가들 사이에도 우열의 편차는 당연히 있었겠고 변한이 상대적으로 약세였겠지만, 그러나 변한을 구성한 읍락국가들도 성장일로에 있었던 것만은 의심 없는 사실이다. 정치력과 경제력이 상당한 수준까지 이르렀고, 그로 말미암아 내부 통합운동이 저절로 일어날 분위기가 한껏 조성되어 가고 있었던 것이다. 저 멀리 낙랑·대방의 두 군현으로부터 가해지는 압박은 물론이고 바로 인근 읍락국가로부터의 위협도 코앞에서 세차게 불고 있었다. 이로 말미암아 자체 변신을 도모함으로써 그에 적절히 대응하지 않으면 안 되는 분위기가 급속히 형성되어 갔다.

2

변한의 쇠퇴와
가야 성립의 전야

구야국 중심의 변한 내부 사정

서기전 1세기에 조영된 것으로 추정
되는 창원 다호리(茶戶里)의 목관묘 유
적에서 출토된 각종 철기와 칠기(漆器)를 비
롯하여 붓이나 삭도(削刀) 등 문자 사용과 연관된 자료
는 당시의 문화 수준을 어느 정도 가늠해 볼 수 있는 유
력한 단서들이다. 두루 알려져 있다시피 이들은 대체로
당시 가장 선진의 낙랑군으로부터 직접 유입된 것으
로 보이지만, 아마도 공식의
교섭 창구를 통해 진행
된 접촉의 결과였을 터
이다.

다호리 목관묘
출토 칠기

변한 사회가 낙랑군과 교섭한 것은 읍락국
가가 성립된 이후 지배세력들의 선진문물에
대한 욕구가 증대되고 또한 매우 강렬해졌기
때문이다. 이는 변한 사회가 급성장해 밑으로
부터 상당한 에너지가 축적되었음을 의미하
는 증거들이다. 철제 농기구의 보급을 발판으
로 농업생산력의 급속한 향상이 이루어졌고,
그것이 비교우위(比較優位)에 따라 인근의 동
료국가와는 물론이고 낙랑 등 중국 군현과도

다호리 출토 칼과 칼집, 부채, 붓 재현품

교류·교역을 진행할 수 있게 하였다. 이때의 접촉은 아무래도 맹주국을 구심
점으로 해서 이루어졌을 터이지만 개별 읍락국가들도 기회를 틈타 독자적 행
보를 하였을 경우도 상정된다. 이로써 다양한 형태의 교역이 진행되었을 것
으로 짐작된다.

그런 과정을 거치면서 공식적인 대외 교류 외에 오로지 사적(私的) 이익을
추구하는 전문적 상인 집단도 형성되었을 공산이 크다. 교역의 비중이 커지
고 그 성공 여하가 지배집단의 성쇠를 결정하는 단계로 접어들었다. 아래의
사례는 3세기 전반 무렵의 일이기는 하였어도 그런 동향을 살피는 데 참고가
된다.

낙랑과 대방은 선진문물을 앞세워 삼한 사회와 교역·교류하면서 점차 영
향력을 확대, 강화해 나갔다. 삼한 사회가 경제적으로 크게 성장하면서 선진
문물에 대한 지배층의 내적 욕구가 강하게 일게 되자 낙랑과 대방은 그를 적
절히 이용하였다. 그들은 삼한의 수장층을 대상으로 정치력·경제력의 대소
를 기준으로 해서 크게 읍군(邑君)과 읍장(邑長)의 호칭을 각각 부여하였다. 이

를 보증해주는 장치로서 그들에게 인수(印綬, 인장)와 함께 의책(衣幘)을 지급하였다.

그것은 한나라가 주변 민족을 대상으로 정치적 영향력을 강화시켜 나가려는 때 취하는 항용의 수법이었다. 인수 의책을 지급받은 삼한의 수장은 내부의 기반을 강화하려는 과시용으로 활용하였겠지만 한 걸음 더 나아가 그것을 군현과의 교섭을 항구적으로 수행할 수 있는 증명서 혹은 허가권과 같은 용도로 사용하였다. 이런 이점으로 말미암아 수장들 사이에는 자연히 인수 의책을 소유하려는 분위기가 경쟁적으로 조성되었으리라 여겨진다. 그것이 마치 교역 성공의 보증수표처럼 기능하였을 터이기 때문이다. 낙랑 및 대방과 토착사회 상호 간의 내적 효용성으로 말미암아 인수 의책의 수수관계는 비교적 오랜 기간 지속될 수 있었다.

영일 마조리 동인 (리움미술관 소장)

3세기 전반 무렵 삼한 사회에서 인수와 의책을 빌려 군현에 나아가 교섭하려는 하호(下戶)의 수가 일천 명 이상에 이르렀다 한다. 이는 낙랑·대방과는 물론이고 다른 대외 교류도 그만큼 빈번하게 이루어졌음을 의미한다. 군현의 입장에서 인수 의책의 남발 현상은 토착사회의 경쟁을 유발시킴으로써 매우 유용하게 활용한 셈이었다.

한편 군현과의 교섭 창구를 전적으로 담당한 상인 집단까지 출현함으로써 새로운 성격의 지배세력으로 부상할 수 있는 분위기가 조성되기도 하였다. 교류·교역의 진전으로 낮은 수준에서나마 문자를 전

김해 양동리 162호분

　문으로 담당한 지식계층으로 성장할 수 있는 기반도 마련되었다. 이처럼 새로이 형성된 다양한 계층을 매개로 해서 초기적 관료 조직이 갖추어질 토대가 마련되었다. 이는 각 읍락을 역동적으로 움직이게 하는 요인이 되었다. 공·사적으로 진행된 군현과의 교류·교섭은 당연하게도 삼한 사회에 큰 영향을 미쳤던 것이다.

　한편 대외 교역의 빈도나 규모가 점점 확대·확산되자 지리적으로 유리한 곳에 자리한 읍락국가는 저절로 유력해질 수밖에 없었다. 이는 변한 내부에서 그들의 위상이 급부상하는 요인으로 작용하였다. 이를테면 철제의 원료는 물론 제철 기술의 발달에 따른 완제품의 비중이 점점 커지고 수로(水路) 교통의 필요성이 높아지자 이를 감당해내기에 용이한 지역이 자연히 부각될 수밖에 없었다. 그런 측면에서 낙동강 어귀인 김해에 자리한 구야국(狗邪國)의 부상은 필연적이었다.

구야국은 지리적 이점을 적극 활용해 타의 추종을 불허할 정도의 괄목할 만한 발전의 길을 걸었다. 구야국은 아무리 늦추어 잡아도 3세기 초 변한에서 가장 유력해져 맹주로 기능하였음이 확실하다. 구야국이 맹주로 역할하기 시작한 뚜렷한 구체적 시점을 가늠하기는 어렵지만 다호리 목관묘의 피장자가 낙동강 수로를 이용했을 가능성을 고려하면 서기전 1세기까지 소급할 여지도 있다. 2세기에 조영된 김해 양동리의 목곽묘도 그런 실상을 방증해 주는 사례이다.

구야국은 낙동강 어귀라는 지리적으로 매우 유리한 위치에 자리 잡은 읍락국가였다. 이곳은 동해안과 남해안을 연결하는 꼭지점이었으므로 연안 항해의 요충지로 기능하였을 뿐만 아니라 바다 건너 왜와도 교통할 수 있는 지역이었다. 한편, 낙동강을 타고서 상류의 영남 내륙으로 들어가는 바로 길목이어서 내륙과 해안을 이어주는 교량적 역할을 하는 천혜의 요지였다.

무게가 많이 나가는 철의 원료와 완제품 수급은 수로 교통을 적극 이용할 수밖에 없도록 만들었다. 영남 내륙 전역에 걸쳐 철산(鐵産)이 본격 개발되면서 구야국의 입지는 더욱 더 유리해졌다. 철의 원료가 낙동강 수로를 통해 모여들 수 있는 집산지(集散地)로 기능하였기 때문이다. 낙동강 수로로부터 약간 비켜나 있으면서 동해안과 가까운 곳에 자리한 일부를 제외한 대부분의 읍락국가들은 구야국을 활용하지 않으면 안 되었다.

그들은 구야국을 통해 철 원료를 외부로 내어갔을 뿐만 아니라 다시 그를 매개로 생필품과 함께 선진의 완제품을 구입할 수 있었다. 홀로 먼 지역까지 나아가 교역하기에는 경비가 많이 소요되고 위험부담율도 그만큼 컸기 때문이었다. 그래서 물산이 모여들기에 좋은 구야국을 이용할 수밖에 없었다. 이를 매개로 해서 선진문물과 관련한 정보에도 쉽게 접촉할 수 있었다. 구야국은 바깥 세계에서도 철의 원료를 비롯한 필요한 물품을 구매해 갈 수 있는 접점지역이었다. 흔히 구야국이 정치적·경제적으로 발전하는 요인으로서 자체 철산의 보유를 손꼽기도 하나 실상은 중계무역(中繼貿易)의 기지였다고 보는 편이 한층 적절하다고 하겠다.

구야국은 유리한 지리적 위치를 충실히 활용해 중계무역지 기능을 한껏 발휘하였다. 변한 사회 전반이 농업생산력 향상을 기반으로 성장해갈수록 구야국의 역할은 점점 더 커져갔다. 구야국이 언제부터 변한의 맹주로 기능하기 시작하였는지는 잘라 말할 수 없지만 철기 사용이 본격화된 초기까지 소급할 공산도 있다. 시기가 내려올수록 한층 더 비중이 커감으로써 엄청난 번영을 누렸을 것임은 상상키 어렵지 않다.

그러나 역으로 오랜 기간 번성의 길을 걸어온 현실에 안주한 나머지 주변의 변화를 외면하고 바깥으로부터 가해지는 압박에 적절히 대응하지 못하는 보수성을 현저히 보이기 시작하였다. 그와 같은 추세라면 머지않아 일대 전환의 시기가 도래할지도 모르는데 그에 대한 채비를 적절하게 갖추지 않은 채 마냥 현상에 안주하려 한 나머지 스스로 한계를 드러내고 있었다. 격동의 시기에 자기 변신을 도모하지 못하고 변화를 거부하면 쇠퇴는 필연이나 다름 없었다. 구야국은 자기만족에 빠져 그런 수순을 밟아가고 있었다.

변한사회의 변화

구야국이 오래도록 변한의 맹주국으로의 역할을 감당하였으나 여타 동료국가를 일방적으로 제압하거나 정치적으로 통합을 이룰 만한 수준에까지 이른 것은 아니었다. 개별 읍락국가, 혹은 그를 구성한 읍락들도 생산력의 향상에 힘입어 여전히 독자성을 구가하고 있었기 때문이다. 바로 인근에 위치한 만만치 않은 경쟁세력 안야국(安邪國; 뒷날의 안라국)도 구야국의 일방적 부상을 적절히 견제하고 있었다.

안야국이 어떤 과정을 밟아 변한 가운데 유력한 세력으로 부상하게 된 것인지는 잘 알 수가 없다. 다만, 낙동강의 가장 큰 지류인 남강(南江)의 남쪽에 위치하고 바다에 가까웠으므로 낙동강 물길을 이용하지 않아도 바깥 세계와 소통할 수 있는 지리적 이점을 갖고 있었기 때문으로 보인다. 대외교류가 필요할 때 간혹 낙동강을 활용하였을지 모르지만 안야국은 바다로부터 별로 멀리 떨어지지 않았으므로 굳이 구야국을 거치지 않고서도 독자적 힘으로 바다까지 직행할 수 있었다. 그런 까닭에 구야국의 도움을 받지 않아도 무방하며 경쟁세력으로 부상할 필요조건을 갖춘 셈이었다. 그런 사정을 강하게 시사해 주는 것이 이른바 포상팔국(浦上八國)의 난이다.

포상팔국과 관련한 기록은 『삼국사기』 신라본기 나해이사금(奈解尼師今) 14년(209)조, 그리고 같은 책의 열전 물계자전(勿稽子傳) 및 『삼국유사』 피은편(避隱篇) 물계자조에도 보인다. 세 기사를 종합적으로 대조해 보면 모두 동일한 내용을 다루면서도 일정 정도의 차이가 남을 알 수 있다. 이를테면 포상팔국이 연합해 처음 공격한 대상을 가라, 아라(阿羅), 신라라 하여 각기 다르게 표현하고 있는 것이다. 가라와 아라를 공격 대상이라 설정한 앞의 『삼국사기』에서는 이들이 신라에다 원병을 요청하고 있지만 신라를 대상으로 삼은 『삼국유사』에는 그런 내용이 없다. 동일한 『삼국사기』라 하더라도 본기와 열전이 서로 다른 사실로 미루어 원전이 다르거나 혹은 편찬의 과정상에서 착오가 빚어진 것으로 보인다.

원래 이 기사들의 초점은 포상팔국의 활동에 놓인 것이 아니라 물계자란 인물이었다. 그가 신라 나해이사금 재위 시절 몇 차례 군공(軍功)을 크게 세웠음에도 언제나 포상의 대상에서 제외되자 마침내 왕경을 벗어나 스스로 몸을 숨긴다는 것이 주된 내용이었다. 설화적 성격을 물씬 풍기는 물계자의 역할에 초점이 두어진 까닭에 여타 부분은 그를 수식하는 데 지나지 않았으므로 다양하고 또 명확하지 않은 내용이 스며들 여지가 충분하였다. 이로 말미암아 서로 다른 내용이 저절로 끼어들게 된 것으로 추정된다.

포상팔국의 난을 다룬 세 기록이 기년(紀年)과 함께 내용상에서 차이를 보여서 논자들 사이에 의견 합치를 보지 못한 채 크게 논란을 벌이고 있다. 포상팔국은 물가라는 뜻을 지닌 '포상'이란 표현으로 미루어 수로 교통과 밀접한 관련성을 갖고 있음은 분명하다. 이들이 한데 묶여질 수 있었던 것도 수로 교통을 통해 평시에 교류하는 등 상호 이해관계가 깊어 공동의 협의체를 맺고 있었던 데서 가능하였다. 평소 공동의 역할과 기능을 발휘하는 연합체적 성격의 집단을 구성하고 있었던 것이다. 8개국 전체의 국명 가운데 현재 골포(骨浦), 칠포(柒浦), 고사포(古史浦), 보라(保羅), 고자(古自)(고자는 고사포와 같을 여지도 있음), 사물(史勿) 등의 국명만 기록상 확인된다. 이들은 현재 지명이 확실히 비정되는 것만 놓고 보면 포상이란 표현에 걸맞게 바닷가나 혹은 강가에 자리해 수로 교통과 직결된 세력들이었음이 분명하다.

이들이 어떤 연유로 말미암아 가라 혹은 아라를 표적으로 삼아 연합해서 공격한 것이었다. 이때의 아라는 함안의 안라를 가리키며, 가라는 원래 고령을 지칭하는 호칭이지만 위치상 김해의 구야로 보는 편이 올바를 듯하다. 포상팔국이 수로 교통과 관련이 있다는 사실을 고려하면 양자 어느 쪽도 성립

가능한 대상이다. 다만, 신라가 요청을 받고 구원병을 파견하였다는 사실로 보면 아라보다는 구야일 가능성이 한층 크지만 단정할 근거는 없다.

포상팔국의 난이 실제로 일어난 시점에 대해서도 논란이 많다. 나해이사금 시절이라는 연대를 그대로 받아들이는 견해로부터 3세기 후반설, 4세기 전반설, 6세기설 등 다종다양한 견해들이 제출되어 있어 무척 혼란스럽다. 이런 해석의 밑바탕에는 『삼국사기』 신라본기의 초기기록을 불신하는 이른바 수정론의 입장이 깔려 있다. 확정할 만한 명백한 근거 없이 어느 특정 시점에 적용해버리는 것은 자의적(恣意的) 해석일 가능성이 크므로 모쪼록 신중을 기해야 마땅하다.

다만, 포상팔국이 독립국으로서 아라(안야) 혹은 구야와 어떤 이해관계를 갖고 있는 점, 독립된 8국이 연합체를 구성해 활동한 점 등을 참고로 하면 4세기 이후 가야 시기의 일이라기보다는 변한 사회의 일 단면을 반영하는 것으로 풀이함이 올바를 듯 싶다. 크게 변한이라고 통칭하고 있지만 좀 더 내부적으로 들여다보면 지역별로 성격을 달리하는 여러 집단이 이해관계에 따라 소규모의 지역 연합체를 구성하기도 하였고, 다시 그들 내부에서 이해관계가 상충할 경우 대립·갈등하는 등 극심한 이합집산의 과정을 거쳤던 모습을 반영하고 있기 때문이다. 이런 과정에서 새로운 읍락국가도 생겨나고, 그 주도 세력의 교체가 진행되며, 그래서 때로는 국명까지 바뀌고, 소지역의 연합체 구성에도 변동이 생기는 등 자체 내부가 끊임없이 요동치고 있었다. 그런 점을 상징적으로 반영하는 것이 진왕(辰王)의 우호(優號)이다.

마한은 진·변한을 합친 24국보다 더 많은 54개의 읍락국가로 구성된 규모가 한층 큰 연맹체를 이루고 있었다. 3세기 전반 당시 마한 연맹체의 맹주는 위치상 논란이 많으나 대체로 직산(稷山)으로 비정되는 목지국(目支國)이었다. 목지국을 직접적 직할지로 다스린다는 의미에서 최고 수장도 역시 신지 (臣智)라 칭하였지만, 마한 연맹체의 맹주인 까닭에 따로 진왕이라고도 불리 었다. 진왕은 그에 더하여 '신운견지보안사축지분신이아불례구사진지렴지 호(臣雲遣支報安邪踧支濆臣離兒不例拘邪秦之廉之號)'란 특별히 그 위상을 높여주는 우호(優號)를 함께 사용하였다고 한다. 우호가 갖는 구체적 의미가 아직 명확 히 밝혀진 상태는 아니지만 진왕의 현실적 위치를 반영하고 있는 것만은 틀 림없다.

우호를 분해하면 그 속에 마한의 구성국에 속하는 '신운신국(臣雲新國)', '신 분활국(臣濆活國)'과 함께 변한의 안야(安邪)와 구야(拘邪)도 보이는 사실이 주목 된다. 진왕이 왜 마한 소속국은 물론이고 변한의 국명이 각각 들어간 호칭을 따로 사용한 것인지는 분명하지 않다. 이를 둘러싼 논란이 제기되어 있지만 특별히 변한의 12국 가운데 가장 유력한 세력인 안야와 구야의 국호를 넣은 것은 매우 의아스럽게 여겨지는 대목이다. 혹여 진왕의 정치력이 미치는 범 위를 나타내는 것으로서 그 권위를 드러내어 보이려 한 의도에서였는지도 모 른다. 말하자면 진왕의 정치력은 마한 소속 두 나라에 대해서는 직접적인 정 치력이 미친 곳임을 나타내고, 나아가 변한에 대해서까지도 미약하나마 힘이 미치는 상태임을 과시하려 한 의도에서 우호란 잠재적 표현을 만들어 그 속 에 넣은 것이 아닐까 싶다.

진·변한 소속 24국 가운데 특별히 12국은 진왕에 소속하였다는 기록이 보 이는데, 이것이 바로 그런 사정의 일단을 반영하는 것으로 풀이된다. 변한은 3세기 무렵 마한의 영향력 아래에 놓여 일정하게 통제받고 있었던 것이라 하 겠다. 서남해안 방면의 수로 교통을 이용하지 않을 수 없는 상황에서 비롯한 부득이한 결과였다.

변한 사회도 서기전 1세기 경 성립한 이후 농업생산력의 향상, 대외 교류와 교섭 등을 통하여 꾸준히 발전해가면서 내부적 변동을 겪고 있었지만, 다른 한편 바깥 세계로부터 밀려온 파동은 그를 추동하는 또 다른 요인으로 작용하였다. 한군현의 변동, 마한의 압박과 영향 등으로 말미암아 변한 사회도 외부와 완전히 단절된 무풍지대가 아니었으므로 결코 온전할 수 없었다. 맹주인 구야국에 대항할 정도로 인근의 안야국과 같은 나라도 점차 부상해 가고 있었다. 이런 양상은 한군현의 변동과 맞물려서 구체적으로 표출될 만한 기회가 점점 다가오고 있었음을 뜻한다. 그것은 마한과 진한의 교역·교류의 대상을 잠시나마 군현으로부터 중국 본토로 바꾼 사건에서 확인된다.

중국 본토와 교섭 기회의 포기

삼한에서는 3세기 말부터 내부적으로 어떤 변화가 일기 시작하였다. 삼한은 그 동안 낙랑군과 대방군을 선진문물 입수의 주요 창구로서 줄곧 활용함으로써 문화적 향상에 상당한 성과를 거두었다. 그러다가 마한과 진한은 270년대에 이르러 갑작스럽게 각자의 이름을 앞세워 중국 본토로 직접 나아가 통교하기 시작하였다. 이는 낙랑과 대방의 내부에서 어떤 문제가 발생했기 때문인지 모르지만 일단 삼한 자체가 선진문물에 대한 강렬한 욕구를 쌓아왔는데 바로 이 무렵 그것이 한층 더 강하게 분출될 만한 수준에 이르렀기 때문으로 짐작된다.

오랜 기간 낙랑 및 대방과 교류하면서 어느 정도의 수준에까지 다다르자 이제는 본토의 실상이 어떠한지 궁금하여졌고, 그것이 비록 위험 부담은 컸지만 그만큼 훨씬 유리하다고 여겼을 것 같다. 삼한 가운데 아무래도 지리적 위치가 유리하였고 또 가장 선진지역이었다고 할 마한이 먼저 문을 두드림으로써 도전적 자세를 취하였다. 이에 마한과 치열하게 경쟁하고 있던 진한도 그런 정보를 입수하자 곧장 교류·교역의 방향을 본토로 돌렸다. 사실 이는 단순히 교역의 창구를 바꾼 것으로만 그치지 않는다. 머지않아 삼한을 둘러싼 기존 교역망(交易網)과 교역체계에 큰 변동이 뒤따르리란 사실을 예고해 주는 일대사건이었다.

그런데 마한과 진한 각자가 270년대에 시작한 중국 본토 서진(西晉)과의 교섭은 한창 진행하던 도중인 291년을 끝으로 갑작스레 중단되고 말았다. 그와 같은 사정의 일단을 명시적으로 드러낸 기록이 보이지 않아 그런 결정이 내려지게 된 구체적 이유를 찾기는 곤란한 일이지만 중국 본토 내의 동향과 함께 교섭의 시작부터 결말까지의 전반적 추이를 관찰하면 크게 두 가지 가능성을 상정할 수가 있다.

하나는 당시 중국의 통일왕조로 부상한 서진의 내부에 발생한 어떤 정치 사정과 밀접한 관계가 있었을 가능성이다. 마한과 진한이 사전에 서로 공모해 그만둔 것이 아니라 두 연맹체가 각기 따로 교섭을 진행하다가 중도에 동시에 그만 두었다면 이는 대단히 공교로운 일로 여겨진다. 일정한 시차를 두고 시작하였다가 비슷한 시기에 그만둔 사실은 이쪽보다 저쪽 상대방에서 어떤 문제가 생겨났음을 시사해 주는 대목이다.

서진은 280년 남쪽의 경쟁 세력인 오(吳)나라를 제압함으로써 오랜 분열의 시대를 종결지었다. 이후 그 여세를 몰아 내부 개혁을 적극 추진하던 건국자 무제(武帝, 265~290)가 사망하고 대신 가황후(賈皇后)가 실세로 부상하면서 내부 정쟁(政爭)이 벌어졌다. 그 여파로 서진에서는 내란이 발생할 분위기가 점차 고조되어 가고 있었다. 급기야는 지방 세력들까지 칭제(稱帝)하게 되면서 소위 팔왕(八王)의 난이 일어나는 등 멸망의 상황으로 치달아갔다. 이런 정황은 삼한이 교섭을 추진하는 데에 커다란 장애 요소로 작용하였을 터이다. 이로 말미암아 교섭이 급작스레 중단되었을 공산이 크다.

다른 하나는 서진의 북쪽 분위기가 심상치 않았다는 점이다. 서진이 그처럼 안으로 혼란의 국면에 직면한 틈을 타 북방에서는 유목민인 선비(鮮卑)와 흉노(匈奴)를 비롯한 이른바 5호(胡) 세력이 준동하여 호시탐탐 중원에로의 진출을 노리고 있었다. 물론 오호의 남하는 그로부터 한참 지난 뒤에야 본격화되었지만 북방의 동향이 안정적이지 않았다. 그런 분위기는 곧바로 낙랑과 대방으로 전해졌고 다시 삼한 사회에도 영향을 미쳤던 것이라 하겠다.

아마도 마한과 진한은 중원 중심의 불안한 정정(政情)으로 빚어진 교통상의 난관 등 여러 가지 위험한 요인으로 말미암아 더 이상 본토와의 직접 교섭을 진행시키기 곤란하게 되자 겨우 20년이 채 되지 않은 시점에 전면 중단을 선언하기에 이르렀다. 비교적 짧은 기간의 일이었지만 마한과 진한의 이름으로 직접 국제무대를 밟았다는 사실 자체는 상당히 의미가 있는 일이었다. 그들은 선진의 세계가 굉장히 넓다는 사실을 직접 눈으로 보고 체험함으로써 인지하였을 뿐만 아니라 국제동향도 이제는 무시할 수 없다고 자각하기에 이른 것이다. 그런 양상이 다음 단계에는 국제외교가 성립할 수 있는 밑거름으로 작용하였다.

그런데 각별히 유의해볼 만한 대목은 당시 중국 본토와 교섭에서 삼한 가운데 유독 변한만은 단 한 차례도 이름을 올리지 않았다는 사실이다. 중국 본토와 교섭한 기사가 마한이나 진한의 경우 여러 차례 등장하지만 오로지 변한만이 한 번도 참가한 흔적이 없음은 매우 의아스럽게 느껴진다. 당시 진나라의 역사를 기록한 『진서(晉書)』에 변한의 이름이 보이는 것으로 보아 그 존재는 중국 본토에 이미 알려져 있었음은 확실한데, 교섭은 전혀 보이지 않는 것이다. 『진서』 동이전 내에는 삼한 가운데 유독 변한전만이 따로 입전되어 있지 않은 것도 바로 그 때문이었을 것 같다. 이로 보면 변한의 대중 교섭이 실제로 있었지만 단순히 실수에 따른 기록상의 누락은 아니었던 셈이다.

변한만이 대중국 교섭에 참여하지 않은 배경이나 사유는 불분명하지만 일단 몇 가지 가능성을 상정해 볼 수 있다. 먼저 마한이 변한의 독자적 대외 교섭에 대해 약간의 통제를 가하였을 경우이다. 변한이 다른 두 연맹체의 움직임에 대한 정보를 확보하지 못하였을 리 만무하다. 앞서 진왕의 우호를 통해 언급하였듯이 3세기 무렵에는 마한의 영향력이 변한에까지 일정 정도 미치고 있었다. 변한을 구성한 개별 읍락국가 전체는 아니었을 터이나 진왕의 우호에서 드러나듯이 마한은 가장 유력한 안야국과 구야국을 대상으로 일정 정도 영향력을 행사하고 있었다. 이들을 매개로 해서 변한 전체에 대해서까지 영향을 미쳤을지도 모르겠다. 앞서 소개한 12국이 진왕에 속하였다고 한 표현은 그를 방증해 주는 사실이다.

다른 하나는 독자적으로 대중 교섭의 기회가 있었고 또 정보도 충분히 확보한 상태였지만 변한 스스로가 내부 사정으로 말미암아 추진하지 못하였을 가능성이다. 변한 연맹체의 주축이었던 구야국은 오래도록 지리적 이점으로 크게 호황을 누려 왔다. 그래서 서진을 중심으로 새롭게 전개되던 추세에 편승해 기존 질서 변화를 도모하는 것 자체를 꺼려하였을지 모를 일이다. 이는 거꾸로 변한이 기존 교역망이나 교역체계를 줄곧 그대로 이어가 현황에 만족해서 안주하려는, 말하자면 지극히 보수적 입장을 견지하려 한 것이 아니었을까 싶다. 변한 사회를 이끈 중심 세력이었던 구야국에게는 새로운 변혁보다 구(舊)체제나 질서를 그대로 유지하는 쪽이 한결 유리하고 안전하다고 판단했기 때문이라 추정된다.

당시 변한이 취한 입장은 이후에도 그대로 이어져간 것 같다. 마한과 진한이 중국 본토로 나아간 것은 이미 축적되어온 내적 에너지의 분출이었지만 그것이 막히게 되자 안으로 작동해 격렬한 통합 운동으로 이어졌다면 변한은 그러지를 못하였다. 직후에 가야 사회가 성립하면서 읍락국가의 기존 질서에는 변화가 초래되기는 하였으나 근본적인 체제 변동으로까지 나아가지 못한 것은 바로 이 무렵의 입장과 자세가 일정하게 작용하였을 가능성이 크다고 생각된다.

IV

가야사회의 성립과 전개

가야사 새로 읽기

가야 제국의
성립과 향방

변한의 혼란상

마한과 진한이 대중 교섭을 중단한 이후 삼한 사회의 변동과 관련하여 각별히 유념해 볼 대상은 313~4년 고구려가 남하해 낙랑과 대방을 멸망시킨 일대 사건이다. 삼한의 입장에서 오래도록 선진문물의 입수 창구로 기능해온 낙랑과 대방의 몰락으로 기존 교류·교역망 체계는 근본적 수정이 불가피해졌음을 뜻한다. 삼한은 북쪽에서 일어난 파동의 영향을 직접 받아 밑으로부터 요동치는 변동 상황에 직면하였다.

낙랑과 대방의 붕괴로 발생한 유이민들은 대거 이탈 남쪽으로 이주하였다. 한국사의 전개 과정에서 북쪽에서 유이민이 대량으로 발생할 경우 남쪽으로 이주함이 오랜 대세였다. 낙동강 유역권은 그들이 진입하게 되는 종착지였다. 이번의 유이민 파동은 사실상 한국사 전개 과정에서 북방에서 발생한 유이민이 남쪽으로 이동해 기존 사회에 영향을 미친 마지막 사건이었다. 삼한 사회에 대대적인 유이민 이입은 당연하게도 큰 파장을 몰고 왔다. 그들은 선진문물의 세례를 듬뿍 받았을 뿐만 아니라 스스로 선진의 기술과 기능을 보유한 상태였다. 이들의 유입으로 변한 사회(진한도 마찬가지였지만)는 내부적으로 크게 변화를 겪었다. 처음에는 유이민의 대거 진입으로 상당한 위기감이 감돌았으나 적절히 대응해가면서 마침내 연맹체 내부의 정치적 통합운동으로 이어졌다. 마한 및 진한과는 달리 변한에서만은 끝내 하나의 통합된 지배체제를 구축해내지 못하였으나 특정 읍락국가를 중심으로 한 통합운동이 진행되었음은 분명하다. 그 과정에서 읍락국가 각각도 내부적 변동을 크게 겪었던 것은 틀림없다. 그렇게 짐작할 만한 몇몇 뚜렷한 근거들이 찾아진다.

첫째, 4세기 이후에는 마한, 진한, 변한이라는 연맹체의 이름이 역사 무대에서 완전히 사라지게 된 사실이다. 물론 그들이 지난날의 존재를 알려주는 기록은 이후에도 나오지만 현실에서 살아 움직이는 실체임을 보여주는 흔적이 전혀 포착되지 않는다. 외교 활동을 비롯해 당대에 실재한 듯한 모습을 보이는 기록은 찾아볼 수 없는 것이다. 이는 삼한이란 존재 자체가 완전히 소멸되었음을 뜻하는 것으로 풀이된다. 달리 말하면 삼한 연맹체는 본래적 기능을 다한 뒤에 4세기초부터 한꺼번에 분해됨으로써 역사 속으로 사라진 것이다. 마한으로부터 백제, 진한으로부터 신라, 변한으로부터 가야라는 전혀 다른 성격의 정치체와 새로운 국명이 그들 대신 국제무대에 등장한 사실이 목격된다. 이는 기존 삼한 사회가 4세기에 들어와 내부의 정치적·사회적 변동을 겪었음을 입증해 주는 명백한 증거라 하겠다. 구체제가 해체되면서 새로운 시대가 열린 것이었다.

둘째, 각 읍락국가의 국명 변화가 동시에 감지된다는 사실이다. 『삼국지』에 열거된 변한 12개국, 진한 12개국의 국명들을 『삼국사기』, 『삼국유사』, 『일본서기』 등에 보이는 국명들과 대비(對比)하여 보면 뚜렷하게 차이가 남이 확인된다. 이들을 구체적으로 들여다보면 크게 몇 가지 형태로 분류할 수가 있다. 가령 기왕에 사용되던 국명이 아예 완전히 없어져 버린 것, 일말의 계승성(繼承性)을 보이는 것(같은 국명인데 미화된 것으로 바꾼 듯), 전혀 새로운 국명으로서 처음 모습을 내비치는 것 등 세 종류로 대별된다. 국명이 일반적으로 소속 집단의 정체성을 배타적으로 드러내기 위한 용도로 사용되었음을 고려하면 그와 같은 현상은 결국 어떤 내부 변화를 겪은 결과라 풀이하여도 무방하겠다. 아마 4세기 초반의 격변을 겪으면서 멸망에 이른 경우, 혼란의 기회를 틈타 새로 그 자체 변신을 도모한 경우, 내부 지배세력이 교체되면서 국명을 바꾼 경우, 새로운 정치세력이 성장함으로써 비로소 국가로서의 모습을 갖추게 된 경우 등 여러 가지 정황이 상정된다. 여하튼 읍락국가 자체 내의 변동이 진행된 것은 분명한 사실이며, 그런 과정에서 특정 유력 읍락국가 중심의 기존 변한 사회는 변모, 소멸해 갔던 것이다.

셋째, 4세기부터 정치세력의 수장을 가리키는 간지란 새로운 호칭이 사용되기 시작한 사실이다. 신라에서는 간지(干支)라고 표현하였지만 가야와 관련한 기록에서는 한기(旱岐)로 표기되어 용어상으로는 약간의 차이를 보인다. 하지만 양자가 본디 같은 계통의 용어로서 동일한 의미를 지녔음은 의심할 바 없는 사실이다. 『삼국지』에 의하면 3세기까지의 변한과 진한에서는 각국의 수장이 세력 정도나 규모에 따라 호칭도 달리 사용하였다. 구체적 의미는 불분명하나 신지(臣智), 험측(險側), 번예(樊穢), 살해(殺奚), 읍차(邑借) 등으로 불렸다. 아마도 이런 호칭의 차이는 멋대로 칭하였던 것이 아니라 연맹으로부터 공식적 승인을 받은 데서 비롯한 것으로 여겨진다. 4세기 이후에는 이들 연맹체 단계의 호칭이 완전히 사라짐으로써 이제는 흔적조차 남지 않게 되었다. 대신 정치적 유력자의 칭호는 모두 간지로 통일되는 경향성을 보였다. 이처럼 새로운 수장 호칭이 일률적으로 도입되었다는 자체는 어떤 내부적 변화가 크게 진행되었음을 보여 주는 명백한 증거이다. 그것이 바로 정치적 통합이었다. 통합운동이 전개되면서 정치세력 간의 이합집산에 따른 재편이 이루어졌고 그에 따라 지배세력의 교체가 진행되기도 하였던 것이다.

이상과 같이 4세기에 들어와 연맹체 명칭의 소멸, 개별 읍락국가의 국명 변화, 새로운 수장층 호칭의 사용 등등으로 미루어 이때에 삼한 사회 전체는 대대적인 변동을 겪었음이 분명하다. 지역에 따른 대소(大小) 간의 차이는 있었으나 변한도 역시 근본적 변동을 겪기는 마찬가지였다. 그 결과 기존 정치체가 근본적으로 변모되었음은 의심의 여지가 없다.

삼한 사회 전체의 흐름에서 보면 4세기에 이르러 백제 및 신라가 등장하고 여기에 북방의 기존 고구려를 포함하면 삼국의 정립(鼎立)으로 전환한 것이라 이해할 수 있다. 변한에만 한정해 본다면 이 시기는 곧 변한으로부터 가야사회로의 이행기였다. 달리 말하면 변한 속에서 새로운 가야 사회가 출현한 것이라 하겠다. 다만, 변한이 가야였다는 등식은 곧바로 성립되지가 않는다. 소속 구성원과 성격상에서 근본적 변동이 뒤따랐기 때문이다.

가야 제국의 출현

변한으로부터 가야사회로의 이행을 알려 주는 몇몇 표지(標識)로는 앞서 언급한 것처럼 삼한의 소멸, 새로운 읍락국가의 등장, 국명의 변화, 새로운 지배자 칭호의 사용 등을 들 수 있다. 이런 변화를 유발한 계기는 기본적으로 3세기 말까지 삼한 내부에 지속적으로 축적된 에너지의 분출이었지만, 다른 한편 낙랑과 대방의 소멸에 따라 외부로부터 가해진 엄청난 충격파가 직접적 요인으로 작용하였다. 변한의 맹주로서 역할하며 가장 유력하여 전성기를 구가하던 구야국은 이런 변동기에 적절히 대응하지 못함으로써 마침내 정치적 통합의 주체로 발돋움하지도 못하고 이후 급속하게 몰락하는 길을 걸어갔다.

구야국이 커다란 시대적 전환기를 맞아 상대적으로 통합의 주체로 우뚝 솟을 만큼 여러 모로 유리한 입장에 있었으면서도 그에 실패한 것은 3세기 말 중국 본토에로의 통교에 마한이나 진한과는 달리 변한만이 직접 참여하지 않았던 데에서 이미 예견된 일이나 다름없었다. 변한의 맹주인 구야국이 주동하여 변화의 수용을 끝내 거부하였다. 삼국 각각이 통합 왕국으로 정립되면서 그 사이에 끼여 분립된 상태의 가야는 그들로부터 강력한 간섭과 견제를 받아 하나의 통합된 왕국으로 거듭날 수 있는 기회를 영영 잃어버리고 만 것이었다. 거기에는 낙랑·대방의 몰락과 함께 진행된 삼국 정립으로 인해 기존의 교역체계 전반이 달라진 사실이 주요 배경으로 작용하였다.

이제는 교역망이나 체계가 완전히 바뀌었다. 낙랑과 대방의 소멸로 선진 문물의 입수 창구가 없어졌으므로 구야국은 그에 대체할 만한 새로운 대안을 찾아 나서야만 하였다. 중국 본토로 나아가지 않는 한 당장 그를 찾아내기가 어려웠다. 독력으로 중국 본토에까지 나아간 경험도 없으려니와 당시 오호의 남하로 서진이 몰락하고 주축은 강남 방면으로 이동해 새로운 동진(東晉) 왕조를 개창하는 등의 극심한 혼란상을 연출하고 있었다. 따라서 구야로서는 선진문물 입수의 창구를 완전히 잃게 되었을 뿐만 아니라 대체할 방안도 즉각 찾아내지 못하였다. 그것이 곧 중요한 시장과 선진문물 입수의 창구 기능을 완전히 상실한 요인이기도 하였다.

기왕에 낙랑과 대방은 물론 주변 지역에서도 구야로부터 철을 가져가는 대신 각종 다양한 생필품을 교환하거나 선진문물을 공급하였다. 구야는 각종 원료가 모이는 집산지이면서 동시에 생필품과 선진문물이 매매되는 교역중계지로서 기능하였던 것이다. 이를 통하여 축적된 부(富)의 일부는 연맹체 소속 읍락국가에게 정치적 목적 아래 배분되기도 하였을 터이다. 그러나 이제 교역망이나 교역체계 등 제반 사정이 과거와는 본질적으로 달라졌다. 이것이 이후 구야가 정치적으로 분립된 가야 사회에서 통합운동을 주도할 수 있는 힘을 잃게 되는 근본 요인으로 작용하였음은 물론이다.

다른 한편 낙동강 수로를 활용하는 내륙의 유력한 국가들이 자체 내에서 철산을 개발할 뿐만 아니라 그를 소재(素材)로 한 완제품까지도 생산해내는 기술력을 골고루 갖춘 사실이 주목된다. 철에 관한 한 구야국이 한동안 배타적으로 가장 선진의 기술력을 보유하였으나 이제는 기술상에서 여러 경쟁국들도 대부분 비록 대등하지는 않았을지라도 거의 비슷한 수준으로까지 향상되었다. 이런 기술력의 전반적 공유는 구야국의 배타적 독점권을 가로막는 또 하나의 주된 요인으로 작용하게 마련이었다. 이로 말미암아 내륙의 읍락국가들이 구야국에게 의존하는 정도는 현저히 줄어들어 갔다. 물론 아직 기존의 교역체계가 완전히 붕괴된 상태는 아니지만 이제 나아가야 할 방향은 뚜렷하게 정해진 상태나 다름없었다.

그런데 철산의 개발과 제철 및 제련의 기술력이 평준화되면서 철이 갖는 재화로서의 기능도 동시에 크게 줄어들어갔다. 철기 문화가 널리 보급되고 그 중요도가 증대되면서 철은 교환의 주요한 수단으로 기능해왔다. 초기에는 주조철부(鑄造鐵斧)가 그 역할을 감당하였으나 상당히 규격화된 철정(鐵鋌)이 만들어져 철소재로는 물론이고 교환의 척도로서 재화의 기능을 다하였다. 아마도 가장 정제된 철 소재를 만드는 기술력은 처음 변한 사회 내에서 당연히

철정

구야국만 보유하였을 터이다. 그러나 그런 기술력이 점차 주변으로 널리 퍼져나가면서 내륙의 읍락국가들까지도 어느 정도 보유하기에 이르렀다. 이로써 철정은 점차 재화로서의 기능을 상실해갔다. 물론 그 기능이 하루아침에 완전히 소멸된 것은 아니었겠지만 여하튼 기술력의 전반적 확산은 구야국이 쇠퇴하게 된 또 다른 요인으로 작용하였다.

철을 다루는 기술 전반이 향상되고 일반화되면서 이제 그에 대체되는 새로운 재화가 등장하게 되었으니 바로 금은(金銀)이었다. 금은은 적은 양으로서도 고가(高價)의 교환가치를 지니는 금속이었다. 무게도 매우 가벼워서 이동하기 쉬운 특징을 갖고 있었다. 『삼국지』 한조에 따르면 삼한에서는 원래 3세기까지 구슬[玉]을 재보(財寶)로 여겨서 옷에 매달아 치장하거나 목걸이, 귀걸이를 만들어 사용하였지만, 금은을 진귀하게 여기지를 않았다고 한다. 이는 곧 당시 금은의 존재를 알지 못하였거나 아니면 알고 있었더라도 채광하고 제련하는 기술력을 보유하지 못한 상태였음을 뜻한다. 지금까지 진행된 고고발굴을 통해 삼한 사회에서는 금은의 발굴 사례가 거의 없었음은 이 기록의 신빙성이 매우 높음을 입증해 준다.

그런데 4세기에 이르러서는 금은이 분묘 속에 부장되기 시작하였다. 대체로 특별히 상위 계층의 분묘에 한정하며 장신구로서 다양하게 제작된 양상을 보여 준다. 이는 금은이 주요 재화로서 기능하기 시작하였음을 방증한다. 종래 철이 갖고 있던 재화로서의 기능이 금은으로 대체되어 갔던 것이다.

이처럼 재화라는 교환 수단의 변화는 곧 기존 교역체계상의 변동을 상징한다. 특히 철이 금은으로 대체되면서 산지(産地)는 물론이고 기존의 수로 교통 일변도에서도 변화를 가져왔다. 적은 분량으로도 고가를 발휘할 수 있는 금은이 재화로 본격 기능하면서 이제 육로(陸路) 교통도 개발될 길이 열린 것이다. 이로써 수로 활용이 곤란하거나 미약한 내륙 지역도 성장·발전하게 되었다.

철에 거의 전적으로 의존해서 중심지로 기능하여 온 구야국이 이런 패러다임의 변화에 적극 대응하지 못한 채 기존 체계를 무조건 고수하려 드는 한 쇠퇴는 이미 필연이나 다름없는 상태였다. 이미 3세기 말 마한이나 진한과는 달리 중국 본토에 나아가기를 꺼려한 사정으로부터 그런 양상이 충분히 간취된다. 변한으로부터 가야로 전환하면서 백제나 신라와는 달리 하나의 통합된 왕국으로 발전하지 못하였음도 결국 구야국이 고수한 그런 입장과 깊이 연관되었을지 모른다. 스스로 과거의 화려한 번성과 영광에만 매몰되어 자기 만족한 나머지 통합의 구심체로서 역할과 기능을 감당하지 못하였던 것이다. 따라서 연맹체는 해체되었으면서도 결국 하나로 통합되지 못하고 분립된 상태가 계속 이어졌다. 다만, 변한의 상태가 꼭 그대로 가야 사회로 바뀐 것은 아니었다.

흔히 진한을 신라의 전신, 변한을 가야의 전신이라고 말한다. 그러나 양자의 연결 관계가 곧바로 등식으로서 성립하는 것이 아니다. 중심 세력권만 따진다면 그렇게 상정할 수 있을지 모르지만 진한 전부가 신라로, 변한이 그대로 가야 사회로 이행한 것은 아니었기 때문이다. 『삼국지』 한전에 따르면 진한과 변한의 연맹체를 구성한 여러 읍락국가들의 경역이 잡거(雜居)했다고 할 정도였으므로 경계가 확연히 구분되지는 않았다. 이는 읍락국가들이 각기 자신들의 내적 필요성에 따라 소속 연맹 여하를 자유롭게 주체적으로 선택할 수 있었음을 뜻한다. 중심 세력으로부터 멀리 떨어진 변경에 위치한 읍락국가의 경우에는 사정과 상황 여하에 따라 이합집산을 거듭하였다. 당시에는 뒷날과 다르게 낙동강의 기능은 국경선이 아니라 오히려 수로 교통의 간선(幹線)으로서 적극 활용되었다. 따라서 낙동강의 동서 양안(兩岸)이라도 변한에 소속한 경우와 진한에 소속한 경우로 나뉘어졌다. 대체로 상류는 진한에, 중·하류에 이를수록 변한에 소속함이 일반적 양상이었다.

그런데 진한과 변한이 각기 신라와 가야로 전환해가면서 전부가 기존 소속을 그대로 이어가지는 않았다. 특히 사로국 중심으로 성립한 신라가 단일한 국가로의 통합에 성공하자 그 아래로 편입된 읍락국가들은 이제 정체성을 나타내는 기존 국명을 사용하지 못하게 됨으로써 독자적 기반은 저절로 소멸되었다. 이로 말미암아 신라에로의 복속을 거부하면서 가야권으로 이탈해 간 경우도 있었다. 이를테면 진한 소속이었던 불사국(不斯國)의 경우 흔히 낙동강 동안(東岸)의 창녕(昌寧)에 자리한 것으로 추정되고 있는데, 신라 왕조가 출현한 바로 그 시점에는 거기로의 편입을 거부하면서 비사벌(比斯伐, 혹은 比子伐, 比自㯱)이란 국명을 그대로 사용하였다. 비사벌은 뒷날 비화가야(非火伽耶)라 불린 데서도 유추되듯이 4세기 중엽에는 잠시 가야의 일원으로 편입되었

창녕 교동 고분군

음이 확실하다.

　한편 변진에 소속한 독로국(瀆盧國)의 경우 구체적 위치 비정을 둘러싸고 약간의 논란이 진행되었지만 여러 정황상 부산 동래(東萊)라 추정함이 일반적이다. 『삼국사기』에 따르면 이 지역은 비교적 이른 시기에 신라로 편입되었는데, 복천동(福泉洞) 고분군에서 출토되는 고고자료의 양상은 그를 뚜렷이 입증해 주고 있다. 이로 보면 변한이 전부 가야권으로 들어간 것이 아니라 신라의 성립 과정에서 이쪽으로 편입된 경우도 있었다고 하겠다. 그럼에도 낙동강 동안의 창녕 사례로 미루어 아직 낙동강이 신라권과 가야권 사이의 국경선으로 완전한 기능을 한 것은 아닌 셈이었다.

신라로 편입된 읍락국가들은 이제 자유로운 국명 사용을 제한 당함으로써 소속 지방으로 편제되는 길을 걸어갔다. 반면 가야권으로 편입된 읍락국가들은 각자 독자적 생존을 도모하기 위해 기존 변한 연맹체처럼 일시적 결속을 도모하였을지 몰라도 그것은 어디까지나 한시적 현상에 불과하였을 따름이다. 그런 조직이 영속적으로 유지될 리 만무한 상황이었다. 구야나 안야 등 기존의 유력한 세력에 대항할 만한 새로운 세력도 이미 내륙에서 급속히 성장하고 있었기 때문이다. 이를테면 고령(高靈)의 가라(加羅), 합천의 다라(多羅), 위치 비정을 둘러싼 논란이 있지만 의령(宜寧)으로 유력시되는 탁순(卓淳) 등 해안이 아닌 내륙에서 새로운 국가들이 부상하면서 서로 패권을 치열하게

2015년 9월 발굴 조사된 창녕 교동과 송현동 고분군 1호묘의 환두대도 출토 상태

다투기 시작하였다. 게다가 원래 진한 소속이었다가 가야권을 선택한 비사벌도 신라에의 편입을 거부하면서 이탈할 정도이고 보면 세력 규모가 만만치가 않았음을 보여 준다.

가야 사회가 성립되었다고 하더라도 마침내 이들 유력한 국가들의 각축장이 됨으로써 단일한 국가는 물론이고 연맹체조차 결성하기가 쉽지 않은 상태로 바뀌었다. 여러 가지 정황상 통합된 단일한 정치체의 실현은 점점 더 요원한 일로 굳어져가고 있었다.

백제의 낙동강 유역 진출과 가야의 동향

변한이 역사의 전면에서 퇴장하고 가야 사회로 재편되어간 과정의 구체적 실상에 대해서는 유관 기록이 거의 보이지 않아 잘 알 수 없는 형편이다. 다만, 재편 작업이 최종적으로 마무리된 뒤의 사정을 부분적이나마 전해주는 기록이 있어 참고가 된다. 『일본서기』신공기(神功紀) 49년조의 기사가 바로 그것이다.

이 기사의 대강에 대해서는 이미 앞서 소개한 바 있다. 임나일본부설 성립의 근간으로서 널리 활용되어온 기사이다. 이와 관련 있는 기사 일체를 왜가 아니라 백제를 주체로 하는 이른바 주체교체론의 입장에서 접근하면 그것은 곧 백제사뿐만 아니라 동시에 가야사를 복원하는 데에도 유용하게 활용할 만한 내용이 담겨져 있음이 드러난다. 비록 피동적인 형태로나마 가야의 일면을 전해주고 있는 것이다.

사실성 여부를 떠나 신공기 49년조 자체는 원래의 기년에 따르면 서기 249년의 일로 기록되어 있지만, 실제로는 120년을 내려잡아야 사실과 부합한다는 입장이 일반적으로 통용되고 있다. 이에 따라 기년을 하향 조정하면 신공기 49년은 369년에 일어난 일이 된다. 수정 기년에 맞추어 백제를 주체로 하는 내용으로 바꾸면 그 기사는 근초고왕(近肖古王)이 영산강과 낙동강 유역권으로 동시에 진출하는 정복 작전을 펼친 실상을 보여 주는 것으로 풀이된다. 그렇다면 전반적인 사정은 『삼국사기』에 보이는 역사적 사실과 그리 어긋나지 않으며 일정 부분 부합하는 것으로 드러난다.

당시 한강 유역에 정치적 중심지를 둔 백제의 뛰어난 정복군주 근초고왕은 마한의 잔여 정치세력을 복속시켜가면서 영역 확장을 도모해 크게 성공을 거두는 한편 그에 어울리게 지배체제를 새롭게 정비해 갔다. 당시 근초고왕은 거칠 것 없이 승승장구함으로써 건국 초창기의 짧은 기간임에도 전성기를 구가해가던 중이었다. 다만, 바로 북쪽에는 강국 고구려의 남하로 말미암아 경역을 접촉하자 접경지대에서 전투가 자주 벌어졌다. 고구려는 호시탐탐 남진 정책을 추진해 성장일로에 있던 백제를 노골적으로 압박할 태세를 드러내던 중이었다.

그와 같은 상황인데도 백제는 아직 마한의 구성 세력 전부를 장악해 완전한 영역으로 편입시키지도 못한 상태였다. 근초고왕은 마한 잔여 세력의 통합을 겨냥해 잠시 남쪽으로 눈을 돌려 발걸음을 힘차게 내디디면서 계속 압박해 가던 중이었다.

사실 영역 확장과 함께 지배체제의 안정과 발전을 추구해가던 근초고왕이 최종적 목표로서 삼은 것은 당연히 같은 뿌리에서 나온 고구려일 수밖에 없었다. 369년 고구려가 남진하여 치양성(雉壤城, 황해도 延白郡 白川)에 이르자 급습해서 격파하고 같은 해에 전군(全軍)을 열병(閱兵)하면서 황색(黃色) 기치를 사용하는 등 대대적인 군사 정비에 박차를 가하였다. 얼마 뒤인 371년 고구려

영산강 전경

가 공격해오자 백제는 병력을 보내어 길목인 패수(浿水)에 잠복시켜 두었다가 급습함으로써 패배를 안겼다. 근초고왕은 곧바로 정예병 3만을 보내어 평양성까지 공격해 고국원왕을 전사시킬 정도로 위세를 떨쳤다.

백제가 주요 타격 대상으로 삼은 고구려 공략을 성공적으로 이루어내기 위해 선행해야 할 가장 긴요한 과제는 뒷문을 굳건히 단속해 두는 일이었다. 한강 이북으로부터 금강 이남에 이르기까지, 서해안으로부터 백두대간 이동에 이르기까지의 영역을 그리 길지 않은 기간에 확보하였지만 아직껏 영산강(榮山江) 유역 이남의 남해안 및 지리산 이서 지역 일대에는 마한 소속 잔여세력이 백제의 통합운동에 강력하게 저항하고 있었다. 그들은 독자적 힘만으로는 대항하기 곤란하였을 터이므로 어쩌면 낙동강 유역권에서 새로 출현한 여러 가야 세력의 도움을 받으려고 하였을지 모른다.

가야의 모태였던 변한은 앞서 언급하였듯이 마한의 진왕에게 소속하였다고 표현될 정도로 그로부터 정치적 영향을 일정하게 받아온 터였다. 마한 잔여 세력들은 변한이 가야로 전환된 이후에도 지난날의 그런 사정을 떠올려 동병상련의 입장에서 도움의 손길을 뻗쳤을 가능성은 충분히 상정해볼 수 있다.

한편 백제는 마한 소속의 일국으로 출발하였으므로 사실상 모든 기반을 승계한 셈이었고, 자연 전체는 물론이고 그로부터 영향을 받았던 낙동강 유역에까지도 손길을 뻗치려는 야심찬 계획을 세우고 있었다. 그런 배경 아래에 근초고왕은 369년 사전 준비 작업을 거쳐 남정(南征)과 동정(東征)을 함께 감행하기에 이르렀다.

근초고왕은 영산강과 낙동강 유역을 완전히 제압하기 위해 두 방면에서 협공하는 전략을 구사하였다. 근초고왕과 아들 근구수가 이끄는 본진은 영산강 유역을 향해 남하하면서 본래의 방식대로 정면으로 압박해갔지만, 정예의 주력부대는 잠시 옆길로 빠져서 낙동강 방면으로 진출하였다. 이는 사실상 양동(陽動)작전이기도 한 셈이었다. 낙동강 전선에 투입된 주력은 미처 공격에 대비하지 못한 가야 세력을 쉽게 제압한 뒤 곧장 서진(西進)해 북쪽과 동쪽의 두 방면으로부터 협공함으로써 완강히 저항하던 영산강 유역과 남해안 지역의 마한 잔여세력을 제압하였다. 이로써 마한 연맹체의 구성 세력을 대상으로 삼은 백제의 정복전쟁은 일단락되었다. 마한이라는 이름은 이로써 역사의 뒤안길로 영원히 사라졌다.

사실 백제는 마한을 그대로 이어간 것이 아니었다. 그 이름을 없애고서 새

국명으로 대체한 데서 드러나듯이 단순한 연맹의 모습이 아니라 단일한 지배
체제를 갖추고서 출범한 것이었다. 백제는 본디 마한의 맹주가 아니었음에도
최후의 승자가 됨으로써 드디어 통합 왕국을 건설하는 주도세력이 되었다.
여러 정치세력이 공동으로 사용해온 마한이란 명칭을 버리고 완전한 탈바꿈
에 성공한 백제는 새로운 지배체제를 안정적으로 구축하기 위한 노력을 꾸준
히 기울여갔다. 그 점은 일단 끝까지 항전하던 마한 잔여세력을 처리하는 방
식에서 잘 드러나는 사실이다.

백제는 영산강 이남 지역 가운데 순순히 항복하지 않고 끝까지 버티던 소
위 4읍(邑, 읍 각각은 사실상 읍락국가를 의미한다)에 대해서는 '도륙(屠戮)'이라는
매우 격앙된 어조의 표현을 사용할 정도로 그들의 기반을 철저하게 해체하는
정책을 취하였다. 이때의 '도륙'이란 단어가 의미하는 구체적 내용이 어떠한
지는 파악할 길은 없지만 앞으로 중앙정부에 대해 다시는 저항할 꿈조차 꾸
지 못하도록 하려는 강한 시책의 시행을 의미하는 것으로 보인다.

그런 일환으로서 실시한 조치가 기존의 경제적 기반을 철저하게 약화·무
력화시키거나, 지배세력을 친백제 세력으로 교체하는 등과 같은 일이었을 것
같다. 여차하면 주민을 다른 곳으로 옮기기도 하였을 터이다. 여하튼 백제는
이 지역을 대상으로 즉각 지방관을 파견해서 직접 지배하는 방식을 실시하지
는 않았다. 대신 공납(貢納)을 매개로 해서 재지세력을 활용하는 간접지배 방
식을 취하였다. 이로써 백제는 일단 영산강 유역에서 남해안에 걸치는 지역
까지를 영역으로 만드는 데 성공하였다.

그러나 369년 마한 진여세력의 복속과 함께 진행한 가야 세력에 대해서는
그와는 다르게 취급하였다. 이때 백제의 낙동강 유역 진출 작전으로 평정된
가야세력으로서는 소위 비자발(比自烋), 남가라(南加羅), 록국(喙國, 일반적으로는

탁국을 그처럼 표기한 것으로 보지만 여기서는 잠정적으로 발음 그대로 읽는다), 안라(安羅), 다라(多羅), 탁순(卓淳), 가라(加羅) 등 7국의 구체적 이름이 등장한다. 전후의 실상을 살피면 가야로 통칭되는 나라는 이들 외에도 상당수 더 존재하였음이 분명하다. 그럼에도 이들 7국만 거명되고 있음은 물론 당시로서는 가장 주요한 핵심 세력이기도 하였으려니와 나머지는 국명을 굳이 내세우지 않더라도 그들에 각기 예속된 상태이거나 아니면 영향력 아래에 놓인 미약한 세력이었던 데서 말미암은 것으로 보인다. 백제가 이들 7국을 복속시키자 나머지는 저절로 항복한 까닭에 마치 그들만이 평정되었던 듯이 기록으로 남겨진 것이 아닐까 싶다. 어쩌면 백제는 가야 각국을 대상으로 해서는 칠지도(七支刀)에 보이듯 후국(侯國)처럼 인식하고 있었을 가능성이 크다.

여하튼 4세기 중반 단계에서는 가야의 범주에 드는 나라가 적어도 10여개로 정리되었지만 그들 사이에 현실적 세력 격차는 상당하였을 것으로 보인다. 변한 시기에는 구야와 안야 두 세력이 가장 막강하였다면, 가야로의 전환이라는 격동의 시기를 거치면서 그밖의 다른 5개국도 비슷한 수준으로까지 발 빠르게 도약했음을 반영한다.

이후 이들 7국 가운데 비교적 이른 시기에 신라로 편입된 창녕의 비자발을 제외한 나머지 유력한 6국은 서로 우세한 지위를 확보하고 나아가 통합을 주도하기 위해 치열하게 각축하면서 가야사가 전개되어 갔다. 변한 시절과 확연히 달라진 면모가 있다면 해안으로부터 멀리 떨어진 내륙 세력이 크게 부상한 사실이다. 이는 기존과는 제반 사정이 바뀌어졌음을 뚜렷하게 입증해 주는 것이다. 앞서 이미 언급한 것처럼 재화의 수단이 철로부터 금은으로의 교체된 사실은 그런 점을 상징해 주고 있다.

2

백제의 영향력 행사와
가야의 향방

백제의 영향력 행사

앞서 언급한 것처럼 백제의 낙동강 진출 시도 자체는 가야를 직접 영역화하기 위한 데에 목표를 둔 것이 아니었다. 영산강 유역권에 상존하던 마한 잔여세력을 제압하기 위한 작전상의 필요성 때문이었다. 게다가 그것은 곧 과거 마한의 목지국이 변한과 맺었던 관계를 백제 자신과의 관계로 돌리려는 시도이기도 하였다. 그 점은 백제가 가야 방면으로 진출한 이후 이 지역을 대상으로 해서 추진한 정책을 통해 유추해낼 수 있다.

사실 백제가 낙동강 방면으로 진출한 이후 가야를 대상으로 어떠한 조치를 취하였는가의 실상을 확연하게 보여 주는 기록은 없다. 다만, 그들에 대해 마한의 잔여세력을 대상으로 용법상 하였듯이 '도륙'한 것이 아니라 단지 '평정(平定)'하였다고 표현한 사실이 주목된다. '평정'은 단순히 움직임을 제압하여 손아귀에 넣었다는 정도의 의미일 뿐 그들의 기반 자체를 완전히 해체하였다거나 지배세력의 교체를 단행하였다거나 하는 등의 어떤 극단적 강경 조치를 취하였음을 의미하는 것으로 풀이되지는 않는다. 이후 전개된 백제와 가야의 관계를 통해서도 그 점은 충분히 유추된다. 백제가 평정하였다고 한 뒤에도 가야 세력의 기반은 여전히 거의 그대로 온존되었으며 이후 오래도록 양자는 연합적 군사작전을 펼치는 등 상당한 우호관계를 유지해 갔다. 이런 점에서 백제가 가야 지역을 평정한 뒤 기반을 강제적으로 해체하였다거나 직접 지배했다고 진단하기는 어려운 일이겠다.

그런데 백제가 가야 지역을 대상으로 어떻게, 어떤 방식으로 영향력을 행사하였는지는 뚜렷이 드러나지 않는다. 소위 주체교체설에 입각해 『일본서기』의 가야 관계 기사를 풀이하는 주장에 따르면 백제에서는 영향력을 행사하려는 목적에서 군사력을 배치시켰다고 보기도 한다. 그를 위해 특정한 정치적 중심지에다 백제군사령부를 두었던 것으로 추정하였다. 사실 백제가 군사령부라고 일컬을 수 있을 정도의 병력을 언제, 어떻게, 어디에 배치하였는지 등 구체적 실상이 선명하게 드러나있지는 않다. 다만, 상당한 군사력을 보유한 장군이 가야에 주둔하면서 정치적 영향력을 행사한 듯한 흔적은 보인다. 백제군사령부설이 어느 정도 설득력을 갖게 하는 대목이다.

백제가 낙동강 유역권 작전을 펼쳤을 때 가장 핵심적 역할을 수행한 인물은 목라근자(木羅斤資)란 이름의 장군이다. 그는 군사 작전을 수행하면서 신라의 여인을 얻어 둘 사이에서 목만치(木滿致)란 아들을 낳았다고 한다. 『일본서기』에 인용된 「백제기(百濟記)」에 따르면 목만치는 아버지의 군공을 배경으로 해서 임나의 정치를 마음대로 주물렀다고 한다. 이것이 사실이라면 그로부터 시사받을 수 있는 바가 적지 않다. 목만치가 임나의 정치에 깊숙이 간여한 것은 아버지인 목라근자가 가야 지역으로 진출한 뒤 그럴 만한 기반을 닦아 두었던 데서 가능한 일이었다. 아마도 군사 작전이 성공적으로 마무리된 뒤 목라근자는 어떤 형태로든 가야 지역을 대상으로 정치적 영향력을 꾸준히 행사하였던 것이다. 백제는 가야 공략 이후 원상 그대로 두지는 않았으며 정치적 영향력을 계속 행사하기 위한 장치를 일정하게 마련하였을 가능성이 크다.

백제는 가야 방면으로의 진출을 주도한 목라씨(木羅氏)에게 거의 전권을 위임하다시피 한 것으로 보인다. 그런 권한이 단순히 일회성으로 끝나지 않고 대를 이어서 행사되었으리라 여겨진다. 백제의 중앙정부는 특별하게 군공을 세웠을 경우 어떤 형태로건 지배권 행사를 인정해 줌으로써 포상하는 방식을 취하고 있었던 것 같다. 당시 특정한 지명을 붙여 왕이나 후로 부른 이른바 왕후제(王侯制)가 시행되고 있었음은 그를 뚜렷이 방증해주는 사실이다. 목라씨는 적어도 2대에 걸쳐서 가야 지역을 대상으로 정치적 영향력을 행사하고 있었다. 그를 배경으로 목만치는 백제 중앙정부에서도 우위를 확보하였다. 420년 전지왕(腆支王)이 사망하고 아들 구이신왕(久爾辛王)이 어린 나이로 즉위하였거니와 이때 목만치가 백제의 국정을 오로지 하다시피 하였다고 한다. 아마도 임나를 배경으로 해서 구축된 정치력이 중앙정부에서까지 지대하게 영향을 미치게 된 것으로 보인다. 다만, 목만치가 국정 전횡의 문제로 몰락하게 되자 백제의 가야 지역에 대한 영향력 행사 방식이나 주체에도 일정한 변화가 뒤따랐으리라 여겨진다.

이처럼 목라근자와 목만치의 사례로 미루어 가야 방면에 대해서는 목라[木]씨가 상당한 영향력을 행사하고 있었음은 확실하다. 그럴 때 그들이 추구한 방식은 어떠하였을까가 당연히 문제로 된다. 백제가 가야 여러 나라와 우호관계를 맺었음은 분명하지만 각별히 어느 특정 세력을 집중 지원하는 방식으로 관리하였으리라 여겨진다. 백제가 가야 지역 진출 이후 영향력 행사 과정 전반을 살피면 중심 대상은 대가야(이하에서는 가라라 표기된 경우에도 가능하면 대가야로 표기하고 특별한 경우에는 가라라 불러 혼용하기로 한다)였던 것 같다. 가야는 끝내 하나의 통합된 정치세력으로 발전해가는 데는 실패하였지만 그럼에도 가장 강력한 정치적 기반을 갖추고서 그를 주도적으로 추진해 보려고 꾸준히 노력한 세력은 그 가운데 고령에 위치한 대가야였다.

고령을 기반으로 성장한 정치세력이 변한 단계에서는 별로 크게 두각을 나타내지 못하다가 4세기에 접어들어 급부상하기 시작하였다. 대가야(가라)라는 국호 사용이 곧 그런 양상을 드러내어주는 구체적 실례이다. 이후 백제가 진출해 영향력을 행사하면서 그 기반은 더욱 확실히 굳혀져갔다. 백제는 가야 평정 이후 장기 지속적으로 영향력을 행사할 목적에서 유력한 세력을 파트너로 삼았으니 당시 가장 우세하게 부상하던 대가야였다. 백제는 한창 성장일로에 있던 대가야와 긴밀한 관계를 맺고서 이를 집중 후원함으로써 가야 전체에 대한 영향력을 행사하려 하였다. 목라근자와 목만치 등 백제의 특정 가문이 가야와 특수한 관계를 맺고서 최전선에서 활약하였다. 그들이 임나의 정치를 오로지하였음은 결국 가야 여러 세력 가운데 특히 대가야를 주요 근거지로 해서 정치적 영향력을 계속 행사하였음을 뜻한다.

이상과 같이 변한으로부터 가야 단계로 전환하면서 크게 달라진 것 가운데 하나는 당시 연맹체의 맹주로 기능한 구야국이 쇠퇴의 길을 걸어간 반면 내륙의 대가야가 부상하기 시작한 사실이다. 369년 백제가 낙동강 유역권으로 진출한 이후 여러 가야세력 가운데 특히 두각을 나타내기 시작한 대가야를 정치적 파트너로 삼아 영향력을 지속적으로 미치려 하였다. 대가야가 선택된 것은 이미 상당한 기반을 구축한 데에 있었거니와, 다른 한편 한강 유역에 왕도를 둔 백제와 지리적 접근성이 가장 용이하다는 사정도 작용하였으리라 여겨진다.

한창 발전 도중이던 대가야는 이제 백제의 도움을 받아 그 위상을 더욱 더 높이면서 기반을 착실하게 다져나갈 나갈 수 있었다. 대가야는 반대급부로서 친(親)백제적 입장을 충실히 이행해 갔다. 가령 적지 않은 경제적 부담을 졌을 뿐만 아니라 특히 백제의 지시를 받아 대(對)신라 작전에 자주 동원되어 가야 방면에서 일종의 방파제 역할을 착실히 감당하였던 것으로 여겨진다. 얼마 뒤 벌어진 가야와 왜 연합 세력이 일으킨 신라의 왕도 공략 사건은 그런 실상 을 여실히 반영해 준다.

임나의 성립과 의미

그런데 백제는 대가야만을 중심 대상으로 삼아 지원하고서 여타 가야 세 력을 그냥 가만히 방치해 둔 것 같지는 않다. 대가야를 비롯한 가야 전체를 하나의 단위로 묶어서 친백제적 입장을 안정적으로 견인해내려 하였다. 그런 사정을 추정하게 하는 것이 바로 임나(任那)란 명칭의 출현이다. 임나도 가라 와 마찬가지로 3세기까지는 전혀 보이지 않다가 4세기에 들어와 사용되기 시 작한 명칭이다. 이는 4세기 전반에 전개된 변동 양상을 반영하여 준다.

임나란 용어는 4세기에 처음 나타난 뒤 가야가 멸망할 때까지 줄곧 사용되 었다. 후술하듯이 임나는 왜 5왕의 작호에서 사용된 사례로 미루어 짐작하면 가라보다 큰 범위이며, 백제나 신라와 마찬가지의 의미를 갖는 광의의 영역 국가를 가리키는 국명처럼 보인다. 그 점을 방증해 주는 것이 뒷날인『일본서 기』흠명기(欽明期) 23년(562)조에 보이는 가야 제국 멸망 관련 기사이다. 거기 에서는 '신라가 임나의 관가(官家)를 쳐서 멸망시켰다'고 말하면서 이를 '전체적으로 말하면[總言] 임나요, 개별적으로 말하면[別言] 가라 등 10국이라고 기술하였다. 이는 임나가 가라 등 10여국을 포괄하는 전체를 지칭하는 용어로서 사용되었음을 뜻하는 사실이다. 그런 의미의 임나는 대체로 『일본서기』 전편에 걸쳐 흐르고 있는 일관된 용법이었다.

그러나 그렇다고 임나가 백제나 신라처럼 단일한 국가의 국명이었던 것은 아니다. 그렇게 비쳐질 만한 소지가 전혀 없는 것은 아니지만 가야 제국 가운데 유력한 특정 국가를 지칭할 경우에만 임나가 한정적으로 사용되었을 따름이다. 그럴 때 대체로 대가야를 지칭함이 대부분이며, 간혹 안라 혹은 금관국을 가리키는 듯한 경우도 보인다. 그러나 임나가 특정한 개별국가를 지칭하는 것은 주류적 용법이 아니며, 가야 세력 전체를 가리킬 때 사용됨이 일반적 용법이었다. 그 점을 방증해 주는 것이 흠명기 2년(541)과 5년(544)조에 보이는 이른바 임나부흥회의라 불리는 기사이다.

이 기사에 따르면 백제 성왕(聖王)의 주도 아래 가라, 안라를 비롯한 여러 가야 세력의 유력자들이 백제의 왕도인 사비에 모여서 임나를 부흥시키기 위한 회의를 열었다. 당시 신라의 침투로 금관과 록(탁)기탄, 그리고 얼마 뒤 탁순이 멸망당하는 사건이 연이어 벌어진 데 대한 대응책 마련을 위해서였다. 당시 가야는 신라의 공세로 말미암아 전반적으로 심각한 위기 상황을 맞아가던 중이었다. 그런 정황을 지켜보고 있던 성왕은 대책 마련을 위해 가야 여러 세력을 모아 회의를 열었다. 전후 사정으로 보아 액면 그대로를 받아들일 수는 없지만 일정 정도의 사실성을 갖고 있는 내용으로 보인다.

두 차례에 걸쳐 진행된 회의에서 성왕이 가야의 단결을 외치면서 내세운 명분은 근초고왕대의 백제와 임나의 관계였다. 성왕은 당시의 사정을 상기시키면서 그 시절 두 나라 사이의 우호 관계 수준으로 되돌아가자고 줄기차게 설득한 것이었다. 이는 백제와 임나 관계의 뿌리나 연원의 시작된 시점이 그때였음을 뜻한다. 이미 본 것처럼 369년의 가야 평정과 이후 전개된 두 세력 사이의 긴밀한 관계를 의미하는 내용이다. 근초고왕에 의해 백제와 가야 사이에 맺어진 긴밀한 관계를 담고 있는 표현이 임나란 명칭이었다. 사실 이때의 임나란 곧 특정한 가야 세력 가운데 하나, 혹은 통일된 하나의 가야가 아니라 여러 정치세력으로 이루어진 하나의 연합체, 연맹체적 성격의 명칭이었음을 뜻한다. 말하자면 임나 속에는 사실상 과거 여러 분립된 독자적 정치세력의 연합으로 이루어진 변한과 비슷한 의미가 내재되어 있다. 그런 측면에서 보면 임나란 곧 가야 제국 전체가 참여하는 가야 연맹과 같은 용법이라 풀이하여도 무방하겠다.

임나란 용어 속에 정치적으로 완전히 통합된 하나의 가야 지향이라는 의미가 깃들어 있는지 어떤 지는 분명하게 드러나지 않지만 변한에 대신해서 사용된 것이었음은 확실하다. 그 자체는 곧 변한 사회가 크게 변화를 겪었음을 증명해주는 사례이기도 하다. 그런 까닭에 왜 5왕의 작호 속에 임나는 백제, 신라의 다음에 나란히 기재되었으면서 동시에 그에 뒤이어서 가라, 마한과 진한을 열거하고 있는 것이다. 임나는 어디까지나 개별국가들의 존재를 전제로 한 연맹의 뜻을 갖고 있으므로 하나의 정치적 통일성을 달성한 국가라고는 말할 수가 없다.

이처럼 임나는 변한에 대체되어 나온 것이지만 그것이 백제, 특히 이 방면을 새로이 개척한 근초고왕과 밀접한 관련 속에서 탄생한 용어임이 분명하다. 어쩌면 근초고왕이 가야권으로 정치적·군사적으로 진출하는 데 성공함으로써 기존 변한 대신 가야 전체를 자신들 쪽으로 끌어들이기 위한 용도로서 새로이 고안해낸 연맹체의 이름이 아닐까 싶다. 말하자면 기존의 변한이

발굴 복원중인 함안 성산산성

마한과 관계되었다면, 이제 막 부상한 백제가 과거를 말끔히 청산하고서 마한 대신 이 방면과 새로운 관계를 맺기 위한 데서 만들어낸 새로운 용어가 임나라 여겨진다. 그런 실상은 임나란 용어에 내재된 의미를 들여다보면 어렴풋하게나마 확인된다.

　임나의 의미는 여러 가지로 해석되어 왔지만 최근 함안의 성산선성(城山山城)에서 출토된 목간에 보이는 몇몇 자료는 그와 관련해 특히 주목해 볼 필요가 있다. 오래도록 막연하게 안라가 축조하였다고 추정해온 성산산성은 1990년대 이후 십여 차례에 걸쳐 진행된 발굴을 통하여 신라가 축조하였다는 새

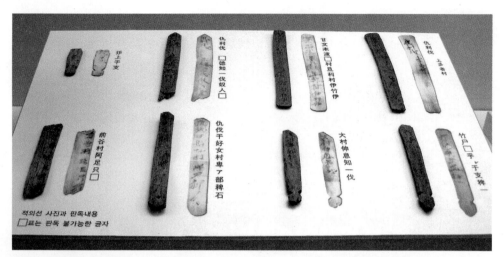

성산산성 저습지에서 발견된 목간 (함안박물관 사진)

로운 사실이 밝혀졌다. 이로 말미암아 『일본서기』 흠명기 22년(561)조에 신라가 안라 영역 진출에 성공하여 왜(일본)에 대비할 목적에서 아라의 파사산(波斯山)에 쌓았다는 성, 바로 그것이라 이해되고 있다. 사실 그런 추정이 성립 가능하도록 한 것은 성산산성의 발굴로 출토된 3백여 점에 달하는 목간(木簡) 자료가 보여 주는 내용이다. 성산산성이 신라에 의해 축조된 것이며 연대가 거의 560년 무렵에 해당한다는 사실이 증명된 것은 이들 목간에 보이는 내용을 분석한 결과이다.

성산산성 목간은 간단한 행정문서나 그와 관련되는 제첨축(題籤軸)과 같은 특수 용도로서 사용된 것도 일부 있지만 거의 대부분은 이른바 짐꼬리표[荷札] 목간이다. 이들에는 지명과 함께 인명, 물건명 등 간단한 사항이 기재되어 있다. 그런데 지명의 대부분은 지방관이 파견된 행정성촌(行政城村)들이지만 그에 소속한 자연촌과 함께 하위 단위로서 본파(本波), 아나(阿那), 말나(末那),

전나(前那) 등의 지명도 보여 주목된다. 이들의 실체를 둘러싸고서는 논란이 많아 아직 확정짓기는 어렵지만, 나(那)의 경우는 고구려의 사례로 볼 때 노(奴), 천(川, 훈이 내인 점과 직결), 양(讓)와 같이 물가와 같은 특정한 곳에 위치한 땅을 가리키며, 머리에 붙은 아, 전, 말 등은 그 땅의 위치를 나타내는 수식어임이 분명하다. 나는 본래 북방 고구려계의 영향을 받았던 용어로서 신라에서도 비교적 널리 사용되었음이 확인되기에 이른 것이다.

이처럼 아나, 말나, 전나와 같은 용법을 원용하면 임나의 의미도 대충 이해할 수 있게 된다. 기왕에 임나의 의미에 대해서는 각양각색의 다양한 견해가 제시된 바 있지만 아직 확정적이지가 않은 상태이다. 그런데 아, 전, 말과 마찬가지로 임(任)을 한자의 뜻 그대로 풀이하면 임나는 '맡긴 땅', '맡겨둔 땅'이라는 의미가 된다. 가야 전체를 통칭하는 데 사용된 임나란 단어는 '맡긴 땅'이란 의미로 풀이될 수 있는 것이다.

그렇다면 이때의 맡긴 주체는 과연 누구였을가 문제로 된다. 『일본서기』에 보이는 임나는 거의 대부분 백제와 밀접히 관련해서 사용되고 있는 점, 백제가 가야 방면으로 진출하고 난 뒤 비로소 사용되기 시작한 점 등등으로 미루어 땅을 맡긴 주체는 백제였다고 봄이 가장 순조롭다. 한편 '임나가라'란 단어가 통용되고 있는 사정을 감안하면 주요 객체는 대가야였다고 보아야 한다. 백제와 대가야가 곧 임나의 주체와 객체로 설정된 것이다. 특정한 가야의 국명 앞에 임나를 붙여 임나가라와 같은 형태로 나타내어 하나의 국명처럼 사용한 대상은 오직 가라(대가야) 뿐이었다.

사실 백제는 369년 가야를 평정한 뒤 이 방면을 직접 지배의 대상으로 삼지는 않았다. 당시의 백제로서는 아직 그럴 만한 역량도 갖추지 못하였고 또 거리상으로 보아서도 지속적으로 유지해 가기가 그리 쉽지 않은 상황이었다.

진한의 뒤를 이어 통합 왕조국가를 이루고서 점차 강자로 부상해가던 이웃의 신라가 백제에게는 장차 크게 위협 요소로 될 공산이 컸음도 그 하나의 요인이었다. 북쪽의 고구려와 줄기차게 다투어야 하였던 백제로서는 뒷문의 안정적 유지가 매우 긴요한 사안이었다. 그래서 백제는 가야를 변한 시절과 마찬가지로 분립된 상태로 온존시켜 주면서 임나란 이름 아래 때로는 군사적 결속을 이루도록 유도함으로써 신라를 견제하려 한 것이었다. 개별 국가들을 분립된 상태로 둔 것은 영향력을 행사하기가 한층 편리하였기 때문이다.

하나로 통합된 왕국으로의 가야 성장은 백제에게 또 다른 위협적 요소가 될지도 모를 일이었다. 그래서 근초고왕은 과거의 변한이란 간판을 내리고 대신 백제가 '맡긴 땅'이란 의미의 임나란 단어를 창출하여 그에 대체해 가려고 한 것이었다. 백제로서는 가야 전체를 지칭할 때 굳이 임나란 표현을 사용하려 하였고 그것이 오랜 세월을 거치면서 저절로 가야를 지칭하는 용어로서 정착하기에 이른 것이라 하겠다. 백제는 임나의 여러 구성 세력 가운데 가장 유력한 대표인 대가야를 주요 파트너로 선택해 지원하였다. 이것이 대가야가 급속히 발전하는 배경이 되었다.

가라의 의미

변한으로부터 가야로 전환하면서 새로운 국명이 출현하고 또 기존 국명에서도 약간의 변화가 뒤따랐다. 이 자체가 곧 내부 변동을 반영하는 현상으로 풀이되거니와 특히 정치적·경제적 기반의 변화를 동반한 것이었다. 가령 안야가 4세기 어느 시점부터 안라로 불리기 시작한 사실에서 유추된다. 안야와 안라는 단순히 발음이나 표기상의 차이일 수도 있겠지만 경주분지의 사로(斯

盧, 또는 斯羅)가 새로운 왕조국가로 전환하면서 그에 어울리게 광역의 영역국가를 뜻하는 신라란 국명을 새로 사용하기 시작한 사실을 고려하면 단순히 그렇게만 단정할 수 없는 노릇이다. 안야가 어떤 내부적 변화를 겪은 결과로서 그에 걸맞게 안라라고 국명을 발전적으로 고친 것으로 이해할 수 있기 때문이다. 그런 측면에서 주목되는 것이 구야의 사례이다.

변한 연맹체가 해체되면서 내부 통합운동이 진행되었으나 여러 가지 사정상 결국 성공을 거두지 못하고 분립 상태로 귀결되고 말았다. 그렇지만 밑바탕에는 각국 나름의 성장과 발전이 내재되어 있었음은 분명하다. 비록 하나의 정치세력으로 통합되는 수준까지 나아가지는 못하였지만 통합 운동을 통해 내부 변화를 크게 겪은 것만은 확실하다. 앞서 언급한 것처럼 그 점이 국명의 변화에 반영되어 있다.

그 가운데 과거의 위상을 차츰 잃으면서 쇠퇴의 길을 걸어간 구야국의 경우 4세기 중엽 남가라라 불리었다. 남가라가 뒷날 가락, 금관국, 금관가야 등 여러 별칭으로 불린 사실로 미루어 구야 계통의 국호가 즉각 소멸된 것 같지는 않다. 그러나 구야국에 대신하여 남가라라는 새로운 국호가 4세기 중엽부터 등장한 것은 특별히 주목해 볼 사실이다. 왜냐하면 표기 방식은 어떻든 이후 널리 사용되기에 이른 가야, 가라가 원래 구야에 그 시원을 두고 있음에도 구야는 정작 가라가 아니라 오히려 남가라라 불리었기 때문이다. 가야가 가라가 아닌 남가라라고 불린 것은 변한이 해체되고 가야 사회로 이행해간 시기에 진행된 변동 양상을 부분적이나마 반영하는 또 다른 사례로 손꼽을 수 있다.

그렇다면 변한으로부터 가야로 이행되면서 김해의 구야는 남가라라 칭한 반면, 정작 내륙의 고령 세력이 가라라 칭한 사실은 어떻게 이해해야 할까. 이에 대해 몇 가지 가능성을 상정해볼 수 있다.

첫째, 이 기록 자체를 부정하는 경우이다. 말하자면 남가라라는 국명은 당시 사용된 것이 아니며, 뒷날의 부회라고 보는 것이다. 후대에 기록 전반이 정리되는 과정에서 고령의 가라(대가야) 입장에서 단순히 그렇게 소급해서 불리었을 뿐이므로 실제로는 전혀 역사성이 내재되어 있지 않다는 것이다. 변한 사회는 4세기 초반에도 거의 변동을 겪지 않았으며 그런 상태가 근 100년 동안 그대로 이어졌고, 김해의 구야국이 여전히 맹주로서 우세하였으므로 이런 상태를 통칭해서 전기가야라 부르려는 입장이 바로 그런 사례에 속한다.

그러다가 400년 광개토왕 병력의 남정으로 말미암아 비로소 구야국 중심의 변한, 즉 전기가야가 쇠퇴하는 대신 고령의 대가야가 점점 부상해 갔다는 것이다. 대가야의 부상 시점은 이후 상당한 세월이 흐른 뒤라고 간주하지만 여하튼 이후를 후기가야 단계로 설정해 그 이전과를 뚜렷하게 구별하려 한다. 이런 입장을 취할 때 자연 광개토왕비에 보이는 임나가라는 김해라 간주할 수밖에 없게 된다. 그래야만 내부의 논리가 크게 어긋나지 않기 때문이다. 사실 이런 입장이 받아들여지려면 고령의 대가야가 김해 대신 뒷날 공식 국명을 가라로 칭하게 된 시점이나 배경, 과정 및 이유 등을 함께 제대로 밝혀내지 않으면 안 된다. 왜의 5왕 작호나 남제(南齊)에 처음이자 마지막으로 사신을 보낸 가라국왕 하지(荷知)의 사례에서도 드러나듯이 늦어도 5세기 초부터 멸망할 때까지 고령의 대가야가 가라라 칭하였음은 틀림없는 일이기 때문이다.

둘째, 기록 그대로를 받아들여 4세기 전반 가야가 성립하면서 고령에 자리한 정치 세력이 국명을 새롭게 가라라고 칭한 반면, 남쪽의 구야국을 남가라라고 고쳐서 불렀다고 보는 경우이다. 물론 이들 각각은 원래 지니고 있던 다른 국명들도 완전히 없애버리지 않고 별명으로 갖고 있으면서 대외적으로는 그렇게 표방하였을 가능성이 크다. 이를테면 사로국이 신라란 국명을 칭하면서도 원래 이름을 그대로 갖고 있고, 또 뒷날 계림(鷄林)이란 국호도 아울러서 사용한 사례는 그런 측면을 방증해 준다. 이처럼 기록된 사실 그대로 4세기 전반에 고령의 가라와 김해의 남가라란 국명이 함께 사용되었다고 할 경우 이에 대해서는 일단 다음의 두 가지의 해석이 가능해진다.

첫째, 북쪽에 위치한 가라가 상대적으로 남쪽의 김해 세력을 흔히 그처럼 남가라라고 불렀을 가능성이다. 뒷날 금관국이 남가야라 칭하였다는 기록이 있는 것으로 미루어 구야국이 이를 그대로 받아들여 사용하였을 공산이 있다. 금관국의 후예인 김유신(金庾信) 집안에서도 뒷날 스스로 남가야 출신이라고 내세웠다. 뒤에서 언급하듯이 우륵이 정리한 가야금 12곡에 보이는 상가라도(上加羅都)와 하가라도(下加羅都) 같은 사례도 그런 점의 일단을 방증해 준다. 말하자면 가라나 남가라라는 것은 현실의 세력 관계 우열에 따른 구별이 아니라 단순히 지리적 위치에 의한 구분이라는 것이다.

이런 측면에서 본다면 당시의 정치 상황은 북의 가라와 남의 남가라를 상호 대치하는 두 개의 큰 세력으로 설정할 여지도 생겨난다. 이는 남가라가 직전 상황에 비해 약간 약화되기는 하였겠지만 아직껏 유력, 우세한 상태를 유지한 세력으로 인정받았음을 의미한다. 달리 말하면 이는 4세기 초반의 변동을 그리 크게 인식하지 않는 입장이 되겠다. 그럴 때 광개토왕비문에 보이는 임나가라는 김해일 수도, 고령일 수도 있다. 그렇다고 하여도 역시 가라는 구야로부터 비롯한 국명임이 확실한데 왜 하필 고령이 가라라고 칭하는지가 뚜렷이 밝혀져야 한다. 물론 그런 기록이 대체로 백제 계통 사서에서 보이므로 그들이 지원한 대가야의 입장이 깊숙이 스며든 것은 틀림없겠지만 이후 그런 양상이 정착되어간 점을 고려하면 단순히 사료 계통상의 문제로만 돌리기는 곤란한 측면이 엿보인다.

둘째, 기록 그대로 고령 세력은 스스로 가라라 칭한 반면, 김해 세력이 공식적·실제적으로 남가라라고 불렸던 사실에 어떤 역사성이 반영되어 있는 것으로 보는 경우이다. 이런 입장의 밑바탕에는 가라가 현실의 주축이 된 세력이며, 남가라라고 칭한 김해 세력은 그에 견주어 약화됨으로써 상대적으로 열세에 놓이게 된 것이라 추정할 수밖에 없다. 여기에는 변한 중심의 구야국이 쇠퇴하고 대신 가야 사회로 이행하면서 내부 변동과 세력 교체가 진행되었는데, 이때 고령 세력이 급부상해서 가라라고 칭하였다는 인식이 깔려 있다. 이와 같은 입장에서는 구야에서 비롯된 가라와 남가라라는 국호가 공인된 사실이 당시 현실적 세력 관계를 그대로 반영한다고 풀이된다. 원래 구야국이 단순한 읍락국가의 국호에 머물지 않고 변한의 맹주로서 오랜 기간 역할을 한 결과 그 자체가 곧 맹주를 가리키는 의미로 굳어져 갔으며, 변한의 변동기에 가장 유력한 정치세력으로 부상한 고령의 정치 세력이 스스로를 가라라 칭하면서 상대적 약세로 전락한 구야국을 남가라라고 불렀던 것으로 보인다.

이런 입장에 서게 되면 광개토왕비문의 임나가라는 저절로 고령의 대가야가 되어야 마땅하다. 400년 남정에 따른 가야사의 변동보다도 4세기 초반 낙랑 대방의 몰락으로 진행된 삼한의 변동에 한층 더 큰 무게 중심을 두고 가야 사회의 성립을 바라보려는 입장이다. 말하자면 고구려 남정론에 입각한 전·후기 가야 사회 변동론은 저절로 부정된다.

대가야의 성장

사실 4세기 초 변한 사회 해체가 한반도 전체에 걸쳐 일어난 변동과 맞물려 나온 것이라 한다면 가라란 국호는 변동기를 틈타 새로이 부상한 세력이 사용한 것도 충분히 있을 수 있는 일이다. 구야는 원래 김해를 지칭하는 것이지만 오래도록 변한의 맹주로 기능하여 온 까닭에 그 용어 자체 속에는 맹주로서 정치적 구심체를 지칭하는 특별한 의미로 굳어졌을 가능성이 내재되어 있는 것이다. 다만 김해가 남가라라고 해서 아직 기왕의 위세를 완전히 잃지 않고 대신 어느 정도의 위상을 유지해가고 있었던 측면을 반영하여 주는 것이기도 하다.

4세기 초는 단순히 명칭만의 변화에 그친 것이 아니라 정치적 변동을 함께 수반한 그야말로 격동의 시기였다. 당시의 지배체제가 그대로 이어졌다면 구야는 남가라가 아니라 당연히 가라라고 칭해야 마땅할 터였다. 그러나 실상은 그렇지를 않았다. 아마도 격심한 변동의 양상이 전개되는 가운데 새로이 정치적 성장을 도모한 세력이 있었으며, 그에 따라 중심권이 이동하는 현상도 뒤따랐다.

남가라는 고령에 무게의 중심을 둔 데서 비롯한 명칭임이 분명하지만(그런 측면에서 가라 속에는 北加羅라는 의미가 함께 깃들어 있었던 것 같다), 그들이 그렇게 국호를 새로 가라라 명명한 것은 성장·발전의 결과라고 간주하지 않으면 안 된다. 말하자면 격동기를 거치면서 고령 세력은 발전을 거듭함으로써 마침내 유력자였던 구야에 기원을 둔 가라를 자신의 새 국호로 내세울 수 있게 되었던 것이다. 이는 곧 가라가 가야 제국 통합의 적절한 중추 세력임을 내외적으로 표방한 데서 비롯한 것이라 하겠다.

고령에 자리한 정치세력이 변한 시절에 사용한 원래의 국호가 어느 것이었던가를 둘러싸고서 상당한 논란이 있었다. 과거 오래도록 『삼국지』에 보이는 미오야마(彌烏邪馬)로 봄이 통설적 견해였다. 이는 임나와 미오야마를 발음상 비슷해 서로 연결시킨 데서 도출된 견해이다. 임나는 애초에 특정한 국명이 아니며 가야 전체를 가리키는 용어로서 출발하였음이 확실한데, 현재로서는 시원이나 의미가 불분명하다. 그런데 『일본서기』에서는 임나를 '미마나'로 음독하고 있는데, 이것이 미오야마와 발음상 비슷하므로 임나란 용어도 이로부터 비롯하였다는 것이다. 결과론적이지만 고령에 자리한 정치세력이 어느 시점부터 대가야라 불릴 정도로 가야 사회에서 가장 유력한 세력으로 부상해 마치 맹주처럼 역할 하였음은 분명한 사실이다. 따라서 미오야마가 가야의 정치적 중심 세력이었고 그 자체가 한자어로 임나라고 변형되었을 것도 충분히 상정 가능하므로 쉽게 부정할 수는 없는 일이다. 그래서 고령 세력이 가라로 불리기 이전에는 미오야마였다고 하는 견해가 줄곧 통설로 통용되어 온 것이라 하겠다.

그런데 『일본서기』에서는 가라를 가리키는 또 다른 국명으로서 반파(叛跛)가 확인된다. 한때 이를 음운상으로 본피(本彼)와 상통한다고 보아 지금의 성주(星州)인 성산군(星山郡)의 영현 신안현(新安縣)이 원래 본피현(本彼縣)이었으므로 이곳으로 비정하려는 오해가 오래도록 우세하였다. 그러나 반파가 종종 고령의 대가야(가라)와 동일한 의미로 사용된 사실이 있으므로 그 일명이었음이 드러났다. 특히 6세기 초 작성된 「양직공도」에 당시의 유력한 몇몇 가야 세력과 나란히 열거된 것으로 미루어 반파는 가라를 지칭함이 거의 확실시되기에 이르렀다. 나아가 반파의 반(叛)은 곧 변한의 일국인 반로국(牟路國)의 반과 음이 상통하므로 반파는 곧 반로로부터 기원한 것이라고 추리하는 견해가 제기되었다. 이처럼 근자에 반파가 곧 가라라는 입론에 입각해 변한의 반로국을 그 모태로 보는 견해가 매우 유력해진 상태이다.

그러나 반로의 '반(牟)'과 반파의 '반(叛)'이 오늘날의 발음으로 동일하다는 것 외에는 달리 입증할 만한 아무런 근거가 없다. 그러므로 반로국이 곧 반파로서 가라의 전신이라고 쉽게 결론을 짓는 데에는 각별히 신중함이 요구된다. 특히 왜 가라가 6세기 초 혹은 멸망에 이르기까지 그 이전 사용하던 국명인 반파국을 사용하게 되었는지도 아울러서 검토되어 마땅한 대상이다. 반파의 용례를 점검하면 유독 6세기 전반 백제와 대가야 사이에 긴장 관계가 조성되던 때에 한정해서 그렇게 불리었음이 확인된다. 달리 말하면 백제가 당시 대가야의 정식 국호인 가라(혹은 대가야)라 부르지 않고 부정적 시각과 입장에서 반파라고 하였음은 특별히 주목해 볼 만하다. 그 점은 반파의 '반(叛)'이나 '파(跛)'란 단어에 내재된 의미가 매우 부정적인 사실과도 일맥상통한다. 여하튼 이는 반파의 유래를 생각하는 데 참고로 삼아야 할 대상이다.

어느 쪽을 취하더라도 대가야로 성장 발전하기 이전 그 모태가 된 정치세력이 이미 변한 단계에 존재한 것만은 분명한 사실이다. 4세기 초의 격동기를 틈타 발전을 거듭함으로써 마침내 가라라는 국명을 가질 수가 있게 되었다. 이로써 대가야 중심의 가야 사회가 전개될 발판이 마련된 것이었다.

3

고구려의 남정과
그 영향

신라의 공세와 대가야의 대응

백제는 369년 낙동강과 영산강 유역으로의 진출에 성공하고 그 여세를 몰아 371년에는 고구려가 남하 정책을 추진하는 거점 도시인 평양으로 올라가 고국원왕(故國原王)을 죽이기까지 하는 등 승승장구하는 형세였다. 백제는 이 무렵 가야를 내세워 신라를 견제함과 동시에 우호관계도 맺으려 하였지만 대체로 소강의 국면이었다.

신라는 그런 기회를 엿보면서 백제를 뒤로 하고 오히려 고구려에 적극 접근하는 자세를 취하였다. 그런 가운데 특히 주목되는 것은 신라가 377년과 382년 두 차례에 걸쳐 전진(前秦)에 사신을 파견해 동아시아 국제무대에 이름을 정식으로 올린 사건이었다. 두 차례 모두 신라 단독의 힘으로 이룬 것이 아니라 고구려의 안내를 받은 것이었다. 당시 신라는 겉으로 백제와 우호관계를 유지하면서도 다른 한편 고구려를 선진문물 입수의 창구로 선택해 의존하려는 이중적 입장을 취하고 있었다. 신라가 언제부터 고구려에 접근한 것인지는 잘 알 수가 없으나 경주 월성로에서 출토된 녹유호(綠釉壺)나 금제의 용기(容器) 등 고고자료로 미루어 낙랑과 대방이 멸망한 뒤 그리 멀지 않은 4세기 전반 무렵부터였을 것으로 추정된다.

그런데 두 차례에 걸친 전진에의 사신 파견 가운데 특히 주목되는 점은 382년의 일이다. 이때에는 매우 드물게도 신라 사신으로서 위두(衛頭)란 인물이 등장한다. 위두가 전진에 나아가 국왕인 부견(符堅)과 주고받은 대화의 내용이 단편적 형태로나마 기록으로 남아 당시의 일단을 엿보게 한다.

부견이 위두에게 신라의 사정이 옛날과 같지 않다는데, 어떤 일이 벌어졌는지를 물었다. 이에 대해 위두는 중국에서 시대 변혁이 있어 명호(名號)를 고치고 바꾸는 것과 마찬가지로 신라라고 어찌 다를 수가 있겠느냐고 답변하였다. 이는 달리 말하면 신라도 당시 각종의 이름을 고치고 바꾸는 변혁을 겪고 있음을 내비친 것으로 풀이된다. 신라도 상당한 변동을 경험하던 중이었다. 변동의 구체적 내용은 기록이 없어 명확하게 드러나지는 않으나 마립간(麻立干)과 같은 왕호나 신라라는 새로운 국호 사용 등의 사례를 들 수 있다. 여하튼 신라는 시대 변혁의 추세에 편승해 기왕과는 다른 변신을 도모해 가고 있었던 길이었다. 그 여세를 몰아 바로 옆에서 경쟁하던 상대인 가야에 대한 공세에 나섰다. 가야 여러 세력 가운데 가장 유력하게 부상하던 대가야가 공격의 중심 표적이었다.

『일본서기』 신공기 62년조에는 382년 신라가 가라의 공략에 나서 성공을 거둔 기사가 실려 있다. 관련 내용이 『삼국사기』에는 전혀 보이지 않아 신뢰성에는 일정한 한계가 뒤따르겠지만 백제 계통 역사서인 「백제기」로부터 인용된 기사라는 점에서 어느 정도의 사실성은 인정하여도 좋을 듯 싶다. 이 사건이 일어난 시점은 위두가 전진에 파견된 바로 그 해이므로 그와 같은 변혁의 일단을 반영해주고 있는 셈이다. 이때 신라가 공략한 가라가 곧 고령의 대가야였음은 물론이다. 신라의 공격을 받은 가라국왕 기본한기(己本旱岐)는 여러 아들 및 자매 등 왕족과 인민들을 데리고 백제로 피난하였다. 백제는 대가야의 난민들을 맞아들여 후하게 대접해 주었다고 한다. 이는 당시 백제가 대가야를 정치적으로 후원하던 실상을 입증하는 명백한 사례이다. 백제에서는 동시에 목라근자를 파견해 구원함으로써 마침내 그 사직을 복원시켜 주었다고 한다. 「광개토왕비」에 보이듯 399년 백제의 시주를 받은 가야가 왜와 함께 신라 공략에 나서는 배경은 이런 데에 있었다.

위의 기사로 보면 대가야는 중심지가 일시 신라에 의해 함락당하는 등 거의 멸망 상태를 경험하였다가 백제의 도움을 받아 힘들게 나라를 되찾을 수 있었다. 잠깐 사이였지만 대가야는 절체절명의 위기를 맞았던 셈이다. 이로써 대가야의 백제에 대한 의존도는 기왕보다 한결 더 높아질 수밖에 없었다. 거꾸로 대가야에 대한 백제의 정치적 영향력은 한층 더 강화되어 갔다. 이후 두 나라 관계의 향방에 대해서는 구체적으로 사실이 드러나지 않으나 대가야는 신라의 적극적 공세를 막아내기 위하여 백제의 군사적 도움을 배경으로 내부의 단결을 도모해 갔으리라 추정된다.

그런 양상은 「광개토왕비」에 보이듯이 고구려 병력의 낙동강 유역 진출을 불러온 사건에 대가야(임나가라)가 왜와 함께 참여한 점으로부터 미루어 짐작되는 사실이다. 이는 백제의 사주를 받은 대가야 중심의 임나 즉 가야 제 세력이 왜와 함께 신라의 공략에 나서서 일시적이나마 그 왕도를 함락시키는 등 크게 성공을 거둔 사건을 말한다. 백제가 대가야 등 여러 가야 세력과 밀접한 관계를 맺고 있었음을 보여 주는 대목이다.

신라는 가야, 특히 그 정치적 중심 세력이었던 대가야의 공략에 나섰다가 잠시 성공을 거두기는 하였으나 즉각 백제의 반격을 받아 성과는 일체 무위로 돌아가고 말았다. 이후 백제와 가야의 연합세력에게 밀리게 되자 세가 불리함을 느낀 신라는 그에 맞서기 위해 고구려에 더욱 밀착해 갔다. 두 연합세력을 직접 대상으로 대결해서는 승산이 거의 없다고 판단하였기 때문이다. 게다가 만일 왜가 거기에 적극적으로 가담한다면 신라로서는 감당해야 할 부담이 더욱 더 커질 수밖에 없었다.

바로 이 무렵 고구려로부터 젊고 야심찬 광개토왕이 즉위하였다는 소식이 알려졌다. 이에 신라의 나물왕은 이찬 대서지(大西知)의 아들 실성(實聖)을 고구려에 볼모로 보냄으로써 축하의 뜻을 표하였다. 나물왕은 대외적 위기를 벗어나기 위한 방편으로서 고구려와 긴밀한 우호 관계의 필요성을 명분으로 내세웠을 터이지만 사실상 내부의 정치적 적대세력을 약화시키려는 의도도 밑바탕에 깔려 있었다. 나물왕은 일거양득의 효과를 노린 셈이었다. 이로써 신라와 고구려를 한편으로 하고, 백제와 가야(임나) 및 왜를 다른 한편으로 하는 두 개의 대치 전선이 형성되었다. 당시의 추세로 미루어 머지않은 장래에 두 세력이 한바탕 대결전을 벌일 듯한 긴장감이 크게 감도는 형세였다.

『삼국사기』에 의하면 나물마립간 38년(393년이지만 「광개토왕비」의 편년을 기준으로 삼으면 392년일 수도 있음) 왜가 신라의 왕도 금성을 공격해 에워싸는 사건을 일으켰다. 신라는 성을 굳게 지켰다가 물러나는 왜병을 쫓기는 하였지만 이는 앞으로도 왜의 공세가 계속되리라는 신호탄과도 같았다. 「광개토왕비」에 따르면 고구려는 396년 국왕이 몸소 병력을 거느리고 백제 공략에 나섰다. 고구려가 백제의 북쪽 변경의 수십 성을 공취하고 마침내 아리수(한강)를 건너 그 왕성을 압박하자 아신왕(阿莘王)은 노예 1천, 세포(細布) 1천 필을 전쟁

보상금으로 내어놓고 항복을 요청하였다. 아신왕이 이후 고구려에 영원히 복종하는 노객(奴客)이 되겠다고 맹세함으로써 화의가 성립하였다. 광개토왕은 전리품과 함께 아신왕의 동생과 대신 10인을 포로로 데리고 귀환하였다.

위의 사례에서 드러나듯이 한강 유역을 중심으로 해서는 백제와 고구려가, 낙동강 유역권에서는 신라와 가야가 대치하여 치열하게 싸움을 벌이는 형국이었다. 당시 가야 여러 세력의 처세와 동향은 기록상 뚜렷이 드러나지 않지만 이후 전개된 추이로 미루어 왜와 함께 신라를 압박하는 쪽에 가담하였을 것 같다. 한반도 전역에 걸쳐 전운이 감돌고 점차 전선이 확장되어가면서 마침내 전면전(全面戰)으로 비화해갈 분위기가 크게 무르익어갔다.

고구려의 남정과 그 영향

백제는 일단 화평관계가 성립되자 오히려 더 적극적으로 왜를 끌어들여 고구려에 저항하려는 자세를 취하였다. 광개토왕은 이에 대응하기 위하여 399년 직접 병력을 이끌고 평양성까지 내려와 주둔하고 있었다. 바로 그때 신라의 나물왕(奈勿王)이 사신을 고구려에 보내어 왜가 국경을 넘어서 파상적 공세를 취하고 있으니 도와달라는 요청을 하였다. 이후의 전개로 보아 이때 신라를 공격한 것은 왜 단독이 아닌 가야와의 연합 병력이었다.

광개토왕은 백제의 움직임을 살피면서 전열을 정비한 뒤 신라의 요청에 부응해 400년 병력 5만을 낙동강 전선으로 투입하였다. 그 사이 신라의 왕성은 가야와 왜병에 의해 함락되고 나물왕은 북쪽 고구려와의 국경선 부근까지 피난하는 등 위기 국면을 맞았다. 그런데 고구려와 신라 연합 병력의 역습을 받게 되자 가야와 왜병은 일시 장악한 성들을 포기하고 급격히 퇴각하였다.

고구려와 신라의 연합 병력은 퇴각하는 가야와 왜병을 뒤쫓아 '임나가라(任那加羅)의 종발성(從拔城)'에 이르러 성을 강하게 압박하자 곧바로 항복하였다. 고구려는 대패한 가야와 왜병이 물러난 곳곳의 요충지에다 신라의 병력을 배치해 방어 태세를 강화함으로써 싸움이 거의 일단락되기에 이르렀다.

당시의 싸움을 둘러싸고 백제나 가야의 동향이 비문상에 구체적으로 드러나 있지가 않다. 왜가 신라를 공격하고 거기에 고구려가 신라의 구원 요청으로 참전하였다는 것이 싸움의 전말이다. 그러나 399년 광개토왕이 백제가 왜와 화통하였다는 첩보를 입수하고서 평양까지 내려온 점, 퇴각하던 왜병이 임나가라의 경역으로 들어간 점 등으로 미루어 볼 때 신라와 왜병만의 싸움이라고 단정하기는 어렵다. 그 배후에는 백제가 기본적으로 작용하고 있었으며 임나의 측면 지원이 있었기에 가능한 일이었다. 비문은 광개토왕의 훈적을 현창하기 위하여 작성된 것인 만큼 주된 대상으로 신라와 왜의 관계를 설정하였을 따름이다. 따라서 백제와 임나의 활동이나 역할을 구체적으로 기재할 필요까지 없었기 때문에 비문에는 그런 실상이 구체적으로 드러나지가 않는 것이다.

이상과 같은 측면에서 보면 고구려의 남정을 유발한 싸움의 주축은 사실상 고구려와 백제였다고 봄이 적절하다. 고구려와 백제를 기본 축으로 해서 대립·대결하던 양대 진영이 신라와 가야·왜의 싸움이란 국지전(局地戰)의 형태로 표출된 것일 뿐이며, 그 배후에는 역시 두 강대국의 영향력이 작동하고 있었던 것이다. 사실 줄곧 신라에 대한 견제를 바랐던 백제로부터의 사주를 받아서 왜병이 출병하고, 거기에 역시 임나, 혹은 그 가운데 핵심인 (임나)가라가 직접 참전하는 형태로 전쟁은 전면전 수준으로 진행되었다. 가라가 수행한 역할이 구체적으로 드러나지는 않으나 퇴각의 방향이 임나가라였던 것은 그곳의 병력이 가담하였기 때문이었음을 뜻한다.

사실 고구려의 남정과 관련해서 크게 관심을 끌어온 문제는 가야 사회가 이 싸움으로부터 입었던 피해 양상과 영향의 정도이다. 왜병만이 신라 공격의 주역인 듯이 기술된 까닭에 가야의 활동상이나 역할은 잘 드러나지가 않는다. 그럼에도 일반적으로 가야가 유난히 엄청난 피해를 입었으리라 추측되고 있다. 이를 크게 강조한 바탕 위에 한걸음 더 나아가 그때까지 가야 사회를 주도해 왔던 금관국이 쇠락한 것으로 간주하였다. 이로 말미암아 소위 금관국 중심의 전기가야가 붕괴되고 이후 대가야가 대신 주도하는 새로운 후기가야로 이행하게 되었다는 주장까지 제기되어 있다. 그렇지만 비문 자료에 근거하는 한 그와 같은 이해는 정당하다고 보기 어렵다. 왜냐하면 가야와 관련하여서는 겨우 '급히 추격하여 임나가라 종발성에 이르자 성이 곧장 항복하였다[急追至任那加羅從拔城城卽歸服]'는 구절만이 보일 뿐 가야가 입었던 구체적 피해 양상은 비문 상에서 거의 확인되지 않기 때문이다.

사실 위의 구절은 명확하게 해석하기 힘든 측면이 엿보인다. 그것은 '종발성'에 대한 이해 때문이다. 만일 '종발성'을 위에서처럼 하나의 성 이름으로 본다면 비교적 문제는 간단하다. 고구려와 신라의 연합 병력이 왜(사실상 가야와의 연합)병을 추격해 임나가라의 종발성에 이르니, 성이 곧바로 귀복(항복)한 결과로 된다. 대다수의 연구자들은 이와 같은 해석을 받아들이는 입장이다. 이는 단지 임나가라 가운데 최전선의 한 성만이 고구려와 신라 연합 병력에 항복한 것으로 귀결될 따름이다.

그런데 문제는 그렇게 해석하면서도 남정에 따른 가야가 엄청난 타격을 입고서 이를 기점으로 해서 흔히 전기가야로부터 후기가야로 이행한다고 풀이하는 데에 있다. 이 기사를 근거로 너무 지나치게 과도한 해석을 가하고 있는 셈이다. 종발성의 현재 위치를 어디로 비정하든 상관없이 하나의 성만이 항복한 셈이므로 그렇게 이해하기는 어렵다.

다음은 '종발성'의 성을 단순히 하나의 성명(城名)으로 보지 않고 임나가라 소속의 여러 성으로 간주하고 나아가 '종발' 자체를 '따라서 여러 성을 공략하였다'와 같은 형식으로 해석하는 경우이다. 이는 한문의 독법상 약간 순조롭지 못한 구석이 엿보이지만 비문 전반에 그처럼 매끄럽지 못한 요소들이 여럿 있음을 고려한다면 전혀 성립 불가능한 해석은 아니다. 그렇게 본다면 다시 이때의 성들이 과연 어느 방면을 가리키는가가 문제로 되겠다.

사실 그런 측면에서 뒤이어지는 '안라인수병(安羅人戍兵)'의 내용도 중요한 의미를 갖는다. 애초에 이를 '안라인'과 '수병'으로 보면서 안라를 함안에 위치한 아라가야로 비정함이 일반적이었다. '안라의 수비병'으로 풀이하였다. 안라가 가야의 유력한 세력 가운데 하나였으므로 충분히 그럴 가능성도 엿보인다. 그렇지만 똑같은 구절이 비문 중 3곳에 걸쳐서 보이는 점, 그렇게 이해하면 해석상 불합리한 몇몇 측면이 드러날 뿐 아니라 광개토왕의 훈적으로 기술하는 데에 부적절하다는 점 등으로 말미암아 강력한 비판이 제기되었다.

그에 대한 대안으로서 나온 것이 '안'을 '안치하다'는 뜻의 동사로 풀이하면서 '라인수병', 즉 '신라의 수병'으로 해석하는 새로운 주장이다. 그래서 '신라인 수병을 확보한 요충지에 배치시켰다'는 뜻으로 풀이하였다. 안라가 비문에서 갑작스레 나타나는 점, 신라의 영역에서 벌어졌음에도 그 활동상이 전혀 보이지 않는다는 점, 3곳에 걸쳐서 동일한 구절이 반복된다는 점 등을 고려하면 일견 타당한 견해로 여겨진다.

고구려와 신라 연합 병력의 활약으로 잠시 빼앗겼던 영토를 탈환하고 나아가 임나가라의 영역에 속하였던 몇몇 성들까지 확보함으로써 적어도 세 방면을 대상으로 신라의 수병들을 배치해서 지키게 하였다는 뜻으로 이해된다. 그렇게 보면 가야 가운데 영향을 가장 크게 입은 곳은 임나가라였다고 할 수 있다.

고구려의 5만 병력이 낙동강을 건너 이서 지역으로까지 나아갔다는 어떤 흔적도 비문에서는 확인되지 않는다. 고구려 병력이 그런 활약을 실제로 감행하였다면 광개토왕의 훈적(勳績)을 내세우기 위함이 비문 작성 목적의 하나였으므로 그런 내용이 구체적으로 명기되지 않았을 리 만무하다. 그러나 그렇지 않다는 것은 곧 대(對)가야 작전이 '...급추지임나가라종발성성즉귀복'하였다는 정도로 마무리되었고, 확보한 성을 대상으로 신라의 수병들로 하여금 지키도록 했다고 이해하는 편이 가장 순조로울 듯 싶다.

이렇게 보더라도 금관국이 결정적 타격을 입었다는 증거는 어디에도 없다. 설사 임나가라를 금관국이라 간주하더라도 낙동강의 동쪽에 위치한 영역의 일부만 상실하였을 뿐 이서 지역의 영역은 온존된 상태였으므로 광개토왕의 남정이 곧 금관국 쇠퇴의 직접적 요인이라고 단정하는 것은 너무 지나친 판단이다. 게다가 임나가라는 가라, 즉 대가야일 가능성이 크다. 백제 계통의 사서를 근거로 일본의 입장에서 정리한 『일본서기』에 임나가 설사 금관국을 지칭하는 경우가 있다고 하더라도 그것은 일본을 주체로 삼은 임나일본부설을 만들어내기 위한 의도에서 조작해낸 것일 따름이다. 일반적 통설에 따라 가라가 대가야를 지칭한다면 「광개토왕비」에 보이는 임나가라도 역시 대가야로 봄이 가장 순조로운 이해라 하겠다. 가라 혹은 임나가라가 실제로 김해의 금관국으로 되면서 동시에 고령의 대가야로 되는 경우는 없다. 금관국은 어디까지나 남가라였을 따름이기 때문이다.

그런 측면에서 고구려의 남정으로 가장 크게 타격을 입은 것은 금관국이 아니라 차라리 고령의 가라 즉 대가야였다고 봄이 순조롭다. 이는 전·후기 가야를 구분하는 기점으로서 400년의 남정이 설정될 수 없음을 뜻하는 사실이다. 이제 고구려의 남정 문제는 다른 관점에서 새롭게 음미해 볼 필요가 있다.

남정론의 허실(虛實)

신라는 고구려의 남정에 따른 구원 덕분으로 절체절명의 위기를 간신히 넘기게 되었다. 신라 공격의 주력으로서는 비문상 오직 왜병만이 확인될 뿐이다. 왜는 얼마 뒤인 404년에도 백제의 도움을 받아 황해도 일대인 대방계(帶方界)에까지 진출하였다가 고구려의 반격을 받아서 궤멸 당하였다. 이때에도 역시 왜병만이 작전에 참여한 것처럼 묘사되어 있다.

하지만 백제를 제외한 상태에서 왜 단독으로 진행한 작전이 아니었음은 분명하다. 비문의 영락(永樂) 9년(399)조 첫머리에 '백제가 맹서를 어기고 왜와 화통하였다[百殘違誓與倭和通]'고 한 표현은 왜의 활동이 백제의 지원을 대전제로 추진되었음을 의미한다. 이는 비문 작성의 필법(筆法)이 어떠하였는지를 잘 보여 준다. 그런 측면에서 신라 공격 작전에도 왜병만이 기록되었을 뿐이지만 가야가 참전한 것도 분명한 사실이라 하겠다. 왜와 함께 신라 공략 작전에 동참하였다면 가야도 일정 부분 피해를 입었던 것은 분명한 일이겠다.

전반적 정황으로 보아 고구려가 왜에 대해 자신들의 천하질서를 어그러트릴 정도의 실력을 갖춘 상당한 세력이라는 입장에 서있음은 부정할 수 없는 사실이다. 그래서 백제가 천하질서의 바깥에 위치한 왜를 끌어들였다고 인식한 것 같다. 그런 추정을 뒷받침해 주는 것이 이른바 신묘년(辛卯年) 기사이다.

두루 알다시피 비문의 신묘년조는 광개토왕비 발견 이후 지금껏 가장 집중적인 관심을 받아온 핵심적 기사이다. 오래도록 논란되어 왔지만 아직 널리 합의된 견해가 도출된 상태는 아니다. 다만, 기재 방식이 여타 다른 기년이 있는 기사와는 다르게 광개토왕의 훈적을 강조해서 내세우기 위한 명분용으로 앞에다가 제시한 것으로 봄은 거의 합치된 견해이다. 그래서 이를 다른 기년 기사와 구별해 흔히 전치문(前置文), 혹은 전제문(前提文)이라고 부른다.

이 기사에 담긴 내용의 사실성 여부를 떠나 일단 고구려에게는 왜가 바다를 건너온 상당한 규모의 세력으로 각인되었음이 드러난다. 왜에 대해 고구려로서는 늘 접촉하면서 싸우거나 혹은 관계를 맺어온 대상인 백제나 신라와는 차이가 나는 존재라 인식하고 있었던 것이다. 말하자면 왜는 고구려가 설정해 놓은 현실의 천하관 속에는 들어 있지 않았으며 그 바깥 별도의 세계에 존재하였으므로 백제나 신라와는 성격을 전혀 달리하는 미지의 세력이라 인식되었던 것이다. 그와 같은 입장에 서서 399년 신라 공격을 주도한 세력을 실상과는 다르게 왜 단독인 듯이 설정하였다. 그런 인식 아래 서술된 비문에서는 백제의 사주를 받는 왜의 동맹 세력인 가야가 들어설 자리가 없었다.

가야의 경우 왜와 연합해 신라 공격에 나섰으나 그 활약상이 비문에서는 전혀 드러나지 있지 않다. 단지 퇴각하던 왜가 임나가라의 경역으로 들어갔다는 내용만 어렴풋하게 기술되었을 따름이다. 그처럼 가야의 활동 모습이 비문상 드러나지 않는 것은 고구려가 가야에 대해 어떻게 인식하고 있었는지를 여실히 보여준다. 비문에서 백제는 고구려의 천하질서에 반발하는 가장 적대적 세력, 혹은 그들의 대표 세력인 반면, 신라는 자신의 천하관에 무조건 복종하고 순순히 따르는 우호세력으로서 설정되어 있다. 이는 당시 고구려가 갖고 있던 기본적 국제관(國際觀)의 일단을 뚜렷이 보여 준다.

한편, 가야에 대한 인식이 어떠하였던가를 알게 하는 내용은 전혀 보이지가 않는다. 고구려가 가야를 어떻게 생각하였던가는 비문상 전혀 표출되어 있지가 않은 것이다. 이로 말미암아 400년 왜와의 사이에 벌어진 공방전에서도 가야가 보이지 않게 되었다. 고구려의 눈에는 가야가 완전한 독자 세력이라기보다는 배후 세력에 의해 움직이는 수동적 존재로서 비쳐졌다. 말하자면 가야, 즉 임나가라는 사전에 고구려와 직접 접촉한 경험이 전혀 없는 대상이었다. 그런 의미에서 가야는 백제나 신라와는 대등한 관계로 설정되어 있지가 않다. 아마 백제, 혹은 왜와 깊이 밀착된 존재로서 여겨졌을 것이다. 사실상 왜와 가야 양자는 모두 백제에 의해 움직이는 존재였으나 비문에서는 왜가 백제와 대등하게 화통하는 존재로서, 가야는 그와는 성격을 달리하는 존재로서 설정된 것이었다.

왜와 가야를 추격하던 고구려와 신라 연합군은 낙동강을 건너지는 않았다. 왜 도망가는 왜병을 끝까지 추격하지 않고 도중에 중단한 것인지 잘 알 수 없다. 왜의 축출과 신라 영토의 재탈환이라는 애초 설정한 목표를 충분히 이루었기 때문인지, 아니면 이제 내부의 정리를 시급히 추진하지 않으면 안 될 긴급한 사안이 발생한 탓인지, 혹은 백제의 움직임이 심상찮았거나 왜와 가야가 재차 반격할 기미가 포착되었기 때문인지 알 도리가 없다. 그렇지 않다면 혹여 북방에서 후연(後燕)의 몰락과 북연(北燕)의 발흥이라는 정치적 변동이 고구려 내부에 직접적인 영향을 미쳤을 것인지 등 여러모로 상정해 볼 여지는 충분하지만 실상 여하는 잘라 말하기 어려운 형편이다. 어쩌면 고구려와 신라의 내부 문제가 깊숙이 작용하였을지도 모른다.

고구려의 남정으로 신라는 기사회생하게 되었지만 이 싸움에서 일어난 가장 큰 변화는 역시 낙동강의 기능이 현저히 달라진 데서 찾을 수 있다. 3~4세기 삼한 사회에서의 낙동강은 물류의 흐름을 가름하는 수로(水路)로서의 기능이 핵심이었다. 해안과 내륙의 문물이 상호 소통하는 기간(基幹) 통로였다. 그 까닭으로 구야국이 바로 강의 입구라는 요지에 자리해 그를 적극 활용함으로써 변한의 가장 유력한 세력으로서 한때 최고 번성을 구가할 수 있었다. 비록 4세기 초 낙랑과 대방의 몰락, 고구려의 남하, 그리고 철에 대신하는 금은이란 새로운 재화의 등장 등 여러 요인으로 말미암아 교역 및 교류체계 전반에 걸쳐서 변동이 일어나 낙동강의 기능은 전례 없이 축소되기는 하였으나 그렇다고 수로로서의 기능까지 아직 완전히 해소된 상태는 아니었다. 그리 활발하지는 않았으나 가동되고는 있었다.

그런데 고구려의 남정 이후 신라가 잠시 잃었던 영토를 되찾아가면서 낙동강 동안의 임나가라 기존 경역 일부까지 장악하게 되었다. 앞서 언급한 '임나가라종발성성즉귀복'이란 기사는 그런 실상을 반영한다. 이때의 성이 가리키는 위치가 명확하지 않지만 고구려와 신라의 연합 병력이 끝내 강을 건너지 않았던 사실을 참작하면 낙동강 이동에 있던 임나가라 혹은 임나의 권역에 속한 지역으로 추정된다. 말하자면 낙동강 이동에도 아직 가야권(임나권)에 소속한 세력이 존재하였는데, 그것이 이제 신라 영역으로 완전히 편입된 것이라 하겠다. 낙동강은 그 직전까지 국경선 기능을 전면적으로 하고 있었던 것은 아니었다.

그렇지만 이제는 사정이 현저히 달라졌다. 물류가 이동하는 수로로서의 기능은 거의 없어졌고 대신 가야와 신라 두 정치권을 확연히 나누는 국경선으로서만 기능하게 된 것이었다. 신라도 내부 안정을 어느 정도 갖추게 되자 가야 혹은 그와 결탁한 왜의 재침에 대비한다는 명분으로 낙동강 방면의 수비를 한층 강화함으로써 수로 교통을 철저히 통제하는 등의 정책을 취하였을 공산이 크다. 그것이 가야를 제대로 압박해갈 수 있는 길의 하나였기 때문이다.

이로 말미암아 수로로서의 낙동강 기능은 거의 마비된 상태나 다름없게 되었다. 그 결과 쇠퇴 일로를 걷던 하구의 금관국은 더 이상 유력한 가야로서 재부상할 기회를 영영 놓치고 말았다. 5세기 이후 가야권의 다른 지역에서는 대부분 엄청난 유물을 부장한 고총고분이 다량으로 축조된 반면 금관국만은 극히 예외적이라 해도 좋을 정도로 외형적 규모를 갖춘 고분을 영조하지 못하였음은 그를 뚜렷이 증명해 준다.

고구려의 남정으로 말미암아 금관국의 중심 세력이 자체 기반을 잃고 내륙으로 이동해 새로운 여러 정치체의 주체로서 부상하였다고 주장하는 독특한 견해가 제기되어 있다. 이를테면 이때를 안라와 다라 심지어는 대가야가 건국하게 되는 계기로까지 상정되었다. 사실 이런 견해의 밑바탕에는 왜와 함께 신라를 공격하는 데 주도적 역할을 담당한 가야 세력이 금관국으로서, 당시까지 그들이 당연히 가야의 맹주라는 인식이 짙게 깔려 있다.

그러나 앞서 언급한 것처럼 금관국은 3세기 말부터 일기 시작한 변화의 물결을 제대로 타지 못한 탓에 줄곧 쇠퇴의 길을 걸어갔으며 이후 재기의 기회를 갖지 못하였다. 그런 측면에서 쇠퇴해가던 금관국의 잔여 세력이 다른 곳으로 이동해 부활했다는 주장은 설득력을 지니기 어렵다.

더구나 바깥으로부터 가해진 압박에 밀려 쫓기던 세력으로서는 더 말할 나위가 없는 일이다. 낙동강 입구이며 바닷가라는 지리적 이점을 활용해 해상활동을 생업의 주요 기반으로 삼은 정치세력이 농업경제 중심의 내륙으로 들어갔다는 것도 이상스럽기 그지없는 추정이다. 게다가 다른 내륙 지역도 당시 무주공산이 아니라 곳곳에서 이미 유력한 정치세력이 성장하던 도중이어서 이 무렵에는 빈 공간은 거의 남아 있지 않은 상태였다. 강대한 세력에 쫓긴 잔병들이 내륙 깊숙이 들어가 자리 잡을 여지는 전혀 없었다. 그러므로 그와 같은 해석은 지나치게 상식을 벗어난 억측에 불과할 따름이다.

뒷날 금관국은 신라의 파상적 공세를 받게 되자 532년 자진의 형식으로 항복하였다. 그 후예들은 당해 지역을 식읍(食邑)으로 지급받아 이후 정치력 행사의 배후지로서 활용하였다. 그들이 신라 진골귀족으로 편입되어 중앙정부에서 두드러진 활약상을 보이는데, 경제적·정치적 기반은 바로 이런 상태의 본거지에 두고 있었다. 이는 금관국 세력들이 광개토왕의 남정 이후에도 다른 곳으로 이동하지 않고 거기에 그대로 머물러 있었음을 방증하는 사실이다.

여하튼 금관국은 비록 4세기 이후 멸망할 때까지 줄곧 약체로 전락하는 길을 걸어갔다. 김해 일대를 중심으로 해서 그 정치적 기반과 실체를 줄곧 유지하고 있었음은 결코 부정할 수 없는 사실이다. 따라서 남정으로 인해 금관국의 주축 세력이 다른 곳으로 이동하였다거나 그것이 가야 사회가 크게 전기와 후기로 나뉘는 계기나 기점이었다고 설정하는 주장은 어디까지나 사실 아닌 상상에 기반한 억측일 따름이다.

V

가야의 발전과 멸망

가야사 새로 읽기

1

대가야의
발전

위기 상황과 극복

신라를 구원해주기 위한 고구려 병력의 남정으로 가야 여러 세력은 적지 않은 타격을 입음은 분명하다. 그 가운데 신라를 공격하는 데에 적극 가담한 세력일수록 참패로 인한 직접적인 피해는 그만큼 더 컸을 것이다. 그렇지만 한층 더 큰 문제는 수로 교통의 대동맥으로서 낙동강이 가졌던 본래적 기능이 완전히 막혀버린 데에 있었다. 오래도록 낙동강은 내륙과 해안, 내륙과 내륙의 가야 각국 사이를 연결해준 기본 생명선이었다. 이제 그것이 국경선으로 기능이 바뀜으로써 가야 사회의 기본 판도까지 전면 재편해야 할 상황에 직면하게 되었다. 줄곧 쇠퇴의 길을 걸어온 낙동강 입구의 금관국은 물론 당연한 일이었지만 한창 성장해가던 내륙의 가야 세력도 당장 생존을 위해 새로운 방안을 모색하지 않으면 안 되었다.

낙동강의 차단으로부터 가야 여러 세력이 입은 피해의 수준은 한결 같지가 않았다. 지리적 위치나 당면한 현실 상황 및 형편에 따라 차이가 났다. 이를테면 안라의 경우 이미 변한 시절부터 내륙에 있으면서도 해안에 가까워 낙동강 수로에만 전적으로 의존한 세력이 아니었다. 그래서 구야국과 거의 대등한 수준에서 우위권을 놓고 치열하게 경쟁할 수 있었다. 낙동강이 완전히 차단당하여도 남해안과 직접 연결하는 통로를 확대하면 그만인 입장이었다. 낙동강에 대한 의존도가 상대적으로 낮아 비교적 쉽게 충격을 벗어날 수 있었다.

반면 동일한 가야권이라 하더라도 낙동강 수로를 주된 생명선으로 삼은 세력은 영향을 크게 받았을 것으로 추측된다. 낙동강에 대한 의존도가 크면 클수록 그만큼 입었던 피해도 컸을 터이기 때문이다. 이제 선진문물의 입수 통로는 물론이려니와 특히 소금과 해산물을 비롯한 일반 생필품을 안정적으로 공급받을 수 없는 처지가 되었다. 이들은 각자 새로운 활로를 적극 찾아나서지 않으면 안 되었다. 임나라는 이름 아래 정치적 결속을 한층 더 강화하려 한다거나 당면한 경제적 위기 상황을 벗어나기 위해 다각도의 노력을 기울였으리라 추측된다.

그런 상황에서 아무래도 해안으로부터 가장 멀리 떨어진 내륙에 위치하여 상당히 불리한 입장에 놓인 것은 대가야였으리라 여겨진다. 그러나 이후 진행된 추이로 미루어 그처럼 불리한 환경이 오히려 거꾸로 새로운 기회가 되었던 것 같다. 대가야가 생존을 위해 자체 변신과 함께 대외 진출에 한층 더 적극성을 발휘한 것도 그 때문이었다. 말하자면 낙동강의 차단이란 일대사건이 대가야에게는 도리어 전화위복의 계기였다.

대가야는 철기 문화 및 그를 다루는 기술을 보유하게 되면서 질과 양에서 우수한 철광산인 야로(冶爐)를 배경으로 급성장할 수 있었다. 게다가 백제의

남원시 주전면 고기리에서 발견된 야외 제철 유적

진출과 후원을 배경으로 그런 능력을 한껏 발휘함으로써 급속이 발전해갔다. 그러던 도중에 고구려의 남정으로 피해를 입었고 또 그 후과로서 낙동강의 차단이란 최대의 난관에 부닥치게 되었다. 내륙에 위치한 불리함을 극복하려는 다각도의 활로 모색이 거꾸로 발전의 새로운 동력으로 작용한 셈이 되었다. 기존 대가야의 성장이 양질의 철산 보유처럼 자연이 가져다준 혜택 덕분이라면 5세기 이후의 발전은 차라리 낙동강의 차단이라는 시련이 가져다 준 혜택이었다. 당면한 위기 상황을 적극적 자세로 대처한 결과라고나 할까. 그 밑바탕에는 잘 드러나지는 않지만 당연하게도 대가야 지배세력의 판단력과 통솔력이 강하게 작용하였을 터였다.

대가야는 낙동강의 폐쇄로 빚어진 당면 위기 상황을 극복하기 위해 해안으로 나아가는 통로의 개척에 적극 나섰다. 어느 쪽으로의 진출이 경제적으로 유리하고, 현실적 안전을 보장받을 수 있을 것이며, 또 장기 지속성을 지닐 수 있을까 하는 점 등이 주된 고려사항이었을 것이다. 물론 그런 기준을 세워 놓고서 여러 통로와 다양한 방안이 함께 경험적으로 점검되었을 터이다. 새로운 통로가 하루아침에 즉각 개척, 정착되었을 리는 만무한 일이었기 때문이다.

하나의 유력한 안정적 통로가 마련되기까지 상당한 기간 동안 되풀이되는 시행착오를 겪었다. 오랜 경험의 축적으로 유·불리가 따져지고, 장단점이 비교되는 등 여러 가지 요소가 충분히 검토되었을 것 같다. 대가야로부터 해안에까지 나아갈 때 지리적 형편을 참작하면 대체로 크게 세 개의 통로가 고려 대상으로 떠오른다.

첫째, 대가야로부터 출발, 서쪽으로 나아가서 백두대간을 넘어 곧바로 백제의 영토를 가로질러 서해안으로 직결하는 통로이다. 가야권의 일부를 거치지만 상당 부분은 백제 영역을 관통해야만 비로소 서해안에 다다를 수 있는 길이다. 이 통로는 일시적으로 사용되었을 공산이 크다. 그렇게 추정할 만한 흔적이 전북 부안(扶安) 죽막동(竹幕洞)의 제사(祭祀) 유적을 통해 확인된다. 이 유적에서는 4세기 이후 오랜 기간 해안가에서 항해의 안전 등을 기원할 목적 아래 제사의 용도로 사용되었음 직한 각종 유물이 출토되었다.

그 중에는 대가야 계통임이 분명한 축소모형(縮小模型)의 농공구가 확인된 바 있다. 이들 제사용 유물은 5세기의 어느 시점에 대가야가 대외 진출의 유력한 통로로 이 방면을 일시 활용했음을 보여 주는 뚜렷한 물증이다. 이 부근에 가야포(加耶浦)라 불리는 지명이 현재 남아 전해지는 점도 그런 추정을 하는 데에 참고로 된다.

부안 죽막동 출토 축소모형 농공구

　통로가 지속적으로 사용될 만한 기본 요건은 과연 소금을 비롯한 해산물 등 생필품과 함께 선진문물의 입수라는 현실적 욕구를 얼마나 충족시켜 줄 수 있을 것인가 하는 점에 달려 있다. 생필품은 일단 그렇다 치더라도 과연 대외교류라는 측면에서 대가야로부터 긴 육로를 거쳐야 비로소 도달할 수 있는 서해안이 어떤 유익한 이점이 있었을 것인가. 이를 근거로 대상 통로를 언뜻 떠올리면 계속 유지하는 데에는 그리 매력적이지 못하였을 가능성이 크다.

　게다가 강국대인 백제의 영역을 항상 가로질러야 한다는 데서 오는 현실적 부담 또한 작지 않았을 터이다. 물론 백제와의 우호적 관계가 언제나 변함없이 그대로 이어진다면 통로 자체는 안정적으로 보장될지 모르지만 국가 간의 관계는 반드시 그렇지 않다는 데에 문제가 있었다. 백제에 크게 의존하는데 따른 부담이 점점 더 커져간 것도 무척 위험스런 요소였다. 백제에 대해 지나치게 의존하는 것은 결국 정치적 간여를 유발하게 되고 나아가 예속성을 한층 더 심화시키는 결과로 이어질 소지가 뒤따랐기 때문이다. 그리고 통로를 활용하는 대가로서 아마 대가야가 져야할 경제적 부담도 그리 만만치 않았을 터이다. 따라서 이 방면은 일시적 이용은 가능하였을지 몰라도 장기 지속적으로는 그리 적합하지 않은 통로였다.

둘째, 대가야로부터 일단 서쪽으로 낙동강의 큰 지류인 남강(南江)의 상류에 이르러서 다시 물길을 타고 하류 방면으로 내려가다가 중간쯤에서 육로로 곧장 남해안 쪽으로 나가는 통로이다. 이 통로는 일단 전체가 가야 세력권만을 통과한다는 데서 비교적 무난하였다고 할 수 있다. 만일 남해안에 다다랐다면 이 지역의 거점으로서 설정해 볼 만한 특정한 곳으로는 서쪽의 사천만(泗川灣), 아니면 동쪽의 고성만(固城灣) 일대를 손꼽을 수 있겠다.

사천만의 경우 과거 변한 시절 포상팔국 가운데 하나로서 등장하는 사물국(泗勿國)이 위치하였으나 가야로 전환하는 과정에서 이들이 어떻게 되었는지 향방은 잘 알 수가 없는 형편이다. 이후 기록상에서 완전히 종적을 감춘 점으로 미루어 아마 주변의 유력한 가야 세력으로 흡수·편입되었을 공산이 크다. 그것이 진주(晉州) 지역에 자리한 정치세력일 수도 있겠지만 후술할 고성(固城) 방면일 여지도 보인다.

한편, 고성의 경우 변한 시기에는 고자미동국(古資彌凍國), 즉 고자국(古自國)이 위치하였던 것으로 추정되고 있다. 가야로 전환하고 난 뒤에는 소(小)가야라 불린 정치세력이 자리한 지역이다. 그런데 스스로 당대의 국명을 소가야

고성 송학동 고분군 (한국관광공사 제공)

라고 불렸을 가능성은 별로 있어 보이지 않는다. 뒷날 제3자가 특별한 입장
에서 북쪽의 대가야에 대응해 상대적으로 그처럼 불렀을 공산이 크다. 따라
서 가라를 반파라고도 일컬었듯이 소가야도 바깥 세력이 불렀던 별칭이라면
몰라도 당대인들이 스스로 정식 국명으로서 내세웠다고 보기는 힘들다. 그런
측면에서『삼국사기』지리지의 고성군(固城郡)이 원래 고자군(古自郡)이라 불렸
음을 명시한 사실은 주목해 볼 만하다. 고자국은 변한 단계에서 사용되던 국
명이었으나 도중에 없어지지 않고 계속 지명으로서 활용되었음을 보이기 때
문이다. 따라서 고자국은 가야로 전환되면서도 변함없이 지명으로서 사용되
었다고 풀이해 볼 수 있다. 이는 기존 세력과 그 기반이 가야로 바뀌면서도

그대로 이어진 것이라 해석된다.

그와 같은 추정을 방증해 주는 것이『일본서기』흠명기 23년(562)조에 기록된 이른바 멸망기의 임나 10국 가운데 하나로 보이는 고차국(古嵯國)의 존재이다. 고차국이 고자국과 발음상 동일함은 거의 의문의 여지가 없다. 그렇다면 고자국은 변한으로부터 가야로 이행한 뒤에도 국명이 소멸되지 않고 그대로 승계된 몇몇 유력한 가야 세력 가운데 하나라 단정해도 무방하겠다. 다만, 4~5세기의 위상이 6세기에 이르러서까지 변함없이 유지되었다고 단정하기는 곤란할 것 같다. 왜냐하면 백제의 왕도 사비에서 541년과 544년 두 차례에 걸쳐 성왕의 주관으로 열린 이른바 임나부흥회의에 고차국은 한 번도 참가하지 않은 데서 유추되는 사실이다. 국명만 잠시 등장할 뿐 그 외의 활동 양상이 전혀 보이지 않는 것도 그런 점을 방증해 준다.

사천만과 고성만의 경우 5세기의 어느 시점까지는 대가야가 이 지역에다가 거점을 마련하려 하였다면 고자국을 비롯한 다른 경쟁 세력의 동의를 얻어야 하였을 터이다. 그런데 그것이 지속성을 지니려면 상호 관계가 원만하게 항상적으로 유지되어야만 하였다.

그러나 가야 여러 세력이 서로 우위를 치열하게 다투었다면 이 통로 역시 일시적, 한시적 이용은 가능하였을지 몰라도 항상적 통로로서는 전혀 마땅하지 않았을 것이다. 소가야 양식 토기의 존재와 그 분포권이 상징해 주듯이 한때 고자국도 그리 만만한 상대는 아니었다. 남해안 지역에서 대가야 문화 요소가 부분적으로는 확인되지만 두드러진 현상이 아님으로부터 이 방면이 일시적 통로로서 열렸을 가능성은 충분히 상정되나 계속해서 운용되었다고 보기는 힘듦을 반증한다.

셋째, 섬진강 통로이다. 가라에서 합천, 거창, 함양을 거쳐 남원의 아영(阿

英)에 이르고 거기서 다시 섬진강의 흐름을 타고 하류 방면으로 내려가 하동 (河東) 혹은 광양만(光陽灣)에 이르는 길이다. 이 통로가 안정적으로 확보되기 위해서는 거기까지 나아가는 길목에 위치한 여러 정치세력과 어떻게 관계를 맺는가 하는 점과 동시에 백제 영역, 혹은 그와의 접경 지역을 거치지 않으면 안 된다는 데에서 난점이 있다. 대가야로서는 다른 통로도 물론 마찬가지였 겠지만 섬진강 통로 역시 항구적·안정적으로 이용하려면 통로 상에 자리한 여러 가야 세력들과 정치적으로 일정한 수준의 관계 재설정이란 과정을 거쳐 야 함은 부득이한 일이었을 터이다. 어쩌면 돌파구를 찾아 여러 길이 탐색되 는 가운데 정치적·군사적으로 가장 손쉽게 해결할 수 있는 대상이 줄곧 고려 되어 왔을 것이다. 가야권의 경우 당면한 문제점들은 비교적 쉽게 정리되었 을 공산도 있다. 왜냐하면 그들은 대부분 대가야와 공조하거나 그로부터 도 움을 받지 않으면 생존이 불가능할 정도의 상대적 약체였기 때문이다.

그래서 낙동강 통로가 건재하던 시절부터 이미 대가야에 크게 의존하였을 가능성도 상상된다. 이제 낙동강 통로가 완전히 막혀버린 마당에 대가야가 적극 대안을 찾아 나서자 자진해서 협조하거나 긴밀한 관계를 맺을 수밖에 없었을 것 같다. 일부 반발하는 경우도 없지는 않았겠으나 아마도 군사적 위 협과 같은 수단까지 필시 동원되었을 터이다.

그런데 이 통로를 굳건히 정착시켜가는 데에서 봉착하였을 핵심적 난관은 아무래도 백제 영역에 대한 처리 문제였을 것 같다. 백제가 적극 나서서 실력 으로 저지하게 된다면 온전한 실행은 불가능한 일이었다. 다만, 이 방면은 이 미 오래 전 백제의 영역으로 편입되었더라도 다른 지역과는 달리 특이한 성 격을 지닌 점에 눈을 돌릴 필요가 있다. 그 점은 먼저 복속 과정에서 백제가 '남만(南蠻)'이라 표현한 데서 드러난다. 백제와는 문화적 기반에서 근본적으로 다를 뿐 아니라 수준의 낙차 정도가 매우 큰 후진 지역이었다. 그 까닭으로 백제는 369년 공략해서 영역으로 편입하기는 했지만 지방관 파견을 통한 직접지배 방식으로 운영하지를 않았다. 초기에는 아직 백제가 지배체제를 제대로 갖추지 못한 상태였기 때문에 그러하였겠지만, 6세기 초반에 이르기까지도 여전히 직접지배로 바꾸지 않고 그대로 반(半)자치적 상태로 놓아두었다. 이는 백제의 입장에서 거리도 멀었거니와 당해 지역이 갖는 정치적·전략적 가치를 그리 높게 평가하지 않았음을 뜻한다. 그래서 복속에 성공하자마자 '도륙'이란 표현에서 강하게 묻어나듯이 반(反)백제적 입장을 취한 지배세력을 철저히 가려내어 친(親)백제적 입장의 지배세력으로 교체하는 정도에 그치면서 공납을 매개로 어느 정도 자치권을 부여해 주는 등 간접지배 방식으로 운영하였다. 말하자면 장차 이탈하지 못하도록 통제·감시하는 수준에서 일정하게 타협하였을 공산이 크다.

다른 한편 이 방면은 한강 유역으로부터 계산하면 지리적으로 너무 멀리 떨어진 탓에 사실 그와 같은 방식으로 영향력을 행사해 가는 편이 직접지배를 실행하는 것보다 한층 유리하였을 것 같다. 특히 시종일관 고구려의 남하저지에 온갖 힘을 쏟아 붓지 않으면 안 되는 입장의 백제로서는 그런 방식이 훨씬 현실적이고 유리하였다. 그래서 백제는 오래도록 섬진강이나 영산강 방면은 거의 방치해두다시피한 상태였다. 백제로서는 바로 인근의 가야와 긴밀한 우호관계를 유지하던 사정도 이 방면에 별로 큰 관심을 기울이지 않아도 좋을 배경으로 작용하였다.

사실 백제는 6세기 초반까지 이 지역에 별반 관심을 기울일 필요성을 거의 느끼지 못하고 있었다. 반면, 이 지역 정치세력의 입장에서는 오래 전 백제의 영역으로 편입되기는 하였으나 간접지배 상태가 장기간 이어지면서 점점 독립성을 되찾으려는 움직임을 보여가던 중이었다. 대가야는 이러 사정을 잘 간파하고서 틈새를 적극 활용해 그들에게 다가갔을 공산이 크다. 그래서 그들이 대가야 쪽으로 기울게 되면서 안정적 통로가 마련될 수 있었던 것으로 보인다.

섬진강 통로

지금까지 설정해 본 세 방면 가운데 마침내 대가야의 항상적 통로로서 확정된 것은 섬진강 방면이었다. 그것은 단편적 문헌 기사는 물론이고 최근의 발굴을 통해 확보된 고고자료로서도 널리 입증되었다. 물론 처음부터 대가야가 오직 이 방면만을 겨냥해서 추진한 것은 아니었다. 여기저기를 두드리면서 가능성을 모색해보고 여러 방법으로 타진함으로써 마침내 섬진강 방면이 최종 대상으로 선정되기에 이른 것이었다.

그런 과정은 결국 대가야 자체를 크게 변모하도록 만들었다. 안정적 통로를 찾으려고 노력하면서 자연히 약한 고리를 선택, 뚫을 수밖에 없었다. 그 결과 대가야는 섬진강 방면의 통로에 자리한 여러 정치세력과 각각 일정한 관계를 맺기에 이른 것이었다.

그러나 모든 지역이 한결같은 반응을 보이지는 않았을 터이다. 너무나 쉽게 대가야에 동조한 세력으로부터 무력을 동원해야 한 경우, 일정한 타협을 통해 비로소 성사된 경우 등 다양한 행태를 보였으리라 추측된다. 백제가 오래도록 무관심한 상태로 방치해둔 섬진강 유역권을 대상으로 대가야는 기본적 우호관계를 크게 해치지 않는 범위에서 이용하였을 것 같다. 아마도 통로 자체만을 확보하고 그 외곽을 건드리지 않는 정도의 방식이었다. 백제도 사실상 당시 이 방면을 그리 중요시하지 않았으므로 그런 수준에서 달리 문제

섬진강 유역의 풍경

로 삼지 않고 묵인해 주었다. 오랜 우호관계를 고려한 결과였다.

　이로써 섬진강 방면은 저절로 대가야의 안정적 통로로서 굳어져 갔던 것이다. 백제가 그를 용이한 것은 당연히 대가야를 자신들의 영향력 아래에 계속 묶어두기 위한 하나의 책략이기도 하였다. 사실 대가야가 자신들의 사주(使嗾)로 왜와 함께 신라를 공격하고 고구려의 남정을 유발시켜 곤궁에 처하였으므로 그를 용인할 수밖에 없는 입장이었다.

　이상과 같이 대가야는 남해안 방면으로 나아가는 통로상에 자리한 여러 세력과 일정한 관계를 맺음으로써 마침내 섬진강 통로를 안정적으로 확보하였다. 그렇다고 해서 대가야가 이들 지역 맺었던 관계의 수준이 모두 한결같았던 것은 아니었다. 지역과 형편에 따라 상당한 차이를 보였다. 그에 대해서는 몇 가지로 나누어 정리할 수 있다.

첫째, 대가야의 영역으로 편입시켜 직접지배를 실현한 곳이다. 대가야 중심부와 비교적 가까운 곳은 그러하였을 가능성이 크다. 대가야는 이런 지역을 대상으로 왕명을 대행하는 지방관까지 파견하였을 듯하다. 이로부터 대가야의 중심부는 사실상 왕경(王京)으로 기능하였으며, 그에 대응해 지방이 성립하였음을 의미한다. 대가야가 이로부터 단순히 읍락국가의 수준과 성격을 뛰어넘어서 영역국가, 왕조국가로 변신하기 시작하였음을 뜻하는 중요한 사실이 그 속에 내재되어 있다. 대가야 국가의 중대한 질적 수준의 변모였다.

둘째, 영역으로 편입되었으면서도 재지세력의 기존 기반을 거의 그대로 인정해주는 대신 그들을 활용해 측면에서 일정한 영향력을 행사하는 경우이다. 그 대가로 당해 지역은 중앙에 대해 정기적 공납의 의무를 졌다. 이런 형태를 흔히 간접지배라 일컫는다. 아직 중앙집권적 관료체계가 제대로 갖추어지지 못한 까닭에 취해진 방식이다. 무리하게 직접지배를 추구해 당해 지역의 반발을 사는 것보다 한결 유리하다고 판단된 지역의 경우에 해당하는 방식이다.

셋째, 영역으로 완전히 편입된 상태는 아니지만 특별히 긴밀한 우호관계를 맺은 경우이다. 내용은 확실하게 특정화할 수는 없지만 선진문물의 지원이나 경제적 혜택 등의 공여를 매개로 마치 동맹, 혹은 연맹 관계를 맺었을 경우 등을 설정할 수가 있다. 물론 이들이 대가야와 정치적으로 동등할 수는 없었지만 기존 지배 기반의 상당 부분을 그대로 인정받아 유지하였을 가능성이 크다. 이럴 경우 당해 지역이 완전한 독립상태는 아니었으므로 어느 정도 제약은 뒤따랐겠지만 상당한 자율성을 보장받았을 것으로 보인다. 그들

남원 월산리 가야계 고총군 발굴 후 전경

은 대가야의 요구를 충실히 들어주고 봉사하는 대가로서 일정 정도의 경제적·문화적 혜택을 보상받기도 하였을 터이다.

한편, 그들은 일정 정도의 자율성을 근간으로 독자적인 대외 교섭도 추진하였으리라 여겨진다. 그런 대상에 속하는 지역 가운데 남원의 아영이나 장수 등은 가야 계통 고분의 규모가 비교적 크고 수치도 많으며, 그로부터 출토된 부장 유물이 만만치 않음은 그런 실상과 무관하지 않았을 것이다. 대가야로서는 이들이 남해안까지 도달하는 중간의 거점이거나 통로를 지켜내기 위한 군사적 요충지로도 활용하였을 것임은 물론이다. 대가야는 아영까지 진출하고 난 뒤 그를 거점으로 다시 섬진강 수계를 따라 하동 혹은 광양, 순천에 이르는 항상적 통로를 개척하였던 것으로 보인다.

넷째, 대가야 중앙정부의 직속 관할지로 삼은 경우이다. 대체로 섬진강 통로상 곳곳에 위치한 주요 거점에는 상시로 주둔하는 군사가 배치되어 교통이 원활하게 이루어질 수 있도록 지원해 주는 역할을 한 경우이다. 이것은 곧 여러 주변 세력들이 관계망을 침해하거나 혹은 이탈하는 것을 감시하고 방지하기 위한 목적을 지닌 것이기도 하였다. 특히 남해연안의 특정 지점에는 대가야의 중앙정부가 직접

남원 월산리 출토 투구와 경갑, 찰갑

관장한 직할지가 있었을 공산이 크다. 그곳은 대외창구로서 물산의 집결지로 기능한 항구였을 듯하다. 거기에는 관리를 목적으로 중앙에서 파견된 군사력이 상주하였을 것임도 충분히 상상해 볼 수 있겠다.

이상과 같은 다양한 관계망들은 일시에 정립한 것이 아니라 교통로가 다각도로 검토, 개발되어가면서 점차적으로 뿌리내려 갔으리라 여겨진다. 그 가운데 섬진강을 내려가는 통로가 최종적으로 선정·고착되어졌다.

대가야의 입장에서는 궁극적으로 이 통로 선상에 있는 모든 지역을 직접 지배할 영역으로 편입시키려는 기도를 했을 터이다. 그것이 통로를 안정적으로 유지해가는 데 최선의 방책이었기 때문이다. 게다가 이는 곧 가야 전체 권역의 통합운동으로 발전해 나갈 수 있는 계기가 되기도 하였다. 6세기에 들어와 실제로 그런 작업이 추진되었다. 교통로가 비교적 안정적으로 유지되어 간 사실은 그를 방증해 주는 일이다.

다만, 주변 여건에 아무런 변화가 일어나지 않는다면 당연히 그와 같은 상황이 지속되었을 터이지만 실상은 그렇지 못하였다. 한동안 대가야 쪽으로 기울어 동조해오기는 하였으나 상대적 자율성을 보유하고 있던 지역의 경우는 때로는 독립을 표방하거나 아니면 자신들에게 유리한 쪽으로 선회할 여지를 갖고 있었다. 특히 기왕에 이 지역을 영역으로 편입한 적이 있던 백제의 진출과 압박은 큰 변수로 작용할 소지가 컸다. 말하자면 백제의 사정 여하가 이 방면의 향방에 결정적 역할을 할 제일차적 요소였다. 따라서 대가야로서는 백제와 우호 관계를 유지하려 하면서도 그들의 세세한 움직임에 대해 촉각을 곤두세우지 않을 수가 없었다. 이후 몇 차례에 걸쳐 백제가 내부 변동을 겪자 대가야가 즉각 민감한 반응을 보였음은 그런 사정의 일단을 여실히 입증해 주는 사례이다.

나제동맹과 대가야

가야와 왜 연합병의 신라 침공 사건으로 촉발된 고구려의 남정은 결과적으로 신라는 물론이고 가야 사회 전반에까지 적지 않게 영향을 미친 셈이었다. 다른 무엇보다도 전쟁이 종결되면서 낙동강이 신라와 가야 사이의 국경선으로 획정(劃定)되고 굳어진 사실이 주목된다. 오래도록 진한과 변한의 경계가 낙동강을 뛰어넘어서까지 서로 견아상입(犬牙相入)의 모습처럼 뒤섞여 있던 국경선이 이제 낙동강을 경계로 정연하게 정리되었다.

이 무렵 앞서 언급하였듯이 가야권을 선택한 창녕의 비자발은 신라의 공세를 받아 독자적 기반을 완전히 상실하고 영역으로 편입되기에 이르렀다. 이후 비자발이란 국명이 어떤 기록에도 확인되지 않음은 그런 추정을 뚜렷이 증명해 준다. 이는 낙동강이 교류·교섭하는 교통수단으로서가 아니라 거의 국경선으로서만 기능하게 되었음을 뜻하기도 한다.

이제 낙동강은 교통로로서의 공식 기능이 거의 사라지거나 매우 경직된 체계로 운영되었다. 이로 말미암아 가장 내륙에 자리해 바깥의 해양으로 나아가는 데 불리하기 짝이 없었던 대가야는 생존을 도모하기 위해 새로운 통로 개척에 적극 나섰고, 그 결과 섬진강 방면이 최종 낙착되었다. 잠시 뒤 언급하겠거니와 대가야 국왕 하지(荷知)가 479년 남제와 처음 통교하였을 때 바로 이 방면 통로가 이미 오래 전에 뚫려 원활히 기능하고 있었기에 가능한 일이었다. 그런 측면에서 섬진강 통로의 개통이 이루어진 것은 대체로 5세기 전반 무렵의 일로 추정해도 무방할 듯 싶다.

신라는 400년 고구려의 도움을 받음으로써 멸망의 위기 순간을 간신히 넘겼다. 그러나 그 반대급부로서 저절로 고구려의 강한 정치적 영향과 간섭을 받지 않으면 안 되었다. 고구려는 외침으로부터 보호해 준다는 명분 아래 신라의 왕도를 비롯한 몇몇 군사적 요충지에다가 병력을 배치하였다. 물론 이것이 곧 왜와 가야의 재침을 막아주어 이후 신라가 안정적 발전을 이루는 데 기여하였을 것임은 틀림없다. 게다가 고구려의 보호라는 우산 아래에서 신라는 그로부터 선진문물을 적극 입수함으로써 제반 분야에서 한 단계 성숙되었을 것임도 충분히 상정된다.

바로 이 무렵 경주분지 중심부 일원에 집중적으로 조성된 적석목곽분으로부터 출토되는 유물의 부장 양상은 그런 실상을 입증하기에 충분하다. 호우총(壺杅塚)이나 서봉총(瑞鳳塚) 등에서 출토된 금공품(金工品)에 쓰인 명문을 비롯해 엄청난 분량의 금은제 귀중품(위세품) 및 철제와 청동제의 무기류나 마구류 등은 고구려와의 밀접한 관계 아래 유입된 선진의 문물들이다. 중앙아시아나 혹은 그곳을 거쳐 들어온 로마 제국의 지배지역에서 생산된 유리 그릇(로만그라스) 등도 대체로 고구려를 매개로 해서만이 비로소 유입될 수 있는 성질의 것들이다. 이 시기의 신라 문화가 도달한 수준을 그 직전과 대비하면 질량 면에서 현격한 격차를 보임은 그런 실상을 잘 반영해 준다.

그런데 고구려로부터의 군사적 원조와 그에 따른 선진문물의 입수는 신라가 경제적으로 상당한 부담을 졌음을 뜻하는 사실이다. 이를테면 군사 주둔 자체의 경비는 물론이려니와 신라에서 비교적 많이 생산된 금은과 같은 재화는 지원에 대한 반대급부로서 고구려에 정기적으로 제공되었으리라 여겨진다. 그밖에 신라에서 생산되는 농산물이나 해산물 등도 공납 형식으로 부담하였을 것이다.

한편, 고구려는 신라 내정에도 깊숙이 간여하였다. 이미 402년 나물왕이 사망하자 고구려에 보내어져 10년 동안 볼모로 생활하다가 갓 귀국한 실성(實聖)을 후계로 내세워 즉위시킨 사실이나, 실성이 고구려의 지나친 정치적 간여에 반발하는 기미를 보이자 그를 죽이고 정적(政敵) 관계였던 나물왕의 아들 눌지(訥祗)를 대신 즉위시켰던 사실 등은 이를 입증해주기에 충분한 사례들이다.

이런 과정을 거치면서 신라는 고구려가 앞으로 자신들에게 어떤 입장을 취하게 될지를 차츰 감지하기 시작하였다. 시간이 흐를수록 경제적 부담도 한결 커졌을 뿐만 아니라 정치적 간섭의 강도가 점점 커져갔기 때문이다. 비록 눌지왕은 고구려의 도움을 받아 즉위하기는 하였지만 앞으로 그에 대한 대비책을 철저히 마련해 두지 않으면 신라의 장래까지 보장받기 어렵다는 생각을 갖기에 이른 것 같다. 그래서 눌지왕은 고구려의 일방적 간섭으로부터 벗어나는 방안으로서 백제에 접근하는 길을 선택하였다.

백제도 때마침 고구려가 427년 수도를 평양으로 옮기는 등 압박을 가하자 심각하게 고심하던 중이었다. 때마침 고구려 문제와 관련해 백제와 신라 두 나라의 이해관계는 맞아떨어져 상호 접근은 자연스레 이루어졌다. 기록에 따르면 433년 백제가 먼저 화해의 손길은 뻗쳤고 신라가 그 이듬해 화답함으로써 두 나라 사이에는 우호관계가 쉽게 이루어진 것으로 보인다. 고구려가 가하는 압력을 신라는 겉으로 반발하기 어려웠던 탓에 백제와의 접근은 그런 형식으로 이루어졌을지 모르겠다. 이제 백제와 신라 두 나라는 오랜 적대적 관계를 청산하고 우호적 관계로 전환해갈 발판을 마련한 셈이었다. 이를 흔히 나제동맹(羅濟同盟)이라 일컫고 있다. 나제동맹의 결성은 신라의 입장에서는 고구려의 일방적 간섭을 견제하면서 머지않아 그로부터 벗어나겠다는 의지를 드러낸 신호탄이었다.

이후 백제와 신라 두 나라 사이에는 가야에 대한 문제를 놓고서 외교상의 신경전과 같은 약간의 굴곡을 거치기는 하였지만 그리 큰 노골적 마찰은 일어나지 않았다. 대체로 공조로 일관함이 대세였으므로 나제동맹 결성이라 부름이 일견 적절해 보인다. 다만, 그렇다고 해서 신라가 고구려와의 관계를 즉각 끝낸 것은 아니었다. 신라로서는 백제와의 우호 관계를 정착시켜나가기 위해서는 상당한 기간의 실험이 필요한 상태였다. 아직 독자적인 힘만으로 고구려를 적으로 돌려서 견뎌내기란 너무도 힘이 드리라 판단하였을 것이다. 고구려와의 단절로부터 받게 될 충격파를 최소화하기 위한 대책을 마련하면서 착실히 준비해나갔다.

이처럼 5세기 전반에 고구려, 백제, 신라의 관계가 새롭게 재편될 분위기가 형성되었지만 이때의 가야 동향은 기록상 잘 드러나지가 않는다. 대체적으로 보아 백제가 신라에 접근해가자 가야도 자연히 신라와의 긴장관계를 풀게 됨으로써 당분간 소강 상태를 맞았으리라 여겨진다. 이는 상대적으로 가야가 정

지산동 44호분 전경 (대가야박물관 제공)

치적·사회적 안정을 되찾고 경제력을 축적해갈 수 있는 좋은 기회이기도 하였다. 5세기 중·후반 무렵 대가야를 비롯한 가야권에서 상당한 유물이 부장된 큰 규모의 고총고분이 집중 조영되고 있었음은 그를 뚜렷이 입증해 주는 실례이다. 지금까지 발굴을 통해 가장 많은 인원을 순장한 것으로 알려진 고령 지산동 44호분이 이 시기에 조영된 점도 그런 실상을 잘 반영해 주는 사례이다.

문헌상으로 볼 때 당시 가야 내의 정황은 뚜렷하지 않다. 다만, 그 점을 추정케 하는 약간의 실마리가 『일본서기』에서 찾아진다. 백제의 가야 지역 진출을 주도한 목라근자의 아들 목만치가 420년 전지왕(腆支王)이 사망한 뒤를 이어 구이신왕(久爾辛王)이 어린 나이로 즉위하였을 때 백제의 국정을 마음대로 주물렀다는 기사가 보인다. 당시 목만치는 왕모(王母)와 특수한 관계를 맺고서 국정에 상당한 실력을 행사하던 중이었다. 이때 그가 임나의 국정을 장악하였다는 사실로 미루어 광개토왕의 남정 이후 임나, 혹은 대가야를 대상으로 정치적 영향력을 크게 미치고 있었음은 분명하다. 그렇다면 고구려가 신라의 내정에 깊숙이 간여하였듯이 백제는 가야를 대상으로 상당한 정치적 간섭을 행사하였다고 추정해도 지나치지 않겠다. 말하자면 고구려와 신라의 관계가 강화되어간 데 대응해서 백제와 가야의 관계도 한층 더 긴밀해져 갔을 것으로 보인다. 신라 공략의 실패 및 고구려 병력의 남정과 손실 등으로 인한 손실을 벗어나 가야 특히 대가야는 안정을 되찾기 위해서는 백제에 더욱 크게 의존하지 않을 수가 없었을 터이다. 백제가 여전히 가야에 영향력을 일정하게 행사하고 있었음은 분명한 사실이다.

그러나 구이신왕대에 목만치가 국정을 전횡하면서 몰락의 길을 걷게 되자 백제의 가야에 대한 영향력 행사 방식이나 주도세력에도 일정하게 변화가 일어났으리라 짐작된다. 구체적 양상은 잘 파악할 수가 없으나 신라가 고구려의 영향으로부터 벗어나기 위해 노력하였듯이 대가야도 마찬가지로 백제의 굴레로부터 벗어날 기회를 호시탐탐 엿보고 있었다.

그러던 도중 475년 백제의 왕도가 고구려에 의해 함락되는 일대사건이 벌어졌다. 한반도의 두 주축 세력 사이에 벌어진 싸움으로 백제가 거의 몰락지경에 이를 정도로 큰 타격을 입음으로써 새로운 국면을 맞기 시작하였다. 백제의 오랜 간섭과 굴레로부터 벗어나려고 줄곧 기회를 엿보던 가야에게도 그럴 만한 적절한 시점이 다가온 것이었다. 그를 선봉에 서서 추진한 세력은 아무래도 가야 여러 세력 가운데 가장 선진인 대가야였다. 후술하듯이 479년 대가야가 단독으로 남제와 통교한 사실은 그를 입증해 준다.

왜 5왕과 대가야

사실 가라의 이름이 정식으로 국제무대에 오른 것은 479년에 이르러서의 일이었다. 그러나 그에 앞서 왜 5왕이 남조의 송을 대상으로 요구한 작호 속에 그런 이름이 등장하는 사실은 눈여겨 볼 만하다. 비록 피동적 혹은 간접적 형태이기는 하지만 늦어도 5세기 중반 무렵에 임나와 가라란 국명은 남조에까지 알려졌던 것이다.

왜는 「광개토왕비」에 등장한 이후 413년 동진(東晉)에 사절을 파견함으로써 동아시아 국제무대에까지 처음 얼굴을 내민 셈이었다. 두 기록에 등장하는 왜가 동일한 세력인지 아닌지 등 실체를 둘러싸고서 논란이 많다. 특히 동진에는 왜가 고구려 사신과 함께 파견된 것으로 기록된 점이 주목된다. 이것이 사실이라면 바로 얼마 전 두 나라 사이에 공방전이 치열하게 벌어진 바 있는데 어떻게 가능해졌을까 등은 장차 풀어야 할 수수께끼이다.

왜는 413년 이후 502년에 이르기까지 90년간 동진을 비롯하여 송(宋), 양(梁)과 같은 남조 왕조만을 대상으로 13회에 걸친 조공사를 파견하였다. 유독 남조와 통교하였다는 사실은 백제와 비슷한 면모이어서 각별히 주목된다. 그런 가운데 왜왕은 송이나 양으로부터 몇 차례에 걸쳐서 작호를 받았다. 중국 사서에 등장하는 소위 왜의 5왕 가운데 찬(讚)이 421년 처음 조공사를 파견하였는데, 이후 425년, 430년에도 이어졌다. 그러나 이때에는 아무런 작호를 받지 못하였다. 뒷날 대가야가 처음 남제와 통교하면서 작호를 받은 사실과는 매우 대조되는 면모이다.

이후 주목되는 사실은 438년 찬의 아우 진(珍)이 사신을 파견해 자칭한 「사지절도독왜백제신라임나진한모한육국제군사안동대장군왜국왕(使持節都督倭百濟新羅任那秦韓慕韓六國諸軍事安東大將軍倭國王)」이란 작호를 정식으로 승인해주도록 요구한 점이다. 이때 송에서는 진에게 단지 안동장군(安東將軍)이란 군사호만 승인하는데 그쳤다. 이런 형식의 작호는 물론 달리 사례가 없는 전무후무한 일이거니와 왜왕이 자칭해 내세운 자신의 작호를 승인하여 달라는 것 또한 마찬가지 일이었다. 주변 여러 국가들이 중국의 남북조를 대상으로 다양한 군사호를 부여받았지만 그런 승인 요청은 달리 유례를 찾을 수 없는 특이한 방식이었다. 443년에는 진의 뒤를 이은 제(濟)가 사신을 파견하자 송에서는 전례에 따라 안동장군호를 승인해 주었다.

그런데 451년에는 송이 갑작스레 제에게 안동장군호와 함께 「사지절도독왜신라임나가라진한모한육국제군사」의 호를 승인하였다. 이 작호에서 주목되는 점은 종래와는 달리 같은 6국을 포괄하면서도 백제가 빠진 대신 가라가 들어간 사실이다. 백제 대신 들어간 가라의 위치도 백제의 자리가 아니라 임나의 다음, 진한에 앞서 배치된 사실이 주목된다. 백제가 제외된 이유는 송으로부터 이미 425년부터 왜왕보다 상위의 진동대장군(鎭東大將軍)이란 작호를 받았던 사실에 있다. 그래서 왜는 백제 삽입을 거절당하자 6국을 의도적으로 채우기 위하여 가라를 대신 넣었던 것이다. 이는 왜왕이 보유한 작호 자체가 현실적 실체로서 기능한 사실 그대로가 아니라 왜가 임의로 탁상 위에서 설정한 것이었음을 여실히 입증해 주는 사례이다. 갑자기 백제 대신 내세운 가라를 진한보다도 윗자리에 배치한 점도 그런 사정의 일단을 보여준다. 그래서 현실에 존재하는 가라를 바로 그 앞에다가 배치하게 된 것으로 보인다.

특히 백제 및 신라와 임나와는 다르게 진한과 마한은 현실적으로 존재하지 않는 과거의 명칭이었다는 사실이 주목된다. 이 또한 왜의 5왕 작호가 실질적 기능을 갖지 못하였음을 방증해 주는 사실이다. 462년에는 제의 아들인 흥(興)이 「안동장군왜국왕」으로 책봉되었다. 형인 흥의 뒤를 이은 무(武)는 478

년 「사지절도독왜백제신라임나가진라한모한칠국제군사안동대장군왜국왕(使 持節都督倭百濟新羅任那加秦羅韓慕韓七國諸軍事安東大將軍倭國王)」이라 자칭하여 백 제를 넣은 7국의 작호를 다시 요청하였으나 송에서는 역시 백제를 제외한 6 국의 제군사와 함께 대장군호를 승인해 주었다.

이러한 왜 5왕의 작호 가운데 가야와 관련하여서는 몇 가지 사실을 유추해 볼 수 있다. 첫째, 438년에는 임나만이 보이고 가라는 대상이 되지 못하였다 는 점이다. 이는 임나가 가야 제국 전체를 대표하는 칭호로서 국제적으로 알 려져 있었음을 뜻한다. 다만, 그렇더라도 이 임나가 단일한 국가의 국명이 아 니라는 점에서는 변함이 없다.

둘째, 451년부터는 백제가 빠진 대신 가라가 처음 등장하는 점이다. 이 가 라가 대가야를 가리킴은 거의 의심의 여지가 없다. 다만, 가라가 당시 종래처 럼 하나의 읍락국가 수준을 뛰어넘어 신라와 마찬가지로 넓은 의미의 국호로 도 사용될 여지를 갖고 있었음을 보여주는 사실이 주목된다. 비록 왜의 눈에 비쳐진 한정된 실상을 반영할 뿐이지만 어쩌면 백제를 대신하면서 신라나 임 나와 나란히 병칭될 수 있다는 자체는 당시 대가야가 안팎으로 상당한 수준까 지 발전하였음을 보여 주는 것이기 때문이다.

대가야는 이미 임나의 여러 구성 세력 가운데 우뚝한 존재로 부상한 상태 였다. 이는 대가야가 가야 여러 세력을 단순히 대표하는 수준을 넘어설 정도 로 크게 발전하였음을 뜻한다. 얼마 뒤 가라국왕, 즉 대가야왕 하지가 남제로 나아가 그로부터 받은 「보국장군본국왕」이란 작호에 상당히 어울릴 만하였 다. 장차 가라(대가야)란 국명이 곧 가야 전체를 가리키는 임나와 등치될 수 있 는 단계로까지 나아가는 모습을 내재하고 있는 것이다. 말하자면 대가야는 이 미 읍락국가의 수준을 벗어나 광역의 의미를 내재한 영역국가로 발돋움하고 있었다고 풀이해도 무방하다.

셋째, 이들 작호 속에 열거된 나라들은 왜의 입장과 인식에서 본 세력의 우열을 나타낸 것으로 보인다는 점이다. 아마도 그것이 단순히 외교상의 인식 차이에 그치는 것이 아니라 현실의 실력을 반영하고 있었다. 왜는 언제나 그 다음에 백제를, 다음에는 신라, 임나 그리고 가라의 순으로 배치하였다. 사실 이런 배치가 가능해진 배경은 433년 나제 간에 동맹이 결성된 사정과도 일정한 관계가 있다. 신라와 백제의 관계가 우호적으로 바뀌면서 고구려에 대항하는 전선이 하나로 결성되기에 이르렀다. 이로 말미암아 백제와 신라만이 아니라 왜와 가라를 포함하는 임나도 그런 분위기에 동참한 셈이다. 따라서 왜 5왕의 6국, 7국이 그런 실상을 간접적으로나마 반영해 주는 것이라 하겠다. 단지 그것이 백제가 아닌 왜를 중심으로 해서 표현된 것일 따름이다.

왜왕이 작호를 앞세우면서 노렸던 것은 곧 백제와의 우위 다툼이었다. 뒷날 「양직공도」에 백제가 자신을 중심으로 실상보다는 한층 과장되게 신라와 가야의 여러 세력이 마치 자신들에 부용(附庸)한 세력인 듯이 양(梁)나라에 과시하려는 자세를 취하였듯이 왜왕도 현실적 분위기에 편승해 송에게 자신을 중심으로 내세우고 주변세력들이 마치 예속된 듯한 표방을 하였다. 마침내 그런 작호를 승인받음으로써 자국 내에서도 우위를 확보하는데 활용하였던 것이다. 아울러 왜왕이 그런 관계 속에서도 백제보다 외교상 더욱 우위에 서려는 노력을 끈질기게 추진한 사정도 반영한다.

넷째, 이미 사라져 버린 진한과 마한을 넣은 것은 억지로 6국 혹은 7국을 끼워 맞추기 위한 의도에서였다는 점이다. 이와 같은 형태로 정리하려고 한 것은 어디까지나 왜 세계 내부에서의 용도였다. 아직 국가연합체, 혹은 연맹체적 단계에 머물고 있던 왜의 수장이 여타 다른 경쟁 세력을 대상으로 권위를 과시하기 위한 방편에서였다.

　이상과 같이 451년에 가라(대가야)가 왜왕의 작호를 통해서이기는 하지만 신라나 임나와 나란히 거명되고 또 그것이 백제의 자리를 대신할 정도라면 상당한 수준으로 발전한 상태였다고 단정해도 지나친 억측은 아니라 하겠다. 이때의 가라가 곧 대가야였음은 의심의 여지가 없다. 이것만으로도 대가야가 5세기 후반에 성립하였다거나 이후 성장하여 비로소 가야 사회에서 주도권을 잡았다는 견해는 성립하기 어렵다. 그런 이해는 대가야국왕 하지가 남제에 사신을 파견하여 통교한 사실과도 전혀 어울리지 않는다.

대가야의 남제 통교

　왜 5왕의 작호를 통해서는 일단 가라(대가야)가 크게 성장하였다는 사실만은 충분히 읽어낼 수 있다. 다만, 5세기에 들어서서 그 과정이나 동향 등을 구체적으로 보여주는 기록은 달리 찾기 힘들다. 대가야가 급속히 성장하게 된 배경은 역시 백제의 도움을 받아서였다는 정도로 겨우 추정할 수 있을 따름이다. 나제동맹 성립 이후 전반적 우호관계의 분위기가 마련되면서 대가야도 내부 성장을 거듭할 모처럼의 기회를 포착하였다.

　그런 실상을 뚜렷하게 증명해 주는 것이 바로 가라국왕 하지가 갑작스레 남제(南齊)와 통교한 사실이다. 이는 대가야가 꾸준하게 성장한 데서 비롯한 결과라 하겠다. 사실 대가야가 남제와 직접 통교할 만한 안팎의 여건은 충분한 형성되어 있었다.

　하지는 479년 남제에다 사신을 파견하였다. 바로 이 해는 송의 권신 소도성(蕭道成)이 황제를 칭하면서 제(齊)나라를 개국한 때였다. 따라서 하지의 사신 파견은 의도적 행위인지 어떤지는 알 수 없으나 마치 제나라의 건국을 축하해 주려는 듯한 인상을 풍겼다. 그래서 남제에서는 가라를 처음 접촉하였음에도 하지에게 「보국장군본국왕」이란 작호를 단번에 수여하였던 것이다.

간접적 형식이기는 하지만 왜 5왕의 작호를 통하여 가라의 존재는 이미 남제에 널리 알려진 상태였다. 가라왕이 받은 작호가 그에 머문 것은 그로부터의 영향 때문일지 모른다. 가라가 신라보다 앞서 중국 측 정사 동이전에 입전된 것도 독자적으로 국제무대에 정식 이름을 올린 시점이 빨랐던 데서 온 당연한 결과이기도 하였다. 이는 가야사의 전개 과정을 살피면 전무후무한 유난스런 일에 속한다. 그런 측면에서 각별히 주목해 볼 대상이 되겠다. 이 사건을 통해서는 다음 몇 가지 사항이 유추된다.

첫째, 가라 즉 대가야가 중국 중심의 국제무대에 독력으로 얼굴을 내밀 정도로 크게 성장한 사실이다. 다른 가야 세력의 경우에도 실제로 그런 사례가 있었지만 기록상의 누락 때문에 보이지 않을 수가 있다. 그러나 신라도 6세기 중엽에 이르러서야 비로소 단독으로 중국 대륙에 나아가게 된 사실을 고려하면 단순히 기록의 누락이 있었다고 단정하기는 어렵다. 여하튼 대가야만이 국제무대에 단독으로 사신을

고령 지산동 고분군과 왕릉전시관

고령지산동30호분 발굴 모습 (영남문화재연구원 제공)

파견하였다면 그럴 만한 능력을 충분히 갖추었기에 가능한 일이었다. 이 무렵 대가야가 여러 세력 가운데 가장 우위의 위치에 섰음을 입증해 준다고 해도 좋을 듯하다. 그 점은 앞서 본 것처럼 438년의 왜 5왕이 자칭한 작호 속에 이미 가라가 보이는 사정과도 일맥상통한다. 여하튼 다른 가야 세력과 달리 대가야가 국제무대에서 본국왕으로서 정식 인정을 받은 유일한 세력이고 보면 이후 내부의 위상도 그만큼 고양되어 갔다고 풀이해도 좋다.

그런 사정을 대강이나마 방증하여 주는 고고자료도 있다. 5세기 당시 대가야에서 축조된 고총 고분의 규모와 수치에서는 다른 가야 세력의 그것과는 격절한 차이를 보인다. 게다가 당시 고총고분이나 토기의 분포 정형을 보면

5세기 전반 이후 이른바 대가야 양식 토기가 대체로 서쪽으로 퍼져나가고 나아가 남강 상류 및 금강 상류와 함께 섬진강 상류에서 하류의 남해안에 이르기까지 확산되는 경향이 엿보인다. 이를테면 남원 운봉의 월산리, 두락리 고분군, 장수의 삼봉리, 동촌리 고분군, 하동의 흥룡리 고분군, 순천의 운평리, 왕지동 고분군, 여수의 고락산성, 광양 비평리 등지에서 출토되는 대가야계 유물들이 그를 뚜렷이 입증해 주고 있다.

1. 장수 삼봉리 1호분 발굴후 전경 • 2. 장수 삼봉리 3호분 출토 마구류 • 3. 장수 삼봉리 3호분 출토 토기류

1. 순천 운평리 4호분경 • 2. 순천 운평리 2호분 출토유물

이런 사례들은 하지가 국제무대에 나설 수 있도록 사전의 정지작업이 착실히 선행되었음을 의미한다. 아마도 주변 지역과는 단순한 연맹 관계의 수준을 뛰어넘어 정치적 상하 관계로까지 발전한 지역이 적지 않았다고 볼 수 있게 한다. 가라, 즉 대가야는 앞서 보았듯이 4세기 이후 차츰 유력 세력으로 발전해 갔거니와 5세기 전·중반에는 마침내 가야 제 세력을 선도(先導)하는 수준에 이르렀다. 내륙에 위치한 대가야가 바다로 나가려면 매우 불리하였을 터인데 이를 극복한 사실 자체가 발전하였음을 증명해 주기에 충분한 근거가 된다. 그런 의미에서 '본국왕'이라고 지칭한 표현은 단지 고령 일대만으로 국한된 것이 아니었을 공산이 크다. 상당히 넓은 영역을 보유한 지배자에게나 어울릴 법한 호칭이기 때문이다.

둘째, 이때 대가야가 남제로 나아간 경로가 섬진강이었다면 이 방면의 통로가 매우 안정적으로 확보된 상태였음을 뜻하는 사실이다. 역으로 낙동강은 이미 교통로로서의 기능이 거의 마비된 상태에 이르렀음을 반증하는 것이기도 하다. 대가야가 서쪽으로 진출할 수밖에 없었던 것은 동쪽에 위치한 신라의 압박 때문이었고, 대신 백제와는 우호관계를 맺고 있었기에 이 방면이 상대적으로 유리하였다.

그런 기회를 틈타 대가야는 내부 결속을 강화해 가면서 섬진강 방면으로 영향력을 차츰 넓혀 나갔던 것이다. 거기에는 백제의 왕도가 멀리 떨어진 한강 유역에 자리한 까닭에 이 지역에 대해 관심을 적극 기울일 입장이 아니었고, 또 당시 그리 전략적으로 중요한 곳이라 인식되지 않았던 사정도 작용하였다. 백제로서는 사전에 대가야의 움직임을 충분히 간파하고 있었으나 형편상 암묵적으로 용인해 주었을 공산이 크다.

셋째, 대가야가 단독으로 남제와 통교한 점이다. 다른 가야 세력과 힘을 합쳐 추진한 흔적은 전혀 보이지 않는다. 그 이유는 잘 알 수가 없지만 글자 그대로 대가야의 단독 행위였을 가능성, 혹은 다른 가야 세력도 동참하였으나 내세울 수 없을 정도로 대가야에 예속되었을 가능성, 여러 가야 세력을 대표하여 대가야가 추진하였을 가능성 등등이 상정된다. 그렇지만 기록상으로는 어디까지나 대가야만의 단독 행동이었다.

그것은 여하튼 백제의 역할이 보이지 않는다는 점도 각별히 유의해 볼 만한 대목이다. 정상적인 상태에서라면 백제가 주도해 국제무대상의 신출내기라 할 대가야의 안내역을 당연히 맡았을 법하다. 실제로는 백제가 그를 안내하였을 것이라고 추정하는 견해도 있다. 그렇지만 사실 당시의 백제는 그럴 처지가 아니었다. 따라서 대가야 독자적이었다고 봄이 순조롭다. 그런 흔적은 뚜렷하게 보이지는 않는다.

다만, 대가야로서는 첫 경험이었으므로 순전히 독자적인 힘만으로는 애로가 대단히 많았을 것 같다. 그래서 항해의 경험이 풍부하고 중국 남조의 사정에 밝은 어떤 특정 부류 사람들의 안내를 받았을 가능성은 충분히 상정해볼 수 있다. 그들이 백제인, 혹은 백제계 가야인이거나 아니면 중국 계통 출신자일 수도 있겠다. 그렇다고 해서 백제가 대가야의 활동을 공식적으로 선도하였다고 볼 근거는 어디에도 없다. 백제는 이제 막 출범한 남제와는 그 뒤에도 공식 접촉을 한 적이 없다. 따라서 대가야의 남제 통교는 단독으로 진행되었다고 봄이 순조로울 것으로 보인다. 실제 백제의 동향을 살펴보면 그 점은 여실히 입증된다.

백제는 그보다 앞서는 475년 고구려의 대대적인 공세로 왕도 한성(漢城)이 함락되고 개로왕(蓋鹵王)이 전사하는 등 엄청난 위기 국면을 맞았다. 원병 요청을 위해 신라에 파견되었다가 뒤늦게 1만을 빌려 한성으로 되돌아온 개로왕의 동생 문주(文周)는 일단 한성에서 즉위하고 난 뒤 부랴부랴 남쪽 금강 유역의 웅진(熊津)으로 수도를 옮겼다. 멸망한 뒤 나라를 다시 재건한 것이나 다름없었다. 웅진 천도 후 한성 함락의 책임 문제로 말미암아 귀족들의 도움을 제대로 받지 못하였을 뿐 만 아니라 새로운 도읍지인 웅진 지역에서도 기반을 갖추기에 급급하였다.

여러모로 사정이 복잡하게 얽혀 정국은 심히 불안정하고 혼란스러웠다. 한성에서 남하해온 귀족의 내분, 웅진과 그 부근에 기반을 둔 토착세력과의 갈등 및 그로부터 빚어진 정쟁(政爭) 등이 마구 뒤섞여 빠른 시일에 정치적 안정을 회복하기란 너무 요원한 일이었다. 그리고 고구려의 남하 위협도 그대로 이어지고 있었다. 게다가 바로 479년은 어린 나이로 즉위한 삼근왕(三斤王)이 좌평 해구(解仇)와 은솔 연신(燕信)의 반란 사건을 거친 직후 재위 3년만 사망하고 동성왕(東城王)이 뒤를 이은 바로 그해였다. 그런 정황이었기 때문에 백제는 한동안 바깥으로 눈 돌릴 겨를을 거의 갖지 못하였다. 대가야로서는 충분히 단독으로 남제와의 통교를 노릴 만한 기회였다.

백제는 고구려와의 싸움 패배와 한강 상실 및 남천, 그리고 이어진 혼란상으로 한반도 남부세력으로 구성된 연합전선 주도자로서의 위상은 급속히 추락할 수밖에 없게 되었다. 가야의 대표자였던 대가야는 그런 사태의 추이를 살피다가 마침내 중국 남조에 독자적으로 사신을 파견하기에 이른 것이었다. 오래도록 백제로부터 문화적 도움을 받았지만 정치적 영향력이 일정 정도의 수준을 넘어서게 되자 이제는 그것이 발전상의 질곡으로 작동하기 시작하였다. 앞서 언급한 목만치의 사례에서 어렴풋하게나마 짐작되듯이 백제의 지나친 간섭은 대가야의 발전을 가로막는 걸림돌로 작용하였다. 게다가 백제를 대상으로 겼던 경제적 부담도 만만치가 않았을 터이다. 마치 신라가 고구려의 도움을 오래도록 받아 위기를 극복하고 그 우산 아래에서 선진문물 입수의 창구로 활용하였으나 드디어 그것이 도리어 발전의 걸림돌로 작용한 사정과 흡사하였다.

사실 대가야가 독자적 힘으로 남제와 통교하려 시도한 것은 선진문물 입수 창구의 확보 뿐만 아니라 백제의 우산으로부터 가능하면 벗어나려는 의도도 깔린 것으로 풀이된다. 백제 내부의 불안정한 상황이 그 계기를 제공한 셈이 되기는 하였으나 대가야로서는 이미 내부적인 당면 문제로부터 그런 기회가 닥치기를 줄곧 기다리고 있었다. 대가야는 바깥으로 나가는 안정적 통로를 확보해 가면서 영역을 넓혀가고 그것이 일단 성공을 거둠으로써 머지않은 장래에 가야 제국의 통합으로까지 이어질 수 있으리라는 기대감까지 갖게 된 듯하다.

그러나 백제의 영향력이 현실적으로 강하게 작용하는 한 그런 의도가 끝내 현실화되기는 너무 먼 일로 느껴졌을 터이다. 백제가 가야를 애초에 '맡긴 땅(임나)'으로 인식한 밑바탕에는 그에 대한 영향력을 영속화시키거나 기회가 닿는다면 마침내 영역으로까지 삼으려는 최후의 계획까지 갖고 있었던 것 같다. 고구려가 신라에 대해서 취하였던 것과 매우 비슷한 모습이었다. 바로 얼마 전인 464년 신라도 고구려에 반기를 들어 왕도에 주둔한 군사력을 축출함으로써 독자노선을 선언한 적이 있다. 따라서 자신의 주도 아래 가야 전체를 통합하려고 희구하였을 대가야에게 백제의 당면 위기는 오히려 그런 굴레로부터 벗어날 더할 나위 없이 좋은 기회로 여겨졌을 법하다. 오랜 기다림 끝에 자립화를 노골적으로 선언할 시점을 드디어 포착한 것이었다. 대가야가 독력으로 남제에 얼굴을 내밀게 된 것은 바로 그런 상황 인식의 발로였다고 풀이된다.

그러나 대가야가 추진한 남제와의 통교는 계속 이어지지를 못하였다. 물론 그것은 당연히 내부적으로 안고 있는 문제 때문이기도 하겠으나 백제의 줄기찬 간여와 견제 또한 쉽게 무시할 수 없는 요인으로 작용하였을 것 같다. 그런 사실은 이후 전개된 실상을 통하여 유추해 볼 수 있다.

2

6세기 초 대가야와
백제의 갈등 및 그 향방

백제의 섬진강 유역권 진출과 대가야의 대응

481년 고구려가 갑자기 말갈병과 함께 신라의 북변을 침공해 호명(狐鳴) 등 일곱 성을 공략하고 계속 남으로 진군하여 미질부(彌秩夫)에까지 이르렀다. 미질부의 현재 위치는 경북 포항의 흥해(興海)로 추정되므로 고구려가 동해안을 따라 계속하여 남진해 왔던 셈이 된다. 당시 고구려 병력의 출발지가 어디인지 잘 알 수는 없지만 결국 신라 왕경의 매우 가까운 곳까지 진출한 상태였다. 심각한 위기 의식을 느낀 신라는 백제와 가야에 급히 도움을 요청하였다. 그에 부응해서 백제와 가야가 원병을 파견해 줌으로써 신라는 고구려 병력을 물리쳐 위기를 극복하고 계속 추격하여 마침내 니하(泥河)에까지 이르렀다고 한다. 신라로서는 당면 위기를 기왕에 구축해 놓은 백제 중심 군사동맹의 덕을 톡톡히 본 셈이었다.

사실 이때 참전한 가야가 어느 세력인지 드러나지 않는다. 다만, 당시 백제가 동맹세력으로서 참여한 점으로 미루어 아무래도 임나의 주축인 대가야가 중심이었다고 봄이 무난할 듯 싶다. 당시의 전반적 정황으로부터 대가야가 신라의 요구에 따라서 자발적으로 구원병을 파견하였다기보다는 백제가 옆에서 종용한 것으로 추측된다. 말하자면 대가야 중심의 가야 세력은 백제의 권유를 받아들여 출정한 것이었다. 실제 거리상으로 백제와 가야의 연합병력으로 구성된 듯이 기술되었지만 기실은 가야 병력이 주축을 이루었을 공산도 있다.

게다가 당시는 동성왕(東城王)이 재위한지 3년째였으므로 백제는 이 무렵 새로운 왕경 내부의 정치적 혼란상 및 삼근왕의 사망에 따른 정국의 불안을 극복해 어느 정도 안정을 되찾아가는 중이기는 하였지만 아직 내부가 말끔히 수습된 상태는 아니었다. 따라서 신라의 파병 요구를 부득이 받아들이기는 하였으나 백제가 상당한 병력을 직접 파견할 형편은 되지 못하였다. 따라서 백제는 상당 부분 가야에게 부담지웠을 공산이 크다. 이후 고구려에 대항해서 몇 차례 더 추진된 백제와 신라의 공동 작전에서 가야가 보이지 않음은 그런 실상의 일단을 방증해 준다.

그처럼 백제가 (대)가야에게 신라 구원을 위한 파병을 권유하고 그것이 그대로 이루어진 상황이라면 백제의 대가야에 대한 정치적 영향력이 어느 정도 작용하고 있었던 것으로 보아도 무방하겠다. 그런 분위기에서라면 대가야가 추진한 남제와의 독자적 통교를 백제가 추후 문제 삼았을 가능성을 상정해도 그렇게 무리하지는 않을 듯 싶다. 대가야가 독자적으로 남제와 통교하였다는 정보를 입수한 뒤 백제로서는 어떤 형태로든 뒤늦게 그에 압력을 가하였을 가능성이 있다. 그런 사정을 알려주는 구체적 기록이 보이지는 않지만 이후의 추이를 살피면 저절로 드러난다.

백제 동성왕은 즉위 이후 23년이란 비교적 장기간 재위하는 동안 정국을 차츰 정상 상태로 돌리는 데 성공한 것으로 보인다. 498년(동성왕 20) 탐라(眈羅)가 공부(貢賦)를 바치지 않자 동성왕이 친히 정벌에 나섰다는 사실은 그를 방증하기에 충분하다. 거기에는 당연히 신라와 맺어온 긴밀한 우호관계도 배경으로 작용하였으리라 여겨진다. 동성왕은 신라와 여러 차례에 걸쳐 고구려에 항전하기 위한 연합 작전을 펼쳐 거의 대부분 성공을 거두었다. 이 무렵이 두 나라 사이가 가장 밀착하고 또 군사적 협조까지 정상적으로 가동된 시기이기도 하였다. 그를 보증해 주기 위한 수단으로서 493년에는 동성왕이 신라의 소지왕에게 청혼하기까지 하였다. 소지왕은 그 요구에 화답하여 이찬 비지(比智)의 딸을 보내어 주었다.

그러나 동성왕 재위 후반기에 이르러서는 두 나라 사이에 일시 약간의 금이 간 적 있었다. 501년(동성왕 23) 백제는 오늘날 대전과 옥천의 경계지역 근방으로 비정되는 탄현(炭峴)에다가 목책(木柵)을 설치하였는데, 신라에 대비하기 위한 목적에서였다고 함은 그런 실상을 방증해 준다. 이는 두 나라의 관계가 기존처럼 정상적으로 유지되고 있었다면 굳이 실행으로 옮기기 어려운 조치였다. 따라서 동성왕 말년에 이르러 백제와 신라 두 나라 사이에 어떤 변화와 갈등의 싹이 움트고 있었음을 시사한다. 구체적 사정을 전하는 기록이 보이지 않아 이유와 향방은 잘 알기가 어렵다.

다만, 잠시나마 서로 경계하지 않으면 안 되는 일들이 벌어졌고 두 나라 자체의 내부 문제로 더 이상 위험 수위로까지 발전하지는 않아 적당한 선에서 마무리되는 데서 그친 것 같다. 바로 이때 신라에서는 정상적이라면 여러 모로 불가능하였을 64세의 지증왕(智證王)이 소지왕(炤知王)을 내몰고 즉위하면서 강력한 개혁적 시책을 밀고나가던 중이었다. 머지 않아 신라의 면모가 새로워질 것임을 예고해 주고 있었다.

그와 비슷한 시점에 유사하게도 백제 무령왕(武寧王)도 가림성(加林城)을 근거로 일어난 백가(苩加)의 반란 사건을 매개로 해서 즉위하였다. 무령왕은 여러 가지로 내정 개혁을 단행함으로써 국력을 크게 진작시키는 데 성공하였다. 특히 민(民)의 안정과 농업생산력의 향상을 도모하기 위해 제방을 수리하고, 유식자(遊食者)들을 농사에 강제로 투입하는 등의 조치를 취하였다. 무령왕이 강력하게 추진한 여러 정책이 드디어 성공을 거둠으로써 백제의 경제력은 크게 향상되어 갔고 그에 어우러지게 정치적 인정도 이룰 수 있게 되었다. 백제가 521년 양나라에 사신을 파견할 때 보낸 국서에서 "여러 차례 고구려 격파에 성공해 다시 강국(强國)이 되었다"고 자신만만하게 내세울 정도였다.

사실 무령왕이 강력하게 추진한 지역개발 시책과 관련하여 특별히 주목해 볼 만한 대상은 섬진강 유역에로의 진출이었다. 백제는 지방에 대한 통제와 개발 정책이 어느 정도 성공을 거두게 되자 그 범위를 더욱 더 넓혀 나갔다. 스스로 다시 강국이 되었다고 주장하기는 하였지만 사실 영역 범위와 경제적 기반은 아직 한강 유역에 왕도를 둔 시절에 비할 바는 아니었다. 따라서 그에 어울릴 만한 지역을 오래도록 방치해 두었거나 혹은 이미 다른 나라에 편입된 곳에 대해서까지도 관심을 두기 시작하였다. 백제가 섬진강 유역권으로 눈을 돌린 것도 그런 시도의 연장이었다.

백제가 새로운 지역을 개척, 개발해 가면서 마침내 섬진강 유역에까지 이르게 된 과정과 시점은 분명하지 않다. 다만,『일본서기』현종기(顯宗紀) 3년조(487)에 백제가 점령하고 있던 지역으로 등장하는 이림(爾林)과 대산(帶山)을 진안·장수·임실에 걸치는 지역으로 비정한 견해에 따르면 이 무렵으로 설정 가능하다. 하지만 일반적으로는 이림과 대산을 그렇게 비정하고 있지는 않으

여수 고락산성 (문화재청)

므로 설득력은 그리 높지 않다. 설사 그것이 타당하더라도 일시적 점거에 머물렀을 공산이 크다.

그런데 백제의 이 방면으로 본격적 진출을 도모하기에 이른 사정은 『일본서기』계체기(繼體紀) 6년조(512)에 원래 임나의 관할 아래에 놓여있었다는 4현(縣)을 이때에 백제가 장악하게 되었음을 보여 준다. 이른바 임나4현으로 불리는 상치리(上哆唎, 흔히 상다리라고도 발음함), 하치리(下哆唎, 하다리라고도 발음함), 사타(娑陀), 모루(牟婁)의 위치를 둘러싸고 논란이 많아 아직 정설은 없는 상태이지만 근자에 대체로 여수, 순천, 광양 등 전남 동부 해안 지대로 추정함이 대세인 것으로 보인다. 그처럼 명확하게 위치를 밝히기는 힘들더라도 백제가 이 지역에다 현을 두었다는 자체는 직접 지배지로 삼은 사실을 반영한다. 최근 여수의 고락산성 및 척산산성, 순천의 죽내리 고분군, 성암산성, 광양의 칠성리 등에서는 6세기에 들어와 제반

여수 고락산성 세부 (문화재청)

문화 양상이 가야계로부터 백제계로 바뀌어져 가는 모습을 보인다고 한다. 이는 이 지역이 대가야의 정치적 영향권으로부터 점차 백제의 그것으로 교체되는 현상과 맞물려 진행된 실상을 입증해 주는 사례이다.

임나4현으로 표현된 지역을 대상으로 6세기 초 백제가 경역을 넓혀가자 자연히 대가야와의 사이에는 마찰이 빚어질 수밖에 없었다. 대가야가 백제의 진출에 강력하게 반발하였기 때문이다. 대가야로서는 바깥으로 나아가는 통로로서 오래도록 경영해온 이 방면이 갑작스레 막히게 된다면 심대한 타격을 입게 될 터이며, 이는 결과적으로 백제의 강한 간섭과 영향력 아래에 들어가게 됨은 불을 보듯 뻔한 이치였다. 그렇게 되면 대가야는 자체 내부의 발전은 물론 그 동안 꿈꾸어온 가야 전체 통합에의 길은 완전히 물거품이 되고 만다는 사실을 심각하게 느꼈다. 이로써 대가야는 백제의 진출에 대해 강경한 입장을 고수하면서 저항하였다. 두 나라는 교섭을 진행하였으나 끝내 타협점을 찾아내지 못함으로써 오랜 우호관계는 파탄 상태로 치달아갔다.

사실 백제 무령왕은 부흥을 도모하면서 원래 근거지였던 한강 유역의 탈

환을 자나 깨나 희구하였다. 그를 위해서 다른 무엇보다도 내부의 안정과 함께 경제적 기반 확보가 우선시할 대상이었다. 대가야와의 우호관계 유지는 차라리 그 다음의 문제였다. 특히 백제는 섬진강 유역권이 원래 마한 세력권이었으나 4세기 후반 영역으로 편입하였으므로 사실상 이 방면으로의 진출은 군사적 침투가 아니라 과거 연고권(緣故權)의 회복이라고 당연시 여겼다. 대가야는 현실의 실상을 명분으로 내세운 까닭에 이 지역의 향방을 놓고서 잠시 외교전이 벌어졌다.

그러나 백제로서는 일단 대가야를 더욱 확실하게 자기의 영향권 아래에 두고자 하는 입장에서 반발이 거세었음에도 불가피하게 이를 누르고서 진출하는 자세를 강하게 견지하였다. 한편 대가야로서도 섬진강 유역권은 기반 유지의 생명줄과 같았으므로 결코 양보할 수 없는 대상이었다. 백제는 대가야의 반발에도 그를 완강하게 물리치고 마침내 진출을 강행하였으며 한걸음 더 나아가 섬진강 상류 쪽으로까지 관심을 확대하였다. 두 나라 사이에는 타협의 여지가 없어져 대립이 극한 상황으로 치달아 명운을 건 한판의 승부가 불가피한 상황을 맞아가고 있었다.

고구려와 신라가 위협적 세력으로 건재(健在)하는 한 오래도록 우호관계를 맺어온 대가야를 단번에 적으로 돌리는 행위는 백제로서도 일종의 도박이나 다름없었다. 물론 매우 어려움에 처한 백제로서는 자국의 생존 도모를 위한 부득이한 선택이었겠지만 그 밑바탕에는 대가야의 목을 죄어서 굴복시키려는 의도가 강하게 작용한 것 같다. 섬진강 유역을 백제가 직접 장악함으로써 대가야를 압박하고 그를 매개로 해서 기왕보다도 한층 더 강력하게 정치적 영향력 행사를 기도한 것이 아니었던가 싶다. 이것이 곧 자국의 경제력을 크게 증대시키는 길이기도 하였다.

그렇지만 그와 같은 백제의 기획은 대가야가 예상을 훨씬 뛰어넘어 강력하게 반발함으로써 순조롭게 진행되지 못하였다. 대가야는 백제에 대한 군사적 대비를 한층 강화해 가면서 다른 한편으로는 과거의 적대국이었던 신라에 적극 접근하여 갔다. 이로써 한반도 남부 지역에서 오래 유지되어 온 기존 질서 상에 근본적 변화가 일어났다.

대가야의 반발과 신라에의 접근

백제는 일단 섬진강 하구와 남해안 방면을 확보하고 이어서 상류 쪽으로 눈을 돌렸다. 대가야에 대해 한층 더 강한 압박을 가하겠다는 심산이었다. 513년 백제는 대가야를 대상으로 먼저 그들의 세력권 아래에 놓여 있던 기문(己汶)의 땅을 돌려주도록 요청하는 외교전을 벌였다. 기문을 자신들의 영향권 아래로 되돌리겠다는 생각이었다. 기문의 구체적 위치를 둘러싸고서는 현재 논란이 많다. 남원, 임실 일원으로 보는 설로부터 최근 장수, 아영 방면으로 비정하는 주장까지 제기된 상태이다. 아직 특정한 곳으로 확정지을 만한 결정적 근거는 없지만 문헌자료가 시사해 주는 내용으로 미루어 대체로 섬진강 상류 지역 일대 어디로 비정하여도 크게 어긋나지는 않을 것 같다.

백제는 동맹세력 신라 및 대가야와 오랜 경쟁 상대였던 안라를 외교 교섭의 마당으로 끌어내었다. 이들은 당시까지 백제를 중심으로 해서 고구려에 대항하는 하나의 전선을 구축한 우호세력들이었으므로 중재를 맡아 사태가 원만히 해결되도록 하려는 의도였던 것으로 보인다. 백제는 그들에게 문제의 지역이 본디 자신들의 영역이었다는 사실을 명분으로 강하게 내세웠음은 물론이다. 백제는 기문은 말할 것도 없고 섬진강 어구의 대사(帶沙)까지도 본디 자신의 영역이라고 주장하였다. 백제가 그와 같은 요구를 포기하지 않는 한 나제동맹을 기본 축으로 삼아 고구려에 대항해온 공동전선은 완전히 무너지는 방향으로 진행될 수밖에 없었다. 어쩌면 이때에 드러난 행태가 신라로 하여금 국가 사이에 맺어진 외교관계가 과연 어떤 것인가를 익히 알게 해 뒷날 한강 유역으로 진출하면서 백제를 영원한 적으로 돌릴 교훈과 명분으로 삼았을지도 모를 일이다.

백제의 본격적 진출에 대해 대가야는 강력하게 반발하고 나섰다. 끝내는 군사력을 동원한 물리적 충돌도 불사하겠다는 입장을 고수하였다. 대가야는 514년 자탄(子呑)과 대사에다가 축성하고 이를 만해(滿奚)와 서로 연결짓는 체계를 갖추었다. 이들 지명에 대해서는 논란의 소지가 많아 아직 확정하기는 힘들지만 대사가 하동 지역인 것만은 거의 확실시된다. 백제가 기문과 함께 대사까지 장악하겠다는 것은 곧 대가야의 숨통을 완전히 조이겠다는 심산이었다. 대가야가 대사를 중심으로 자탄 및 만해와 연결하였다는 것은 섬진강 하류와 중상류 방면의 방어망을 단단하게 구축하려는 것이었다.

거기에다가 봉후(烽候)와 저각(邸閣)까지 두었다고 한다. 봉후는 봉수대이며, 저각은 커다란 건물이므로 이들을 성의 안팎에 설치한 사실은 거기에다가 상당수의 상비군(常備軍)을 배치해 군사 대응을 조직적으로 추진하면서 장기전에 대비하려는 의도였음을 뜻한다. 백제와의 장기적 전면전에 임하는 모습을 연상시키는 대목이다.

그밖에 이열비(爾列比), 마수비(麻須比)에다 성을 쌓고 마차해(麻且奚)·추봉(推封)을 잇게 하였다. 사졸과 병장기를 모아 신라에도 대비하면서 오히려 공세로 나왔다. 신라의 동향까지 고려해서 공세를 취한 것은 나제가 동맹국이었으므로 그들의 움직임과 입장을 타진하기 위한 의도에서였던 것으로 보인다. 당시 대가야로서는 주변 세력 모두가 백제의 입장에 동조하면서 자신들에게 압박을 가할지 모른다고 인식하였을지도 모른다. 대가야는 극심한 고립감과 함께 위기의식을 심각하게 느껴가고 있었다.

이처럼 대가야는 백제의 섬진강 방면 진출에 대해 일단 철저한 방비 대책을 강구하였다. 백제도 일단 남해안 지역을 장악하고 난 뒤 더 이상 본격적으로 전진하지 않았음으로써 잠깐의 소강상태를 보였다. 백제로서는 자신의 본래 영역을 확보한다는 당초의 설정 목표를 충분히 달성한 상태였기 때문이다. 한편 당시 북방에서는 고구려가 백제의 변경에 대한 공격을 줄기차게 시도하고 있었다. 그래서 백제는 더 이상 동진(東進)하기 곤란한 상황이었다. 게다가 그것이 가야권으로의 진출과 영향력 행사를 줄곧 노리고 있던 신라의 감정을 자칫 거슬릴지도 모를 일이었기 때문이다. 그래서는 고립을 자초하여 위기 상황에 빠질 수도 있으므로 백제는 적절한 선에서 마무리 짓지 않으면 안 되었다.

사태를 유발한 백제가 직면한 대내외적 상황으로 소강상태를 맞았다. 그러나 과거의 관계가 그대로 회복될 기미를 좀처럼 보이지 않자 대가야는 이제 신라 쪽으로 우호의 눈길을 보내었다. 그때까지 신라와는 현실적 이해관계에 따른 직접적 마찰이 일어난 적이 없었기 때문에 대가야의 이뇌왕(異腦王)은 여러모로 돌파구를 모색해 가면서 신라를 우호관계의 상대로 삼으려한 것이다. 대가야가 522년 신라에 사신을 보내어서 먼저 청혼(請婚)을 요구한 것은 바로 그런 사정의 일단을 잘 반영해 준다. 아마도 그에 앞서 그런 노력이 진행되었고 마침내 그것이 청혼으로까지 발전해간 것으로 보인다.

그에 대해 신라의 법흥왕으로서도 별로 손해날 것이 없었으므로 순순히 부응해 이찬 비조부(比助夫)의 딸을 보내 주었다. 두 남녀 사이에서는 뒷날 월광태자(月光太子)로 이름이 지어진 아이가 태어났다고 한다. 아이는 잠정적이기는 하나 마치 두 나라 간의 우호관계의 상징처럼 비쳐졌다. 대가야가 오랜 우호세력이었던 백제와 결별하고 대신 적대적 관계로 일관하다시피 해온 신라 쪽으로 돌아선 사실은 얼마나 섬진강 방면을 중요하게 여겼던가를 단적으로 보여 준다.

이처럼 대가야는 일단 위기 상황 돌파를 위한 하나의 방편으로서 신라와의 우호관계를 체결하는 적극성을 내보였다. 그런데 신라는 대가야의 기대에 어울리는 입장과 자세를 지닌 것은 아니었다. 내심 그와는 전혀 딴판의 생각을 갖고 있었던 것이다. 신라 법흥왕은 대가야와의 관계를 요구대로 순조롭게 정리한 뒤 524년에는 직접 순행에 나서서 남쪽으로 영역 개척에 나섰다. 이때의 남쪽 영토란 이후의 진행을 염두에 두면 낙동강 하구에 위치한 금관국을 지칭함이 분명하다. 이에 대해 가야왕이 직접 와서 법흥왕을 만났다고 한다.

그런데 이때의 가야왕을 놓고서 대가야와 금관국 가운데 어느 쪽인가를 둘러싼 논란이 있다. 당시 진행된 신라와의 우호관계 체결에 비중을 두는 입장에서는 당연히 대가야라 간주한다. 법흥왕이 남쪽 변경의 땅을 넓혀 나가는데 이제 막 체결된 우호관계의 확인을 목적으로 해서 대가야왕이 직접 내려와 만났다는 것이다. 남경(南境)이 낙동강 하구 방면이라면 대가야왕이 그것까지 행차하였다는 사실은 곧 그를 동조하고 지원하였다는 의미를 내포하고 있는 셈이다.

그러나 신라가 낙동강 이서 지역으로 진출해 가려는 마당에 대가야가 동조하였다고 풀이하는 것은 아무래도 이상스럽게 여겨진다. 그렇다면 이는 대가야가 신라의 낙동강 이서로의 진출을 용인하고 적극 돕는 결과가 되기 때문이다. 얼마 뒤 혼인에 따른 우호관계가 파탄나게 된 사실과 연결지우면 그렇게 보기는 곤란하다. 백제의 진출에 대항해 신라 쪽으로 돌아선 대가야가 신라의 금관국 진출에 협조하였을 리 만무한 일이기 때문이다. 『삼국사기』 신라본기에서 취하고 있는 서술 방식을 순리대로 따르더라도 이는 당연히 금관국이라고 풀이함이 순조롭다. 이미 언급한 것처럼 신라본기의 가야란 모두 원칙적으로 금관국으로 간주한 사실도 참고가 된다. 그 점이 남경이라고 설정된 방향과도 자연스럽게 어울린다.

이와 같이 법흥왕을 만나러 온 인물을 금관국왕이라 한다면 이는 곧 금관국이 자진 굴복해서 두 나라 사이에는 잠시 어떤 협상이 이루어진 사실을 뜻하는 것으로 풀이해도 무방하겠다. 이때 법흥왕이 친히 영토를 넓혔다는 사실은 소규모의 전투가 있었던 것이 아님을 나타낸다. 516년 병부령, 517년 병부의 설치 등을 통해 대대적 군사 정비가 진행된 사정을 고려하면 이번 법흥왕의 출정은 갓 마련된 중앙정부의 핵심 정예 병력을 동원해 당시 영역을 접한 가야 여러 세력 가운데 상대적 약체로 전락한 금관국을 첫 시험 대상으로 삼은 것이라 여겨진다. 이로써 신라의 본격적 가야 공략의 신호탄이 오른 셈이었다. 이는 혼인을 매개로 해서 대가야와의 우호관계가 맺어진 뒤 입장과 자세를 시험할 만한 좋은 기회이기도 하였다. 신라로서는 대가야를 비롯한 여타 가야세력의 움직임이 무척 궁금한 대목이었을 터이다.

법흥왕의 친정에 금관국이 너무나도 쉽게 굴복해 화의를 요청함으로써 실험은 싱겁게 끝났다. 신라는 이를 매개로 대가야가 금관국을 지원을 하지 않을 것이며, 나아가 다른 여러 가야 세력도 장차 하나로 뭉쳐서 대응하지 않으리라고 판단을 하였을지 모른다. 다만, 신라는 아직 그런 상황 전반을 관망하는 편이 유리하다고 여겨 금관국의 요청을 즉시 그대로 받아들였던 것 같다. 금관국왕이 쉽사리 굴복하자 일단 기존 지배체제를 그대로 온존시켜 주어 앞으로 영향력을 행사하는 선에서 마무리해 두고 군사를 돌렸다. 아마도 금관국은 기존 체제를 보장받는 반대급부로서 친신라적 자세를 취하였을 뿐만 아니라 상당한 경제적 부담까지 졌으리라 여겨진다. 신라로서는 여차하면 낙동강을 건너갈 수 있는 주요 거점을 마련한 셈이 되었을 뿐 아니라 금관국의 기반을 용인해 줌으로써 다른 가야 세력의 분열을 획책할 수 있다는 이중의 효과를 노렸을지 모른다. 말하자면 그것이 곧 가야 제 세력 대상의 일종의 유화책으로서 백제와의 경쟁에서 우위를 확보할 수 있는 길이기도 하였다.

그런데 바로 얼마 뒤 대가야와 신라의 관계가 파탄나면서 상황은 전혀 예기치 못한 방향으로 흘러갔다. 신라가 왕녀를 대가야 이뇌왕에게 시집보내면서 딸려 보낸 100명의 시종이 입었던 옷 문제가 발단이 되어 빚어진 사건이었다. 신라의 왕녀를 따라 대가야로 들어간 공식 시종 100인을 대가야에서는 여러 현(縣)에다가 분산해서 배치시켰다. 당시 대가야에 지방행정 조직으로서 현제(縣制)가 실제로 수용되어 있었는지 어떤지는 분명하지 않으나 그 자체는 왕경에 대응되는 지방이 존재하는 사실을 반영함은 의심할 바가 없다.

지방이 존재하였다는 사실은 곧 대가야의 국가 상태가 당시 어느 정도의 영역국가 수준에 이르렀음을 뜻한다. 대가야가 신라의 종자(從者)들을 모두 함께 왕경에두지 않고 굳이 그들을 각 지방에다가 분산 배치한 의도는 분명하게 드러나지 않는다. 어쩌면 신라인들이 대가야 왕경에서 집단적으로 움직이게 되면 마치 점령당한 듯이 비쳐져 국내는 물론 가야 전체에 미칠 악영향을 염두에 두었거나 혹은 그들이 그처럼 행세함으로써 여러모로 문제를 일으킬 우려가 있었기 때문일지 모른다. 오랜 기간 줄곧 친백제적 입장을 취해오다가 갑작스레 적대적인 신라 쪽으로 선회한 데 대해 내부의 일반적 정서가 찬반 양론으로 나뉘어 쉽게 받아들이기 힘든 분위기도 작용하였을 지 알 수 없는 일이다. 여하튼 대가야로서는 장차 일어날지 모를 불안한 사태를 미연에 방지하기 위한 조처의 일환이었던 것만은 확실하다.

이들 신라의 시종들은 대가야의 지시 사항을 그대로 따르지 않고 입은 옷을 마음대로 바꾸어 입었다. 기록의 누락으로 말미암아 구체성을 결여하고 있어 사정 전반은 뚜렷하지가 않아 크게 논란되고 있다. 원래 신라 옷만을 입도록 약속하였는데 대가야 복장으로 바꾼 것이냐, 아니면 대가야의 옷만을 입도록 약조해 그렇게 조처하였는데 이를 무시하고 의도적으로 다시 신라의 옷으로 갈아입어 원래의 약속을 어긴 일이냐의 문제였다. 대가야가 애초에 우려스러워 하면서 종자들을 여러 지방에 분산 배치한 일이 그대로 현실에서 일어나고 말았던 것이다. 겉으로는 단순한 변복(變服) 사건으로 표출되었지만 실상 그 바탕에는 신라의 계획된 군사적 침투가 깔렸을 공산이 크다.

변복 사건으로 말미암아 모처럼 맺었던 대가야와 신라 두 나라 간의 우호 관계는 급속히 냉각되면서 파탄으로 치달았다. 대가야에서는 사건이 발생하자 즉각 신라로 사신을 보내어 항의하고 시종들을 모두 돌려보내는 조치를 취하였다. 신라는 이 사건으로 결국 본심을 드러낸 셈이 되어 왕녀도 돌려달라고 요구함으로써 파탄을 공식 선언하였다. 대가야로서는 월광태자까지 낳은 마당이어서 왕녀는 돌려줄 수 없다고 대응함으로써 마침내 두 나라는 전쟁 상태로 돌입하기에 이르렀다. 이 사건이 벌어진 시점에 대해서는 기록상 약간의 혼란과 착오가 있는데 전후 사정으로 미루어 529년 무렵으로 봄이 가장 적절할 듯 싶다. 이 사건 직후부터 낙동강 전선에는 급격히 전운(戰雲)이 감돌기 시작하였다. 낙동강 하구로부터 신라의 도강(渡江) 작전이 본격적으로 실시된 것이었다.

「양직공도(梁職貢圖)」 속의 가야

6세기 초 백제의 무령왕은 한강 유역을 잃은 데 대한 대안을 찾는 한편 내부적으로는 농업생산력을 드높이기 위해 다양한 대책을 강구하였다. 그러면서 과거 자신의 영토였음에도 대가야가 진출, 혹은 점유한 지역을 대상으로 기존 연고권을 명분으로 내세우며 되찾아서 개발하려고 하였다. 이는 마침내 대가야와의 마찰을 유발한 요인이 되었다. 백제로서는 오랜 우호세력인 대가야를 적대세력으로 돌리면서까지 새로운 영역을 확보하지 않으면 안 될 정도로 안팎으로 긴박한 위기 상황이었다. 다른 무엇보다 고구려의 남하에 적극 대항하기 위한 경제적·군사적 기반 확충이 시급한 과제였다.

백제는 한강 유역 상실로 이제 약체로 전락한 마당에 자국 중심의 현실적 이해관계에 대해 강한 집착을 보일 수밖에 없었다. 그 밑바탕에는 대가야와의 관계 재정립이라는 당면의 과제도 깔려 있었다. 이미 대가야가 혼자만의 힘으로 남제와 교섭한 데서 드러나듯이 여차하면 자주성을 강하게 내비치는 성향에 대해 경고하는 의미도 아울러 담고 있다. 사실 백제로서는 대가야를 더욱 더 자신의 영향력이 강하게 미치는 범위에 두려 하였다. 그러나 대가야는 백제가 기대했던 것과는 반대로 자립성을 추구하면서 백제의 진출에 대해서 만만치 않은 강고한 자세로 반발하였다.

사실 무령왕이 그처럼 대가야를 대상으로 강경한 입장을 내보인 것은 대고구려 작전을 감행하기 위한 사전 포석 작업의 일환이기도 하였다. 한강 유역을 상실한 사실상의 최고 책임자였던 개로왕의 아들인 무령왕은 힘든 과정을 거쳐 즉위한 뒤 오매불망 잃어버린 옛 땅 수복의 꿈을 꾸고 있었다. 그런 염원은 무령왕의 뒤를 이은 아들 성왕에게도 그대로 이어지고 있었다. 대가야에 대한 영향력 행사를 비롯한 가야권으로의 진출을 적절한 선에서 마무리 지은 것도 바로 그 때문이었다. 백제로서는 대가야와 긴밀한 관계를 맺기 시작한 동맹국 신라의 심기를 더 이상 건드려 불편하게 만들기는 곤란한 처지였다. 한강 유역 진출에는 신라의 도움이 절대적으로 필요한 대전제였기 때문이다.

무령왕은 전통적 방식대로 남조의 양나라와 적극 통교하면서 긴밀한 관계를 유지해 가려 하였다. 남조에 어떤 새로운 왕조가 출현하더라도 변함없이 일관되게 지켜온 기본 정책의 연장이었다. 백제의 재흥을 외친 무령왕은 특별히 양나라의 문화를 적극 수용하는 자세를 취하였다. 그 점은 뒷날 발견된 무령왕의 무덤 속에 보이는 문화 양상이 뚜렷이 입증해 준다.

무령왕 무덤으로부터 지석(誌石)이 출토되지 않았더라면 자칫 양나라 귀족의 무덤이라고 착각할 정도로 당시 그 문화에 심하게 기울어진 상태였다. 실제로 무령왕릉의 바로 인접한 곳에 자리한 벽돌무덤인 송산리 6호분으로부터 '양나라의 관와(官瓦)를 본보기로 삼았다[梁官瓦爲師矣]'라고 명문이 쓰인 벽돌이 출토된 사례는 그런 실상을 뚜렷이 웅변해 주고 있다. 당시 백제와 양의 긴밀한 관계는「양직공도」를 통해서도 확인되는 사실이다.

원래 직공도는 중국을 방문한 여러 주변 국가 사절의 모습을 그대로 묘사한 그림을 말한다. 여러 사절의 그림들마다 각기 그 내용을 설명하는 제기(題記)가 따로 붙어 있다. 현재에는 6세기 전반 양나라 무제가 재위하던 시절 형주자사였던 소역(蕭繹)에 의해 대략 530년대 무렵에 정리·작성되었으리라 추정되는「양직공도」의 일부만이 남아서 전해지고 있다. 이것도 당대의 원본 그대로는 아니며 11세기 북송대에 모사된 것이 최고(最古)의 사례이다. 그밖에 몇몇 모사본의 존재가 알려졌으며, 최근에는「양직공도」관련 새 자료가 더 발굴, 소개됨으로써 크게 주목을 받고 있다.

「양직공도」가운데 현재 남아 전하는 것 속에 백제의 사신도가 보여 주목된다. 그림의 바로 좌측 상단에는 백제국사(百濟國使)라고 표제가 달린 제기가 쓰여 있다. 거기에는 당시 백제와 주변 정치세력과의 관계 일단을 짐작케 하는 내용이 보인다. 설명의 편의를 위해 필요한 부분만 잠시 가려서 소개하면 다음과 같다.

"(상략) 보통 2년 백제왕 부여융이 사신을 보내어 표를 올려 이르기를 (중략) 곁에는 소국들이 있는데 반파·탁·다라·전라·사라·지미·마련·상기문·하침라 등은 부속되어 있다[(상략)普通二年其王餘隆遣使奉表云(중략)旁小國有叛波卓多羅前羅斯羅止迷麻連上己文下枕羅等附之(하략)]".

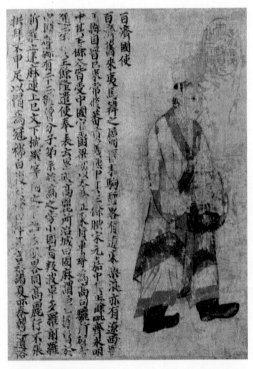

양직공도의 백제 사신 부분

양나라 무제(武帝)의 보통(普通) 2년은 521년으로서 바로 무령왕 재위 21년째에 해당한다. 『양서』백제전에 따르면 이 해에 부여융, 즉 무령왕도 양나라에 처음으로 사신을 보내었는데, 「영동대장군백제왕」의 책봉을 받았다고 한다. 한편『양서』에는 중국 사서의 동이전에 처음으로 신라전이 입전되었는데, 거기에는 신라 사신이 백제 사신을 따라서 양에 조공한 사실이 기록되어 있다.

그러므로 이때 무령왕이 양나라에 사신을 파견하면서 신라 사신도 함께 따라가도록 허용한 사실이 확인된다. 『양서』에 기록된 신라의 내부 사정에 대한 정보는 백제 사신을 거쳐서 양나라에 전달되었음이 확실시된다. 신라전의 말미에 '말은 백제를 기다린 뒤에서야 통하였다[言語待百濟而後通焉]' 한 기록은 그런 실상을 여실히 증명하여 준다.

위의 「양직공도」 기사의 내용은 『양서』의 그것과 대체로 일치한다. 따라서 『양서』 백제전이나 신라전의 내용은 원래 「양직공도」의 관련 기사를 근거로 해서 작성되었음이 분명하다. 521년 백제 사신이 신라 사신을 대동하고 양나라 무제를 만났을 때 전달한 내용이었다. 비록 뒷날 작성된 모사본이라 할지라도 당대의 실상을 그대로 전해주는, 사료적 가치가 대단히 높은 기사로 평가된다. 다만, 백제의 입장이 강하게 스며든 내용이므로 당시의 실상을 제대로 파악하는 데에는 그런 점이 충분히 감안되어야 한다.

위의 기사에 따르면 백제의 곁에는 여러 나라들이 있었다. 이들을 당시의 사정을 전해주는 다른 기록들과 아울러서 살피면 크게 세 그룹으로 나누어 이해할 수 있다. 첫째 그룹은 반파(叛波), 탁(卓), 다라(多羅), 전라(前羅)이고, 둘째는 사라(斯羅)이며, 셋째는 지미(止迷), 마련(麻連), 상기문(上己文), 하침라(下枕羅)이다.

첫째 그룹은 각각의 이름으로 미루어 가야의 가장 유력한 세력들임이 분명하다. 반파는 이미 앞서 지적한 것처럼 그밖에 달리 6세기 초의 『일본서기』 기사에만 나오는 것으로서 대가야의 별칭이었다. 『일본서기』에서는 대가야를 일반적으로 가라라고 칭하였지만, 오로지 6세기 초반이란 한정적 시기에만 유독 반파란 표현을 혼용해서 사용하는 양상을 보인다.

이때는 백제와 가라 사이의 오랜 우호적 관계가 잠시 파탄을 맞은 시기였다. 따라서 정상적이라면 대가야를 가라라 불렀을 법한데도 유독 이 시기에만 한정해 반파란 별칭을 사용하고 있는 것이다. 이는 그 속에 두 나라 사이의 관계가 악화된 사정을 일정하게 반영된 것으로 풀이해도 무방할 듯하다. 반파란 글자 자체에서 풍겨나듯이 백제로서는 당시 대가야를 폄하하면서 부른 일종의 멸칭(蔑稱)이었다. 고구려가 백제를 백잔(百殘)이라 낮추어 부르고, 백제가 마치 적대국인 고구려를 박국(狛國)이라 멸시해 부르고자 하였던 것과 비슷한 용법이다.

반파라는 멸칭적 성격의 칭호가 어디로부터 어떻게 유래한 것인지는 잘 알 수가 없지만 고령 지역에 위치한 소국을 지칭할 때에만 각별히 드러내어 사용한 것으로 여겨진다. 반파는 백제가 영역국가로까지 발전하였던 대가야를 의도적으로 작은 나라에 지나지 않는다는 의미로서 낮추어 부르고자 할 때 사용한 국명이었다. 이는 역으로 가라란 국명이 큰 규모의 국가가 되었음을 의미하는 것이기도 하다.

두 번째의 탁(卓)은 흔히 기록상에 등장하는 탁순(卓淳)을 가리키는 것으로 추정함이 일반적이다. 탁순을 그처럼 잘못 표기한 것인지 아니면 당시 실제로 줄여서 그렇게도 불렀던 것인지는 잘 알 수가 없다. 세 번째의 다라는 『일본서기』에도 보이는 국명으로서 합천 일원에 위치한 유력한 국가로 보인다. 합천 소재의 옥전(玉田) 고분군을 그와 연결지어 이해하는 견해가 널리 퍼져 있다. 최근 합천 읍내로 보는 견해도 제기되어 있으므로 쉽게 단정짓기는 곤란하다. 마지막의 전라(前羅)는 '전(前)'을 '앞'으로 훈독하면 '앞(압)라'가 되므로 안라를 그처럼 표기한 것으로 풀이함이 일반적이다.

이렇게 보면 이들 4개국은 모두 당시 10여개로 이루어진 가야 여러 세력 가운데 대체로 가장 유력·우세하였던 대표적 나라들이라 하겠다. 그 점은 『일본서기』가 보여주는 6세기 전반의 실상과 거의 그대로 일치하는 데서 방증된다. 백제와 신라가 양나라에 처음 사신을 파견한 521년을 기준으로 삼으면 금관국은 따로 거명할 필요조차 없을 정도로 이미 쇠락해진 상태였기 때문에 거기에 국명이 등장하지 않음은 너무나 당연한 일이었다. 어쩌면 국명이 보이지 않는 다른 나라들도 역시 독립된 상태이기는 하여도 유력한 가야 제국의 영향력 아래에 놓였거나 아니면 예속된 데서 말미암는 것으로 여겨진다. 따라서 위의 4개국은 당시 백제의 입장에서 가야를 대표하는 유력한 국가로 인식되고 있었다 하여도 그리 어긋나지는 않을 듯 싶다.

둘째 그룹은 사라(斯羅) 한 나라이다. 사라는 사로(斯盧)라고도 표기하며, 구체적으로는 신라의 모태가 된 사로국을 가리킨다. 물론 사라(사로)와 신라가 때때로 혼용되기도 하지만 엄밀하게 말하면 양자는 내용상 뚜렷하게 차이가 나서 구별되는 용어이다.

사로는 지역적으로는 경주분지만을 가리키며, 신라는 그를 정치적 중심지로 해서 광역의 영역을 지칭하는 개념을 지닌 국명이다. 여기서 백제가 굳이 신라라고 하지 않고 사라란 국명을 사용한 것은 신라가 의도적으로 작은 나라임을 강조하기 위한 목적에서였다. 맨 앞쪽의 '곁에 있는 조그마한 나라[旁有小國]'라고 전제한 사실에 잘 어울리는 국호라 하겠다.

백제가 그런 의미에서 양나라를 대상으로 해서 신라를 비등한 국가라고 내세울 리 만무한 일이었다. 양나라로서는 그 이전 신라와 직접 통교한 경험은 없지만 이미 왜의 5왕 작호를 통해 그 존재를 충분히 알고 있었을 공산이 크다. 비록 작호를 매개한 것이기는 하지만 거기에는 신라가 백제와 나란히 거명될 정도의 위상을 갖고 있었다. 따라서 말미에 언급되어 있듯이 백제로서는 마치 자신에 부용된 존재인 것처럼 양나라에 알리려는 의도를 지니고 있는 한 신라보다는 사라라고 지칭함이 일견 당연한 일이었다. 신라 사신이 백제 사신을 따라간 것도 그와 연관된다. 『일본서기』에서도 사라라는 국명은 유독 반파와 마찬가지로 백제가 신라를 낮추어 부를 때에만 사용되고 있다.

셋째 그룹은 지미(止迷), 마련(麻連), 상기문(上己文), 하침라(下枕羅) 등이다. 신라의 별명인 사라를 하나의 기준으로 해서 전후 두 그룹으로 나뉘는 것은 첫째 그룹과 셋째 그룹의 성격에서 차이가 뚜렷하게 난다는 사실을 드러내는 필법이었다. 첫째 그룹이 가야 여러 세력 가운데 가장 유력한 국가라는 의미에서 하나로 묶여질 성질의 것이라면, 셋째 그룹은 그런 범주에는 속하지 않으면서 또 다른 하나로 묶여질 수 있는 일군(一群)이 되는 셈이다. 사라를 가운데 끼어 넣은 것은 그를 기준으로 앞뒤 두 그룹을 구별하고자 한 백제의 의도가 깊숙이 개재된 것이었다. 이들의 구체적 위치를 둘러싼 논란이 많지만 상기문, 하침라 등으로 미루어 대체로 섬진강 유역권으로 보는 데에는 이견(異見)이 별로 없는 것 같다. 따라서 『일본서기』의 관련 기사를 근거로 하면 6세기 초 이른바 임나4현 할양 사건에 이어서 벌어진 기문 및 대사를 둘러싼 싸움에서 백제의 영향권 내로 편입된 지역임이 거의 확실시된다. 아마도 임나4현은 일단 백제의 직할 영역으로 편입되었기에 그처럼 표현된 것으로 여겨진다.

그와 비교해서 이들 셋째 그룹에는 각기 따로 지명이 보이는데, 이것은 말미에 붙은 '부지(附之)'라고 한 사실에 비추어 완전히 백제 영역으로 편입된 지역이라기보다는 예속성을 강하게 띤 반(半) 독립 지역으로 풀이된다. 아마도 이들은 백제의 영향력 속에 들어온 상태이지만 지방관을 파견해 직접 지배한 지역이 아니었던 것 같다.

세 그룹 각각이 백제와 맺은 관계가 동질적이지 않았음은 틀림없다. 그들 사이의 관계는 다양하며 한결 같지가 않았다. 그 가운데 특히 셋째 그룹의 경우에는 기록상으로 달리 등장하지 않는 사실로 미루어 완전한 독립 세력으로 서의 위치를 이어갔던 것은 아니며, 그야말로 '부지'란 표현에 어울리는 백제의 부용세력이라고 함이 적절하겠다. 그런 측면에서 보면 앞의 두 그룹은 사실상 양나라와의 외교적 필요성 때문에 백제가 자신 중심의 인식을 앞세워 의도적으로 부용 세력이라 묘사하였지만 독립된 정치세력이었다. 다만, 백제와는 등질적이 아닌 각기 차등적 관계를 맺고 있었다고 하겠다.

이상과 같이 보면 「양직공도」에 보이는 위의 기록은 백제가 양나라를 대상으로 '다시 강국이 되었다'는 사실을 입증하려는 생각에서 내세운 것이라 하겠다. 이들 세 그룹은 백제를 중심으로 각기 관계의 수준 정도가 달랐지만 모두가 소국으로서 자신의 부용세력인 듯이 표현하였다. 그런 가운데 반파나 사라처럼 부정적 이미지를 강하게 풍기는 국명을 사용한 것은 당시 이들 양자가 긴밀한 관계를 맺고 있는 데 대한 불만을 은연중 토로하려는 의도에서였던 것으로 여겨진다.

3

가야의 분발과 분열,
그리고 멸망

가야의 내분과 금관국 멸망

6세기 초 백제의 진출과 공세로 위기 상황에 내몰린 대가야는 그에 적절히 대처하기 위해 직전까지 거의 적대적 혹은 비우호적 관계로 일관한 신라에 적극 다가갔다. 그 자체는 일시적 선택에 지나지 않게 될 터이지만 결과론적으로 보면 대가야의 외교 정책에서는 일대 전환이었다고 하겠다. 왜냐하면 앞서 백제의 중재로 일시 타협함으로써 우호적 관계로 돌아선 적이 있기는 하였지만 신라와는 영토를 접속해 줄곧 대립·대결의 관계가 주류였기 때문이다. 이제 522년 두 나라는 결혼동맹을 체결함으로써 겉으로는 매우 돈독한 관계로까지 발전하는 듯한 모습을 보였다.

그렇지만 실상은 대가야가 기대하였던 방향과는 전혀 딴판으로 흘러갔다. 신라가 지닌 현실적 속셈이 대가야의 궁극적 의도와는 완전히 다른 데에 있었기 때문이다. 신라는 대가야와 우호관계를 맺기는 하였지만 이는 어디까지나 낙동강 이서 지역으로 진출해서 가야 전체를 손아귀에 넣으려는 발판을 마련하기 위한 일시적 방편이었을 따름이다.

두 나라 관계의 파탄은 무슨 대단한 일로부터 비롯한 것이 아니었다. 앞서 언급한 것처럼 대가야왕과 혼인한 신라 왕녀를 수행해온 종자 100인의 변복 사건이란 지극히 단순하고 사소한 문제가 발단이었다. 그러나 그것은 어디까지나 겉으로 내세워진 명분상의 문제일 뿐이었다. 실제로 그 밑바탕에 깔린 것은 신라의 노골화된 군사적 침투 행위였다. 결혼동맹이 체결된 지 겨우 몇 년 만에 두 나라 관계는 완전히 깨어지고 말았다.

아마도 신라가 대가야와의 우호관계 전환을 통해 직접 노리려 한 것은 내부 동향 파악과 함께 관련 정보의 수집, 친(親)신라 세력의 부식(扶植) 등이었을 터였다. 그런 목적을 갖고 시작한 혼인관계란 애초부터 파국은 시간 문제였을 따름이다. 사실 각자가 지닌 이해가 근본적으로 달랐으므로 그를 배경으로 해서 나온 타협이란 진정한 의미에서의 지속성을 보장하는 우호적 관계일 수가 없었다. 따라서 오로지 언제 결말이 날 것인가 하는 시점만 남았을 뿐 결과는 출발부터 이미 예견된 일이나 다름없었다.

신라는 백제와 대가야의 오랜 우호적 관계가 깨어진 현황이 가야 지역에로 진출할 절호의 기회라 여겨 대가야의 요구를 선뜻 들어주었다. 그러면서 머지않아 낙동강을 건너가기 위한 작전을 치밀하게 세워 추진해 나갔다. 신라는 변복사건을 빌미로 해서 대가야와의 관계가 완전히 깨어지자마자 마치 기다리기라도 한 듯이 곧장 가야 공략에 나섰다. 신라가 그 동안 어떤 생각을 품어 왔는지를 여실히 드러낸 대목이다.

신라와 가야 사이에 놓인 낙동강 전선 가운데 가장 취약한 고리가 첫 공격 대상으로 선택됨은 너무도 당연한 일이었다. 신라는 여러 가지 여건상 낙동강 하구의 금관국을 선공의 최적지(最適地)로 여겼다. 이곳을 낙동강 이서의 가야 전역으로 나아가는 발판으로 삼으려고 기획하였다. 금관국의 모태가 된 구야국은 변한 시기에 지리적 이점을 활용해 크게 번영을 누리면서 맹주로서의 역할을 감당한 적이 있었다.

그러나 3세기 후반에서 4세기 전반에 걸쳐 진행된 시대적 전환기를 맞아 적절한 변신을 꾀하지 못함으로써 이후 줄곧 쇠퇴의 길을 걸어갔다. 삼국이 정립되는 과정에서 여러 모로 현격하게 달라진 현실 상황에 제대로 적응하지 못한 결과였다. 이제 남해안 대신 북쪽의 내륙에 자리한 정치 세력이 부상하였다. 그 가운데 대표인 대가야가 마침내 가야 사회 전체를 주도해 갔다. 김해의 금관국은 그에 대응해 남가라라고 칭함으로써 과거의 명맥을 겨우 유지해가는 면모만 내비쳤을 따름이다. 이후에는 한때의 영광을 되찾을 만한 기회를 영영 잡지 못한 채 침체를 거듭해 갔다.

신라의 법흥왕이 이미 522년 남쪽 변경의 영역을 개척해 나가면서 가장 먼저 금관국을 공략의 대상으로 삼은 것도 그곳이 가장 약한 고리였기 때문이다. 신라의 입장에서는 남해안 방면의 가야로 나아가는 기지로 삼을 만한 요충지였다. 법흥왕이 국경선에 다다르자 금관국의 마지막 왕 구해(仇亥)가 직접 나와서 만났다. 적극적인 군사 대응의 흔적이 없었던 것으로 미루어 마치 영접하는 듯한 자세를 취한 것 같다. 신라가 가한 압박이 매우 강렬해 심각하게 받아들였을지도 모른다. 금관국은 이때 사실상 항복한 상태나 다름없었다.

법흥왕은 구해왕의 투항을 순순히 받아들이고 금관국의 기존 질서를 그대로 용인해 주었다. 신라로서는 무력 혹은 강압에 의한 병합보다도 점진적, 평화적 과정을 밟는 것이 이후 한층 유리하다고 여겼기 때문이었다. 그런 방법은 다른 가야 세력에게도 곧바로 영향을 줄 수가 있는 일이었다. 무조건 군사적 수단만을 동원해 강하게 압박하는 것보다 차라리 회유하고 포용하는 쪽이 이후 지배를 해나가는 데에도 한결 유리하다고 판단하였을 것 같다. 그래서 더 이상 진공(進攻)하지를 않고 적당한 선에서 타협함으로써 금관국으로부터 항복을 받아낸 것이었다. 금관국의 존재를 인정해 주는 대신 신라는 그에 대해 어느 정도의 정치적 영향력을 행사하였을 것으로 보인다. 아마도 이를 통해 금관국 내에 친신라 세력을 강하게 부식시키는 데에도 상당한 효과를 거두었던 것 같다. 이로써 금관국은 사실상 명맥만을 유지하였을 뿐 신라에 예속된 것이나 다름없는 처지에 놓이게 되었다.

금관국을 매개 고리로 삼은 520년대 가야 방면 진출 작전은 상당한 효과를 거둔 것 같다. 가야 제국 내부에서 신라에 대한 대응 문제를 놓고서 논란이 거듭된 데서 유추되는 사실이다. 국가마다 차이가 났을 터이지만 금관국 문제를 둘러싼 대응책 마련으로 논란이 크게 벌어진 자체가 곧 가야 전체의 분열상을 반영한다. 신라의 공세에 직면해 나라별로 주전파와 주화파로 나뉘고 상하가 엇갈려 대립·갈등하는 양상을 드러내고 있었던 것이다.

사실 가장 유력한 대가야가 백제의 진출에 대한 대응책을 마련하면서 신라 쪽으로 급속하게 기울어지자 그 동안 느슨하게나마 유지되던 기존 가야 제국 사이의 결속력은 급속히 무너져 내렸다. 기왕에 백제를 매개로 해서 신라의 공세 등 외부로부터 가해지는 압박과 위협이란 위기 상황에 직면해 일시적이나마 내부 결속을 도모하기도 하였다. 물론 가야 제국은 4세기 이후 언제나 하나로 기능할 정도로 완전한 형태의 연맹이나 동맹을 결성해내지는 못하였다. 이따금씩 바깥으로부터 가해지는 위협에 공동으로 대처하는 정도의 수준에 머물렀다. 과거 4세기 중엽 백제가 진출한 초창기 시절이나 백제의 사주를 받아 왜와 공동으로 수행한 신라 공격 작전 등 대외적 필요성이나

위기 상황에 직면할 때마다 발휘되던 공동 대응 전선은 사실상 무너진 셈이었다. 가장 유력한 대가야조차 그저 자체의 방어에만 급급할 뿐이었고 인근 가야 세력들에게 도움을 줄 겨를이 거의 없었다. 신라의 진출을 뻔히 바라보면서도 단지 멀리서 지켜만 볼 뿐이었다.

신라의 금관국 대상 공세에 지리적으로 바로 인접한 탓에 다음의 차례가 되리라 예상한 안라는 위험성을 가장 심각하게 느끼고서 즉각 백제에다가 도움을 요청하였다. 한편 그와 동시에 안라는 신라에 접근해 보기도 하였다. 백제도 안라의 요청을 받아들여 배후에서 신라와의 협상을 시도하였다. 이때의 사정에 대해 『일본서기』의 관련 기사는 전후의 내용이 복잡하게 뒤얽혀 진상을 종잡기가 쉽지 않지만 대체로 안라가 백제와 신라를 대상으로 적극 협상에 나선 사실만은 확인된다. 왜가 안라의 요청으로 협상에 참가하기도 한 것처럼 기록되어 있으나, 관련 사료의 오염 정도가 매우 심한 편이어서 그 실상은 뚜렷하지가 않다. 여하튼 안라가 당장 눈앞에 닥친 신라의 공세를 멈추도록 하기 위해 상당한 외교적 노력을 기울인 것만은 틀림없는 사실이다.

그렇지만 신라의 금관국 공세에 대한 기본 입장은 매우 단호하였다. 이는 가야 공략의 첫 단추였기 때문이다. 이 무렵 백제에서는 무령왕이 사망하고 성왕이 즉위한 지 3년째 되던 해로서(525년) 신라에 사신을 파견해 기존 두 나라의 우호관계를 재확인하였다. 아마도 대가야를 사이에 두고 빚어진 외교상의 갈등 문제가 자칫 신라와의 관계로까지 비화할지 모른다는 우려 때문이었던 것 같다. 신라는 오히려 그런 분위기를 적극적으로 활용해 안라의 중재나 협상 요구를 물리치고 금관국을 더욱 압박해 갔다.

529년 무렵 신라는 변경 지역에서 오래도록 군사적 활동을 통해 혁혁한 전공을 세운 명장 이사부(異斯夫)에게 3천의 병력을 주어 낙동강 하구로 나아가게 하였다. 이사부는 그곳에서 약 3개월 동안 머물면서 금관국을 위협하고 회유하기도 하면서 협상을 시도하다가 급기야는 사정이 여의치 않다고 판단하였다. 그래서 금관국을 공격해 일단 금관(金官)을 비롯한 배벌(背伐), 안다(安多), 위타(委陀) 등 4개 촌(村)을 초략한 뒤 철수하였다고 한다. 이 4개을 촌이 달리 다다라(多多羅), 수나라(須那羅), 화다(和多), 불지(弗智)라 표현한 기록도 있다. 아마도 음차나 훈차 등 표기상의 차이로부터 기인할 뿐 동일한 4개 촌으로 보인다. 그 가운데 금관(쇠나라)이란 지명으로 미루어 금관국의 중심지였음이 확실하다.

이처럼 금관국의 중심지가 신라에게 초략 당하였음에도 지배세력이 어떻게 대응하였는지의 동향은 잘 드러나지 않는다. 아마도 일단 예봉을 피해서 잠시 다른 곳으로 비켜나 있었을 것으로도 보인다. 신라가 왜 이때의 군사작전에서 4촌을 공략하는 정도에서 그치고 끝까지 추격해 금관국을 멸망시키지 않았는지는 잘 알 수가 없다. 이사부가 거느린 3천의 병력만으로는 문제가 뒤따랐던 것인지 아니면 협상에 소요된 기간이 너무 길어 더 이상 추진하기에는 한계 상황에 부닥친 때문이었는지도 모른다. 혹은 인근의 안라가 병력을 보내어 도움을 주었기 때문에 신라는 작전상 일시 퇴각하였을 공산도 있다.

이때의 신라 공격으로 금관국이 입은 피해는 작지 않았던 것 같다. 당시 상대적으로 약체였던 금관국의 국력에 견주어 입은 피해가 너무도 커서 쉽게 회복하기 곤란할 정도였을 듯하다. 게다가 대가야를 비롯한 가야 세력으로부터의 원조도 당장 기대하기 힘든 상황이었다. 신라가 또 다시 공세의 기미를 보이자 532년 금관국의 구해왕(仇亥王, 仇衡王)은 내탕금과 함께 왕비 및 세 아들을 거느리고서 자진해서 투항하였다.

이로써 금관국은 역사의 뒤안길로 영원히 사라졌다. 구해왕은 신라의 진골 귀족으로 편입되어 왕도로 옮겨가 살았으며, 기존의 영토는 그에게 식읍

(食邑)으로 주어졌다. 식읍은 토지 대상의 수취권과 함께 주민의 역역(力役)을 동원할 수 있는 권한까지 부여받은 것이라 이해되고 있으므로 소유자에게 상당한 경제권이 인정된 셈이었다. 이후 구해왕의 후예들은 그를 경제적 기반으로 삼아 신라 상위 지배층으로서 활약할 수 있게 되었음은 물론이다.

『삼국사기』나 『삼국유사』와 같은 국내 측 문헌자료에는 532년 금관국의 멸망만 기록되어 있을 뿐 그밖의 가야 향방에 대한 언급은 전혀 없다. 그런데 『일본서기』에는 금관국과 함께 록기탄(喙己呑)이란 국가가 멸망한 것으로 기록되어 있다. 이 기사에서는 록기탄이 대가야와 신라의 사이에 있어 해마다 신라의 공격을 받았음에도 아무런 도움을 받지 못한 까닭에 멸망에 이른 것으로 기술되어 있다. 특히 그 수장이 가라(대가야)를 버리고 신라 쪽으로 기울어 내응(內應)한 것이 멸망의 주된 요인이었다고 설명하고 있다. 록기탄의 구체적 위치를 둘러싸고 논란이 되어 있지만 막연히 금관국과 바로 이웃하였으므로 거의 비슷한 시점에 멸망당한 것이 아니었을까 추정될 따름이다.

탁순의 멸망과 그 여파

사실 신라는 예상 밖으로 금관국 공략을 쉽게, 그리고 빨리 진행하지 못하였다. 폭이 매우 넓은 낙동강 하구를 건너야 하는 불리함도 작용하였을 터이고, 동시에 금관국의 마지막 저항 또한 생각 이상으로 드세었기 때문으로 여겨진다. 그래서 첫 공세가 시작되고부터 완전히 마무리되기까지에는 수년의 세월이 소요되었다. 금관국은 그처럼 완강하게 저항함으로써 신라의 공세를 잠시 피할 수는 있었지만 끝내 더 이상 버티기 어렵다고 판단하자 자진 항복의 형식을 빌어 순순히 백기를 들었다. 이 무렵 록기탄도 멸망하였지만 그 구체상은 잘 알 수가 없다.

　드디어 금관국을 손에 넣는 큰 전과(戰果)를 올린 신라는 가야 전체를 공략할 기반을 확보한 셈이기는 하였지만 곧바로 서쪽으로 더 이상 나아가지를 않았다. 가야 여러 세력 가운데 또 하나의 강자였던 안라가 강고하게 버티고 있었기 때문이었다. 어쩌면 신라로서도 두드러진 성과 없이 마냥 외정(外征)만 계속 지나치게 추진해 나간다면 자칫 내부로부터 반발을 불러일으킬지도 모르기 때문이기도 하였다.

　당시 신라는 이른바 6부를 중심으로 공동 운영하는 부체제(部體制) 단계를 막 벗어나 국왕을 정점으로 하는 중앙집권적 지배체제를 구축해가던 참이었다. 국왕을 대왕이라 부르고 그 역할을 부분적으로 대행한 상대등(上大等)을 설치하는 등 일련의 지배체제 정비를 통해 국왕의 위상은 전례 없는 초월자적 수준으로까지 격상되어가고 있었다.

　그처럼 새로운 지배체제로의 전환에 성공할 수 있었던 결정적 힘은 금관국과 같은 주변 세력의 공략이 성공을 거둔 데에 있었으리라 여겨진다. 왕권이 강화됨 따라 상대적으로 귀족들의 기존 기반은 약화되고 공동체적 성격의 부체제가 해체되는 길을 걷게 되자 이를 그대로 고수해 보려는 보수적 세력들의 반발도 만만치 않았을 터였다. 그를 재정비하는 데는 일정한 기간이 필요하였다. 이런 내부 사정으로 말미암아 전면적인 가야 공세 작전은 잠시 뒤로 미루어 두었을 뿐, 그렇다고 포기한 것은 아니었다.

　신라가 다시 가야 공략에 나서기 시작한 것은 금관국을 복속시킨 뒤 10년쯤의 세월이 흘렀을 때였다. 기록이 없어 정확한 시점을 특정하기는 어렵지만 대략 530년대 말 쯤이었다. 이때에는 유력한 가야 여러 세력 가운데 하나였던 탁순이 주요 표적이었다. 탁순은 369년 근초고왕이 낙동강 유역에 진출하였을 때 공략한 가야 7국 가운데 하나로서 이름이 보인다. 7국 가운데 하나였다는 사실 자체는 탁순이 그리 약세가 아니었음을 뜻하는 사실이다. 이미 앞서 소개하였듯이 521년의 실상을 전하는 「양직공도」에도 탁(卓)이란 국명으로 보이는데, 당시 가장 유력하였던 4개 가야국 가운데 하나로서 이름이 올라 있다. 「양직공도」에서 4세기 이후 약세의 길을 걸었던 금관국이 보이지 않는 대신 탁순이 등장한 자체는 여전히 4세기 중엽경의 위상을 이때까지 그대로 유지해 왔음을 뜻한다. 그러다가 신라에게 단독으로 멸망당하는 대상으로서 다시 이름이 등장하는 것이다.

그런데 탁순의 현재 위치를 둘러싸고서 논란이 많다. 과거 일제강점기 이후 오래도록 대구로 비정해 왔다. 대구의 원래 지명인 달구벌(達句伐)의 '달구'가 '닭'의 뜻으로서 탁과 발음상 통용될 수 있다는 것이 주된 근거였다. 그런 풀이가 도출된 밑바탕에는 가야의 권역이 상당히 넓은 지역에까지 포괄했다는 인식이 깔린 것이었다. 당시 신라의 경역을 지배층 주류의 묘제인 적석목곽분(積石木槨墳)이 조영된 경주에 거의 한정하다시피 설정한 반면, 그밖에 수혈식석실분(竪穴式石室墳)이 조영된 지역 거의 대부분을 가야권으로 간주하고자 한 것이다. 이런 인식에 입각할 때 대구도 일견 탁순의 유력한 대상지 가운데 하나로서 떠올릴 수는 있었다.

이와 같은 이해의 밑바닥에는 신라의 정치 사회 발전을 매우 낮추어 보려는 인식이 작용하고 있었다. 일제강점기 일인 연구자들은 한국 고대문화 특히 신라문화 수준을 정치적 목적에서 매우 후진적이었다고 설정하였다. 그래서 신라 경역도 경주분지를 크게 벗어나지 못한 상태라고 추정하였던 것이다.

그러나 해방 이후 토기나 금공품(金工品) 등 고고학 자료가 엄청나게 축적되면서 과거의 그런 인식이 근본적으로 잘못되었음이 여실히 드러났다. 신라권이 4세기 이후 경주를 벗어나 낙동강 동안 지역 전체를 영역으로 아우른 사실이 확인되었던 것이다. 게다가 낙동강 중류 가운데 가야산을 경계로 해서 고령(高靈) 바로 북쪽의 성주(星州)를 비롯한 그 이북의 경북 전역까지도 신라가 병합한 사실이 확인되었다. 이는 당시의 실상을 전하는 문헌기록에 보이는 내용과도 거의 합치한다.

이상과 같은 현상에 비추어 보면 6세기 초반까지 가야 유력 세력의 하나로서 엄존한 탁순이 대구가 될 수 없음은 자명해진다. 그럴 때 탁순의 대상으로서 새로 부각되어진 것이 창원(昌原)이었다. 탁순의 창원설은 이미 일제강점기부터 제기된 적이 있으나 별로 관심을 끌지 못하였다. 지리적으로 보았을 때 백제의 입장에서 왜(倭) 방면으로 나아가는 길목, 혹은 요충지로서는 그리 적절하지 못한 곳으로 간주되었기 때문이다. 특히 당시 일본학계에서는 대구를 탁순으로 보는 견해가 통설로 굳게 자리 잡은 상태였기 때문에 더 이상의 깊은 논의는 진행되지 못하였다. 그러다가 해방 이후 대구를 고고학적 양상으로 보아 가야권에 넣기 어렵다는 사실이 명백해지게 되자 근자에 대안으로서 새로이 부각된 대상이 창원이었다. 이후 창원설이 우리 학계에서는 거의 통설이다시피 할 정도로 뿌리내려 갔다.

그러나 탁순을 현재의 창원으로 보기에는 해명하지 않으면 안 될 문제가 적지 않게 뒤따른다. 이는 왜와의 통교를 의식한 데서 도출된 결론이었을 뿐 관련 문헌 속에서는 그렇게 비정할 만한 근거가 거의 확인되지 않기 때문이다. 사실 창원의 중심지는 바로 바닷가에 인접한 곳도 아니며, 수로 교통상의 요지도 아니다. 특히 다른 무엇보다도 그곳에는 고총 고분군이 전혀 확인되지가 않는다. 근 2백년 가까운 기간 동안 탁순이 유력한 가야의 하나로서 기록상 등장하는 사실을 고려하면 가장 강세였던 대가야나 안라에는 미치지 못할지라도 상당한 규모와 수치의 고총 고분군의 존재가 확인되어야 마땅하다. 고고자료상으로 창원을 탁순으로 비정할 만한 어떤 근거도 아직껏 찾아내지 못한 실정이다.

게다가 바로 가까이 연접한 김해가 함락된 마당에 두 지역 사이에 자연적 장벽도 별로 현저하지 못한 지리적 상황을 참작하면 10년 동안이나 독자 세력으로 버텨내기 어려웠을 곳이다. 따라서 창원 방면은 금관국에 직속한 곳이거나 아니면 독립적 정치체가 존재하였더라도 너무도 미약해 금관국에 예속되었거나 간섭을 받았다고 봄이 순리이겠다. 따라서 금관국의 복속과 함께 신라 영역으로 저절로 편입되었으리라 여겨진다. 금관국이 멸망하자마자 위기 상황에 직면한 안라가 긴급하게 인접한 여러 나라들과 외교 교섭의 일환

의령 운곡리 고분군 (의령군 공식 블로그 의령이야기 제공)

으로 추진한 이른바 안라회의를 열게 된 것도 그런 정황을 방증해 준다. 안라와 금관 사이에 탁순이 끼어있었다면 그처럼 심각한 수준으로 위험을 느끼지는 않았을 터이다.

이상과 같이 탁순을 창원이 아닌 다른 곳으로 비정함이 적절할 듯하다. 아직 확정지어 말하기는 어렵지만 낙동강과 그 지류인 남강이 만나는 의령(宜寧) 지역으로 보는 새로운 견해가 현재로서는 가장 올바를 듯 싶다. 의령은 백제가 남강을 따라서 하류의 낙동강 방면으로 내려올 수 있는 길목으로서 두 강이 만나는 접점이며, 여기에는 그 존재를 입증할 만한 고총 고분군도 존재한다. 근자에 왜계(倭系)의 영향을 입은 고분이 조영되었다는 사실이 확인된 점도 그를 방증해주는 유력한 사례이다.

탁순은 금관국과 록기탄에 이어 진행된 신라의 가야 공략 작전의 둘째 대상이었다. 본격적인 가야 공세의 새로운 시작이었던 셈이다. 신라가 탁순을 금관국 다음의 공략 대상으로 삼았던 것은 대가야, 다라, 안라 등과 비교해서 상대적 약세였고, 또 대가야와 안라의 연결을 중간에서 차단한다는 전략에 따른 것으로 보인다. 신라의 공세에 직면한 탁순에서는 록기탄과 비슷하게 내분이 일어났던 것 같다. 더 이상 견디기 어렵다고 판단한 최고 지배자는 신라 쪽을 선택하였다.

신라가 가야 진출을 점진적으로 추진하면서 그곳에 친신라계 세력을 부식시켜 내분을 조장하기 위해 끈질기게 노력해 왔고 그 결과 각국마다 기대하였던 대로 내부 분열이 생겨난 것으로 보인다. 신라가 오랜 기간 추진한 전략이 효과를 톡톡히 거둔 셈이었다. 특히 탁순이 신라의 공세에 제대로 저항하는 모습이 보이지 않은 것으로 미루어 금관국처럼 자진 항복하였을 가능성도 없지 않다.

임나부흥회의

　금관국은 물론이지만 탁순의 멸망이 가야 사회에 던진 충격은 매우 컸던 것 같다. 이후 가야 전반이 풍전등화의 위기에 시달리면서 그에 적극 대응하는 모습은 그런 실상을 잘 보여 준다. 가야 가운데 각별히 심각한 위기에 처한 것은 안라였다. 신라가 다음의 공격 대상을 안라로 설정하였던 데서 확인된다.

　안라는 신라가 김해 및 창원 방면을 손아귀에 넣음으로써 영토를 직접 접하게 되었다. 『일본서기』에 의하면 안라는 북쪽으로는 대강수(大江水)를 사이에 두고 신라와 대치하였다고 한다. 대강수는 큰 강이라는 의미이므로 글자 그대로 낙동강이 분명하거니와 구체적으로는 남강과 만나는 지점을 가리키는 것 같다. 신라는 탁순을 멸망시킨 후 이제 안라를 대상으로 삼아 본격적으로 압박을 가하기 시작하였다. 이에 대해 안라는 다른 나라들과는 다르게 적극 대응하여 나섰다. 유력한 가야 세력다운 자세였다.

　안라는 자체 방비를 강화하는 한편 가야 전체를 대상으로 강한 결속을 도모하는 방식으로 대처하였다. 그를 기반으로 해서 한걸음 더 나아가 백제에게 직접 도움을 요청하였다. 특히 주목되는 점은 541년과 544년 두 차례 가야 세력을 동원해 백제로 나아간 사실이다. 백제 성왕 주도 아래 열린 대책회의를 흔히 임나부흥회의(任那復興會議), 또는 임나복건회의(任那復建會議)라고 부른다. 때로는 회의가 열린 장소를 강조해 사비(泗沘)회의라 부르기도 한다. 사비는 백제의 왕도로서 그곳에서 가야 여러 세력이 참여한 회의가 두 차례나 열렸다는 사실에는 상당한 의미가 내재되어 있다.

　그런데 회의 장소 및 성왕이 그를 주도한 사실을 고려해서 처음부터 끝까지 백제가 진행하였다고 봄이 일반적이다. 사비에서 열린 회의 자체를 성왕이 주도하였음은 당연하지만 백제가 처음부터 기획한 것은 아니었다. 당장의 위기에 직면한 가야가 추진한 것일 수밖에 없었다. 그런 의미에서 사실상 회의라기보다는 가야 세력이 결속해 성왕에게 도움을 요청하는, 마치 원병 사절단과 같은 성격으로 보인다. 풍전등화의 위기에 처한 가야가 힘을 합쳐 백제에게 군사적 도움을 요청하기로 하고 사비에까지 나아간 것이었다. 이를 기획하고 적극 추진한 것은 안라였다. 회의에 참석한 사정을 구체적으로 살피면 드러난다.

3년 사이에 두 차례 열린 회의에 참석한 인물들의 구성은 비슷하지만 약간의 차이가 난다. 541년의 제1차 회의에는 안라에서는 차한기(次旱岐)인 이탄해(夷呑奚), 대불손(大不孫), 구취유리(久取柔利)의 3인, 가라에서는 상수위(上首位)인 고전해(古殿奚)가 참석하였고, 그밖에 졸마(卒麻)의 한기(旱岐), 산반해(散半奚) 한기의 아들, 다라(多羅)의 하한기(下旱岐) 이타(夷他), 사이기(斯二岐) 한기의 아들, 자타(子他)의 한기 등이었다. 544년의 제2차 회의에는 안라의 하한기 대불손과 구취유리 2인, 가라의 상수위 고전해, 졸마의 군(君), 사이기의 군, 산반해 군의 아들, 다라의 이수위(二首位)인 흘건지(訖乾智), 자타의 한기, 구차(久嗟)의 한기 등이었다. 한기를 군이라고도 표현하였지만 사료 계통의 차이에서 기인한 것일 뿐이다.

두 차례의 참석자를 대조하면 다음의 몇 가지 사항이 적출된다. 첫째, 제1차 회의에서는 모두 7개국이 참여하였지만, 제2차 회의에서는 고차가 새로이 참가해 8개국으로 늘어난 것이다. 562년의 전체 가야가 멸망할 시점에는 이들을 포함해 10개국이 존재하였다. 이로 미루어 아마도 임나부흥회의가 진행된 이후 신라의 공세로 멸망당한 나라는 따로 없었다고 할 수 있다.

둘째, 10국 가운데 한 번도 참석하지 않은 나라는 걸찬국(乞飡國), 임례국(稔禮國)의 둘이었다는 사실이다. 이들만이 어떤 연유로 한 번도 참여하지 않앉던 지는 잘 알 수 없다. 다만, 소위 멸망기의 임나 10국 가운데 이들은 끝에 열거될 정도로 가장 약체였음은 확실하다. 그래서 현실적 발언권도 거의 갖지를 못한 것 같다. 혹은 이들이 신라가 접근하기 곤란한 서쪽에 있어 상대적 안정권에 있었기 때문일지도 모른다.

셋째, 일부에서는 국주(國主)나 그의 아들이 참여한 점이다. 양자 사이에 별다른 차이는 없었을 것 같다. 수장이 연로하거나 거동의 불편 등의 이유로 아들에 의한 대행 체제였을 공산이 컸다. 다만, 최고 지배자 한기가 직접 참여한 것과 그렇지 않은 나라들은 뚜렷이 격차가 난다. 특히 열세로 보이는 나라들이 공통적으로 최고 지배자 한기(군)를 파견한 것은 나름의 의미를 지니고 있는 것 같다.

넷째, 최고 수장을 대신해 대리인이 파견된 경우가 보인다는 점이다. 안라는 제1차 회의에서 3인의 차한기, 제2차 회의에서는 1인 줄여 2인을 파견하였다. 가라는 1, 2차 모두 1인의 상수위를 그대로, 다라는 1차에는 1인의 하한기, 2차에서는 역시 1인이지만 대신 이수위를 보내었다. 이들 안라, 가라, 다라는 다른 나라들과는 격을 달리함을 뚜렷이 드러내어 주고 있다. 이미 국가의 정치적 발전 정도에 따라 지배체제의 내부 구조에서 현격한 차이를 보이는 것이다. 다만 차한기·상수위·이수위 등이 차지하는 위치나 구조가 분명하지는 않으나 일단 관료 조직이 일정 정도 갖추어진 모습을 반영함은 분명하다. 한기나 그 아들을 파견한 나라들과는 정치적·사회적 발전 정도가 달랐음을 방증해준다.

이들 가운데 안라, 가라만이 최고 지배자를 왕이라 불렀던 점은 그를 보증해 주는 사실이다. 가야 제국 내에서 왕은 단순히 한기라고 칭한 경우와는 위상을 현저히 달리하였을 터이다. 이는 각국마다 관료제의 분화나 발달 정도가 달랐던 데서 기인한 결과였다. 강대국일수록 외교를 전담하는 직책까지 따로 마련해 두었고, 그들이 자신들 국왕을 대신하여 사비에 파견된 것이라 하겠다.

그런데 참석자에서 특히 주목되는 사실은 첫째, 안라가 첫머리에 기재된 점, 둘째, 유독 혼자만 제1차에는 3인, 제2차에는 2인의 복수 유력자를 파견한 점이다. 이것은 안라의 입장에서 이 모임을 매우 중요하게 여겼음을 시사해 주는 대목이다. 어쩌면 두 차례 모임 모두 안라가 주도해 다른 참석자들을 동원하여 사비로 나갔음을 추정케 하는 대목이다. 1차 회의가 별다른 성과를 거두지 못하고 끝난 뒤 백제가 곧장 안라에 사신을 파견한 데서도 그런 사정의 일단이 유추된다. 사실상 사비에서의 회의를 발의하고 백제에까지 나아가는 데 중심자적 역할을 담당한 것은 안라였다고 보아도 무방하겠다.

안라는 이미 금관국과 록기탄이 멸망당한 직후에도 직접 나서서 안라회의를 주도한 적이 있었다. 두 차례 진행된 사비 모임은 그런 연장선상에서 이루어진 것이었다. 안라가 회의를 주도한 것은 당면 현실로 당연한 일이었다. 그 근거로는 다음의 몇 가지를 들 수 있다.

첫째, 안라가 신라의 공세로 가장 당장의 위기에 직면한 점이다. 금관국과 록기탄을, 이어서 탁순까지 멸망당한 마당에 신라의 다음 공략 대상은 인접한 안라였다. 안라는 북쪽과 동쪽의 두 방면에서 신라와 영토를 접촉해 공격당하기가 쉬운 위치였을 뿐만 아니라 북쪽 대가야보다 상대적 약세였기 때문에 저절로 다음 후보로 선정될 가능성이 컸다. 따라서 안라는 신라의 공세가 가해지자 위기를 심각하게 절감하였다. 그래서 자구책을 강구해 내부의 결속을 도모하고 나아가 바깥으로 외교 활동을 통해 적극적 방안을 찾아나서야 하는 절실한 입장이었다.

둘째, 당시 가장 강국이었던 대가야의 경우 섬진강 방면의 문제로 빚어진 백제와의 갈등과 대립의 앙금이 아직 완전히 가시지 않은 상태였다는 점이다. 문제가 된 4현이나 기문과 대사 등을 대가야에게 돌려준 흔적은 어디에도 보이지 않는다. 오히려 영토 문제는 540년대까지 거론될 정도였다. 게다가 백제는 이 방면에다가 지방관인 군령(郡令)과 성주(城主)를 파견하기까지 하였다. 이는 문제가 된 지역을 행정 편제해 지방관 파견을 매개로 지배를 한층더 강화하였음을 뜻한다. 화평 관계가 성립된 사실도 보이지 않으며, 따라서 근본 문제가 아직 완전히 해소된 상태는 아니었다.

대가야는 신라와는 물론 백제와도 여전히 대립각을 세우고 있었다. 영역 문제가 발생한 이후 대가야와 백제 사이의 관계가 회복되어 긴밀해졌음을 보이는 증좌는 어디에도 없다. 성왕이 사비회의에서 임나부흥을 계속해서 강조하며 설득한 것도 그 점과 관련이 있다. 이런 형편에서 백제를 대상으로 위기극복을 위한 대책을 마련하는 일을 주도한 것이 대가야가 되기는 어려운 상황이었다. 안라가 주도한 사비회의에 대가야는 마지못해 따라가는 모습이었다. 안라가 3인 혹은 2인이나 파견한 데 대해 대가야가 단지 1인만 파견한 것은 그런 실상을 여실히 보여 준다.

안라 주도 아래 가야는 신라의 대대적 공세란 긴박한 상황에서 생존 도모를 위해 두 차례나 백제의 왕도 사비에까지 나아가 도움을 요청하였지만 아무런 성과를 올리지 못하였다. 그것은 양쪽의 근본 입장이 달랐던 데서 기인한 것으로 보인다. 안라 등으로서는 당면 위기 상황을 극복할 수 있는 유일한 방책은 백제가 직접 군사적으로 지원해 주는 것이었다. 안라 중심의 연합 세력은 백제로부터 이를 보장받고 공동 대처해가는 것이 급선무였다.

그런데 백제로부터 나온 응답은 애초에 기대했던 것과는 전연 딴판이었다. 백제 성왕이 두 차례에 걸쳐 내세우는 것은 마냥 근초고왕 시절의 관계로 되돌아가자는 주장뿐이었다. 금관, 록기탄, 탁순 3국은 신라가 강성해서가 아니라 자체 내부의 분열이 있고 그래서 신라에 내응하는 등 두 마음을 품었기 때문에 멸망되었다고 주장하였다.

하필 성왕이 두 마음의 문제를 제기한 것은 몇몇 가야 세력이 백제를 따르지 않고 신라 쪽으로 기운 데에 현실의 근본 문제가 있다고 판단해 이를 은근히 힐난한 셈이었다. 특히 밑바탕에는 대가야와 그 추종세력들이 백제를 적대시하면서 신라 쪽으로 돌아선 데 대한 비판을 내비친 것이었다. 신라에 회유된 탓에 내분이 일어나 자체 분열은 물론 외부로부터 아무런 도움도 받지 못함으로써 각개격파 당하고 말았다는 것이다. 결국 신라 대신 백제와 긴밀한 관계를 유지하는 길만이 최선이라는 주장이었다. 그래서 그 근거와 명분으로서 과거 임나 성립 시절의 백제와 가야의 관계를 일깨우려 하였다.

성왕이 가야를 대상으로 줄기차게 내세운 것은 백제와 가야의 관계를 무조건 근초고왕대의 관계로 되돌아가자는 것이었다. 그런 의미에서 540년대에 논의된 임나부흥이란 개념은 약간 모호한 측면이 엿보인다. 가까이는 바로 얼마 전 신라에게 멸망당한 금관, 탁순 등 3국을 원상대로 복구시키는 일이다. 그들의 멸망은 먼 과거의 일이 아니라 직전의 일로서 가야의 현실 위기의 요인이었다. 아마도 그런 사정을 백제에게 전달해 이들의 부흥을 도와달라고 요청한 것은 안라 등 가야였다. 이를 빌미로 백제가 구원병을 파견함으로써 신라의 공세로부터 가야가 보호되기를 희구하였던 것이다. 가야로서는 이것이 곧 자신들의 당면 위기를 벗어나는 유일한 방안이었다.

그러나 백제로서는 곧장 병력을 파견해 가야가 요구하는 눈앞의 문제를 해결할 생각을 갖고 있지 않았다. 현실 동맹세력으로서 만만치 않은 상대인 신라를 적대세력으로 돌려서는 곤란하였기 때문이다. 아버지 무령왕을 뒤이어 자나 깨나 한강 회복을 꿈꾸어온 성왕으로서는 현실적 도움이 절대 필요한 대상은 가야가 아닌 신라였다. 신라의 도움을 얻어 한강 유역으로의 재진출을 노리고 있었다. 그러므로 멸망한 가야를 재건시켜주기 위해 신라를 완전히 적으로 돌릴 입장은 아니었다. 직접 병력을 파견하게 되면 도움이 절실한 동맹국 신라와 대적해야 하므로 가야의 요구를 들어주기 어려웠다. 그런 상황에서 백제 성왕이 제안할 수 있는 일이란 단지 가야가 자체적으로 과거 근초고왕대의 관계로 되돌아가자는 설득뿐이었다. 백제는 그것이 곧 임나를 부흥하는 길이라고 여겼다. 백제는 두 차례 벌어진 회의를 통하여 이를 거듭 상기시켜 강조하였다.

이처럼 성왕이 궁극적으로 추구한 임나부흥이란 백제의 주도 아래 가야가 하나로 결속해 우호관계를 맺는 것이었다. 사실상 과거 가야를 부흥시키는 은혜를 베푼 것은 바로 백제였으므로 지금이라도 그런 관계로 되돌아가자는 요구였다. 그리하여 가야가 연합, 연맹세력을 이루어 신라에 저항하는 것이 곧 임나부흥의 첩경임을 거듭 강조한 것이었다.

이처럼 백제와 가야는 서로 입장이 달랐으므로 사비에서의 회의는 아무런 성과를 거두지 못하고 말았다. 541년 제1차 회의가 열렸을 때를 맞추어 백제가 신라에 사신을 보내어 화의를 요청한 것은 그런 동향과 밀접한 관계가 있다. 성왕은 적당한 선에서 가야를 무마하면서 신라에게 사신을 보내어 우호관계를 재확인하는 등 이중적 태도를 보였다. 안라 중심의 가야 세력은 그런 실상을 제대로 간파하지 못하는 한계를 드러내고 있었다.

우륵 가야금 12곡의 의미와 향방

안라 주도로 전개된 가야 내부의 결속 운동 일환으로 진행된 백제에 대한 도움 요청은 사실상 실패로 돌아갔다. 그렇지만 당면 위기 상황을 극복하기 위해서는 내부의 지배체제 정비와 함께 상호 결속을 도모하지 않으면 안 된다는 움직임이 일고 있었음은 주목해볼 현상이다.

안라에 이끌려 수동적으로 사비회의에 참가한 대가야는 뒤늦게나마 백제나 신라의 본심을 읽었지만 달리 어찌해볼 도리가 없었다. 이제 가야 전체가 각개격파 당할 최후의 순간이 점점 다가오고 있었다. 대가야로서 오래 전 금이 간 백제와의 관계를 당장 원상대로 회복시키기도 그리 쉽지 않은 상태였

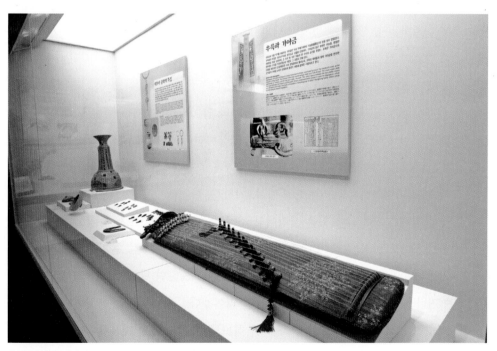

우륵박물관의 가야금

다. 그러므로 대가야로서는 당면 현실의 위기 국면을 벗어나기 위하여 마지막으로 선택해 볼 수 있는 길은 가야 전 세력이 강하게 결속하고 아울러 내부 개혁을 통해 국력을 강화해가는 일이었다. 그런 사정의 일단을 반영하는 것이 가야금 악성(樂聖)으로 불리는 우륵(于勒)이 제작한 12곡(曲) 속에 나타나 있다.

우륵이 가야금곡을 12곡으로 정리한 일은 예사로워 보이지 않는다. 그 자체는 단순한 가야금곡의 제작에 지나지 않지만 거기에만 머물지 않는다. 그 이면에는 깊은 정치적 의도가 담긴 것으로 보이기 때문이다. 가야금을 처음 만든 왕은 가야국의 가실왕(嘉悉王)이었다고 한다. 이때 가야란 대가야를 지칭한다고 봄이 일반적이다. 가실왕이 중국의 악기인 쟁(箏)을 모방해 나름의 형편에 맞게 제작한 악기가 가야금이었다. 가실왕의 재위 기간이나 치적 등에 대해서는 잘 알 수가 없지만 남제에 사신을 파견한 대가야왕 하지가 가실과 발음이 서로 통한다고 해서 동일 인물로 보려는 견해가 유력하다. 그럴 가능성이 크다고 여겨지지만 확정적이지는 않다.

가실왕은 악기를 제작한 후 여러 나라의 말이 각각 성음(聲音)이 달라 어떻게 하면 하나로 통일할 수 있을까를 고심하면서 성열현(省熱縣) 출신의 악사 우륵으로 하여금 12곡을 제작하게 하였다고 한다. 우륵의 출신지 성열현이 현재 어디일까를 둘러싸고 의령설, 거창설, 합천설, 고령설, 대구설 등 다양한 견해가 제기되어 있는 실정이다. 고령 부근의 지명으로서 유일하게 성열성이 나오는 점, 우륵이 대가야국왕의 명령을 받고 있는 점, 음악이 유교적 의례(儀禮)와 밀접하게 결합되어 있는 점 등을 고려하면 당시 대가야의 왕도이거나 아니면 그 부근으로 봄이 가장 순리이겠다.

그런데 나라마다 성음이 달라 이를 하나로 해서 12곡을 제작했다는 것은 우륵이 12곡을 처음 창작하였다기보다는 원래 각기 다른 악곡이 가야 각국별로 존재하였는데 이들을 하나의 성음으로 통일했다고 풀이함이 적절할 듯 싶다. 나라마다 각기 다른 음곡이 이미 존재하였다는 것은 12곡명을 통해서도 드러나는 사실이다. 12곡의 곡명은 하가라도(下加羅都), 상가라도(上加羅都), 보기(寶伎), 달이(達己)(혹여 己는 巳일 여지도 있다), 사물(思勿), 물혜(勿慧), 하기물(下奇物), 사자기(師子伎), 거열(居烈), 사팔혜(沙八兮), 이사(爾赦), 상기물(上奇物) 등으로서 이들 각각은 순서에 따라 12개월을 상징한다고 한다. 아마도 대가야를 중심으로 해서 보면 이들이 월별 의례에 따라 연주된 것 같다.

12곡명 대부분은 지명임이 확실하지만, 보기나 사자기처럼 일부는 일종의 악무(樂舞)로 추정되는 곡명도 보인다. 그러나 후자도 비록 외래 계통의 악무처럼 표현되기는 하였으나 그것이 곧 지명을 대신하는 상징적 의미를 갖고 있었으리라 여겨진다. 12곡명은 가실왕의 발언처럼 가야 각국의 고유한 음악을 가리키는 셈이다. 곡명은 각 나라의 정체성을 정식으로 드러내는 상징이었다. 가실왕이 우륵으로 하여금 각기 성음이 다른 12나라의 음곡을 하나로 만들게 한 것은 곧 하나의 통일성을 갖춘 음악 체계로 정리하게 하였음을 의미한다.

당시 가장 강한 정치세력이었던 대가야의 국왕이 여러 나라의 상징으로 사용되던 각기 다른 음곡을 같은 하나의 성음으로 정리하게 한 사실은 곧 내부적으로는 하나의 정치적 통일성을 기도한 것이었다고 풀이하여도 무방할 듯 싶다. 대가야로서는 최후에 통합된 단일 정치체를 지향하였겠지만 상가라도와 하가라도처럼 왕도(王都)로 기능한 곳이 상하 두 개로 설정된 점으로 보면 일단 정치적 중심지가 둘 존재하는 단일한 연맹체의 결성을 도모한 것이 아니었을까 싶다. 가실왕이 각국의 음곡을 하나로 통일하려는 밑바탕에는 결국 하나의 정치적 통일체를 지향한 희구(希求)가 담겨져 있는 것으로 풀이된다.

그러나 곡명은 일단 통일되었으나 지명(국명) 그 자체가 여전히 그대로 온존된 것으로 미루어 이는 통일에로 나아가기 위한 일종의 과도기적 조치였다. 가야 전체가 각각 기존의 독자적 기반을 보유하면서도 상가라와 하가라의 두 세력을 중심으로 해서 하나의 정치체를 지향한 셈이 된다. 그럴 때 상가라가 대가야라면 하가라는 당시의 실상으로 볼 때 안라일 가능성이 큰 것으로 보인다. 비록 현실적으로 유력한 두 구심이 존재한 상태였으나 일단 분산적인 가야를 하나의 정치체로 통일시키기 위한 가실왕의 야심을 드러낸 것이었다. 음악을 매개로 한 자체는 정치적·군사적 강제에 의한 것이 아니라 어우러진 화음(和音) 즉, 정상적 소통과 합의를 통하려 한 시도로 풀이된다.

가야금곡의 정리를 통해 일단 가야 통합으로 나아가는 기반을 마련하려한 가실왕의 의도가 나온 시점은 분명하지는 않으나 신라의 공세에 한창 시달리던 무렵으로 추정된다. 당시 가야의 전반적 정황으로 미루어 520년대 후반에서 540년대 초반 사이로 여겨지나 가장 적절한 시기로서 손꼽을 수 있는 것은 530년대로 보인다. 점점 드세게 가해지는 신라의 군사적 압박에 대항해서 돌파구를 찾기 위한 자구책의 일환이었다. 540년대 초에 나온 이른바 '임나부흥'이란 구호(口號)는 그런 사정의 일단을 적절히 반영해 주고 있다.

대가야와 안라의 합작에 의한 통일된 정치체의 수립 논의는 별다른 실효를 거두지 못하고 만 것 같다. 앞서 보았듯이 백제가 물론 그리 협조적이 않았지만 가야 내부도 이미 결속하기 어렵게 된 상태였다. 상가라도와 하가라도 등 두 개의 정치적 중심지를 두어야할 일종의 타협책이 시사해 주듯이 내부에서 주도권 다툼도 벌어진 것 같다. 이미 언급하였듯이 사비회의를 추진한 주체는 안라였다. 가라는 이때 피동적 자세를 보여 참여하는 형식만 취하였을 따름이었다. 이런 분위기 전반은 가야를 하나로 굳건하게 결속하기 어렵도록 만들었다. 통합된 가야를 외친 대가야의 희망은 점점 더 실현되기 어려운 국면으로 흘러갔다. 그런 가운데 대가야 자체 내부의 정치적 분열은 한층 심화되어졌다.

대가야는 자국을 구심으로 한 통합운동을 진행하면서 내부적 혁신도 함께 도모하였다. 예악(禮樂)이 상징해 주듯이 음악의 통일성은 곧 유교문화에 바탕한 개혁적 시책 행위였다. 그러나 대가야가 당면한 내부의 정치적 사정으로 그것이 제대로 추진될 기미는 전혀 보이지 않았다. 대가야왕은 더 이상 희망의 여지가 없자 정사(政事)를 방기한 채 주색잡기를 탐닉하는 음란한 생활 속으로 차츰 빠져들었다. 정국은 단순한 분열의 수준을 뛰어넘어 걷잡을 수 없는 난국으로 치달아 자멸(自滅)의 기운을 드러내었다. 모처럼의 개혁과 통합을 위해 추진한 시도는 완전한 실패의 길로 내닫고 있었다.

우륵은 대가야에서 더 이상 미래를 기대하기 어렵게 되자 540년대 말 무렵 가야금을 안고서 식솔과 제자들을 거느리고 신라 진흥왕에게 투탁하기 위해 망명하였다. 그는 내심 신라의 왕도에 머물기를 희망하였겠다. 그러나 그가 이끄는 망명 집단은 남한강 상류의 충주지역으로 사민을 당하였다. 이 지역은 원래 백제 영역이었다가 고구려 영역으로 바뀌고 마침내 신라 영역으로 편입된 삼국간의 쟁패지(爭覇地)였다. 삼국이 장악을 위해 치열하게 각축한 요충지였던 만큼 언제라도 전투가 벌어질 위험을 안고 있는 최전선이었다.

신라가 우륵의 망명 당초 기대와는 다르게 왕도로부터 매우 멀리 떨어져 위험하기 짝이 없는 변경에다 대가야 망명객들을 안치한 것은 일종의 방패막이로 활용하려는 속셈이었던 듯하다. 당시 신라 지배층 대부분은 우륵의 입장과 음악을 제대로 이해하지 못하였다. 바로 얼마 뒤 신라의 귀족들이 우륵의 음악을 접한 뒤 망국의 음악이라고 나서서 배척하려 한 데서 여실히 드러

충주 탄금대 유적 전경

나는 사실이다. 우륵은 기대와 희망이 무너지자 망명의 한(恨)을 달래기 위해 매일같이 남한강 가에서 하염없이 가야금곡을 연주하면서 세월을 보냈다. 그런 음악 속에는 비애가 깊숙이 스며들 수밖에 없었다.

551년 이제 막 성년이 되어 친정(親政)하고 개국((開國)으로 연호를 고치면서 패기와 웅지(雄志)를 드러내 보인 진흥왕이 한강 유역을 손에 넣었던 바로 그무렵 군사적 요충지인 낭성(娘城) 일대를 순행하다가 우륵에 관한 소식을 접하였다. 이때 진흥왕은 하림궁(河臨宮)으로 우륵과 그 제자들을 불러들여 가야금곡을 연주하도록 하였다. 진흥왕은 우륵의 가야금곡 연주를 다 듣고서 이듬해에는 음악을 전문으로 하는 세 명의 관료를 우륵에게 보냈다.

우륵은 그들 각각이 보유한 능력에 따라 가야금, 노래, 춤을 나누어 가르쳤다. 진흥왕은 이들이 배워 연주한 음악을 듣고서 크게 기뻐하여 신라국가의 정식 음악인 대악(大樂)으로 받아들이려 하였다. 대악은 궁중의 공식의례에서 정식 연주하는 음악으로 추정되고 있다. 이때 귀족들은 가야금곡을 망국의 음악이라 하여 수용에 극력 반대하고 나섰다. 이에 진흥왕은 대가야왕이 음란해 스스로 망한 것이지 본래 성인이 만든 음악에는 아무런 죄가 없다고 단언하면서 반대를 물리치고 마침내 뜻을 관철시켰다. 당시 승승장구하면서 과감하게 새로운 시대를 열어가려는 꿈을 꾸던 진흥왕의 면모를 엿보게 하는 대목이다.

백제·신라의 한강 유역 진출과 가야

백제의 무령왕과 아들 성왕은 오매불망 한강의 탈환을 희구하면서 꾸준히 준비하여 왔다. 그들은 설정한 목적을 성공적으로 달성하기 위해 백제 단독의 힘만으로는 턱없이 부족하다고 진단하였다. 당시 고구려가 내부적 분열상을 드러내고 있기는 하였으나 여전히 만만하게 볼 상대는 아니었다. 백제는 고구려를 상당한 강적으로 인식하고 있었다. 자칫 섣불리 움직였다가는 475년 한강 유역을 상실하였을 때의 과오를 다시금 되풀이할 지도 모른다고 우려하였다.

그래서 백제 성왕은 한강 유역의 회복 작전을 추진하는 데에 만전을 기할 필요를 느끼고 있었다. 그럴 때 절실한 것은 모름지기 신라의 군사적 도움이었다. 물론 가야나 왜의 원조도 당연히 필요하였겠지만 아무래도 규모나 실력 면에서 신라에 미칠 수가 없었다. 이로 말미암아 백제는 신라와의 오랜 우호관계를 약간이라도 해칠 만한 어떤 행태도 내비치지 않으려 하였다. 신라의 공세에 크게 위협을 느낀 가야가 강력하게 요구해 열린 임나부흥회의가 아무런 성과를 올리지 못한 요인도 바로 거기에 있었다. 백제가 신라를 당장 적대세력으로 돌리지 않는 한 실현 불가능한 일이었다. 신라는 거꾸로 그런 정황을 적절히 활용해서 가야 영역을 조금씩 잠식해 들어갔다. 그처럼 백제와 신라 두 나라는 겉으로 우호관계를 유지하고 있기는 하였지만 사실상은 입장이 전혀 달랐다. 그래서 한강 유역 이후 사정이 바뀐다면 언제라도 적대로 돌아설 정도의 살얼음판을 딛는 듯한 관계가 이어졌다.

한강 유역 공략의 기회를 오래도록 엿보면서 기다려온 백제는 548년 드디어 시점을 포착하였다. 이해에 고구려가 자신의 영향권 아래에 있던 예족(濊族)을 끌어들여 백제의 독산성(獨山城)을 공격한 것이 빌미였다. 이에 백제는 즉각 신라에게 지원을 요청하였다. 두 나라는 연합작전을 펼쳐 고구려를 격퇴시키는 등 일시 성공을 거두었다. 이로써 백제와 신라의 기존 우호적 관계는 잠시나마 재확인된 셈이었다.

그런데 백제가 550년 정월 한강 유역 탈환 작전을 개시해 고구려의 도살성(道薩城)을 공격하면서부터 파탄의 조짐을 보이기 시작하였다. 고구려는 같은 해 3월 백제의 금현성(金峴城)을 대상으로 반격을 가하였다. 두 나라의 싸움이 계속되어 모두 피폐해진 틈을 타서 신라는 도살성과 금현성을 동시에 공략하고 각각에다 갑사(甲士) 1천 명을 두어서 지키게 하는 작전을 감행하였다.

신라가 위의 두 성을 함께 공략한 것은 여러 측면에서 깊이 음미해볼 만한 중대 사건이었다. 왜냐하면 신라가 백제를 도와 적대관계였던 고구려의 성을 공격한 것은 일견 당연한 일이었지만 그것이 동맹관계였던 백제까지 적으로 돌리는 결정적 행위가 될 수 있었기 때문이다. 이는 신라가 장차 본격적인 한강 유역 진출에서 어떤 자세를 갖고 임할 것인지를 암시해 주는 사건이었다. 사실 두 나라 관계가 장차 어떻게 전개될지를 미리 보여주는 예고편과도 같았다. 그럼에도 백제는 이미 예정한대로 당면 목표를 무조건 이루기 위해 그런 사실을 전혀 모르기라도 하는 듯이 꾹 참았다. 신라로서는 이제 막 친정한 진흥왕이 대외정책의 근본 수정을 과감하게 노골적으로 표출한 셈이었다.

백제는 551년 드디어 오래도록 노리던 한강 유역 진출 작전을 결단하였다. 이때 신라는 물론이고 가야의 병력까지도 끌어들여 연합군을 편성하였다. 원래는 왜에까지도 병력을 요청하였으나 별다른 성과는 거둔 것 같지는 않다. 한강 유역 진출 작전에 참여한 가야의 실체는 분명하지가 않다. 『삼국사기』에는 가야가 이때 참전한 흔적이 보이지 않지만 『일본서기』에는 성왕이 친히 백제병과 함께 신라와 임나의 병력까지 이끌고 고구려 관할 하에 있던 한성(漢城)을 공략하고 더 진군해서 평양(平壤)까지도 탈환한 것으로 기록되어 있다. 한성은 오늘날 서울의 강남 일대이며, 평양은 남평양으로서 양주 일대를 가리키는 것으로 추정되고 있다. 3국의 연합군은 한강을 건너 임진강 방면으로 나아가는 주요 통로를 확보한 것이다.

『일본서기』에는 오직 백제만이 고구려 6군(郡)의 영역을 확보한 것으로 기록되어 있다. 반면 『삼국사기』 신라본기에서는 같은 해의 기사에는 백제가 보이지 않고 신라만이 고구려의 10군 땅을 확보하였다고 한다. 이들 각각은 다른 입장에서 기록한 것이므로 대체적으로 양자 모두를 인정하여 백제는 한강 하류의 6군을, 신라는 한강 상류의 10군을 따로 장악한 것으로 봄이 일반적 이해이다. 여기에 아무런 기록을 남기지 못한 가야가 어떤 역할을, 어떻게 하였던가를 보여 주는 내용은 없다. 오직 피동적으로 움직이는 존재로 묘사되었을 따름이다.

어떻든 가야도 연합군의 일원으로서 한강 유역 진출에 참전해 일정한 역할을 담당한 것은 분명한 사실이다. 그러나 가야의 움직임과 관련한 어떤 구체적 기록도 보이지 않는다. 사실 가야가 당시 멸망으로 내몰리던 상황이었으므로 자신들과 아무런 상관이 없는 한강 유역 진출에 군사력을 투여할 형편은 못되었다. 그럼에도 병력을 파견한 것은 만전을 기하려는 백제의 요구를 강하게 물리칠 수 없었기 때문이다. 따라서 가야 병력은 거의 반강제적이다시피 부득이하게 동원되었을 공산이 크다. 그래서 가야의 활동상만이 기록에 등장하지 않는 것으로 보인다.

이는 당시 가야 전체가 자신들의 장래 명운을 전적으로 백제에 맡겨둔 상태였음을 뜻한다. 가야는 임나부흥회의를 통해 백제의 도움을 받아 재흥의 기회를 마련하려 하였으나 신라를 강하게 의식하고 있던 백제의 소극적 대응책으로 말미암아 아무런 성과를 거두지 못하였다. 우륵이 제작한 가야금 12곡이 시사해 주듯이 대가야가 추진한 내부 통합을 위한 노력이나 개혁적 시도도 끝내 실패로 돌아가고 말았다. 이로 말미암아 우륵의 사례에서 상징되듯이 적지 않은 사람들이 대가야를 이탈해 신라로 망명해가고 있었다.

대가야를 비롯한 여러 가야 세력은 끈질기게 압박을 가해오는 신라 편으로는 기울 수 없었기에 어쩔 수 없이 백제에 의존하면서 마지막 한 가닥 실날같은 희망을 버리지 않았던 것이다. 그래서 백제의 병력 파견 요구가 자신들에게는 너무나 무리한 일이었음에도 부득이 따를 수밖에 없었다. 사실 신라가 한강 유역 진출에 연합세력으로 동참하였기 때문에 당분간 공격받을 염려는 없다고 판단하였을지 모른다. 이때 병력을 파견한 실체가 여러 가야 세력 가운데 특히 약간의 병력이나마 동원할 여력이 있던 안라와 대가야가 중심이었다고 추정된다.

백제 주도의 연합세력이 한강 유역으로 진출하는 작전에 성공을 거두었지만 이미 우려하던 일이 현실로 드러났다. 신라는 별로 크게 소용도 없는 산악 지대를 장악한 까닭에 내심 인력과 물산이 풍부한 한강 하류 방면에 눈독을 들이고 있었다. 신라는 이를 실현시킬 수 있는 책략으로서 고구려에의 접근을 도모하였다.

사실 이때 신라가 고구려와 어떤 관계를 맺었는지에 대해서는 기록상 분명하게 드러나지 않는다. 두 나라 간 비밀리에 어떤 약속이 실제로 맺어진 것으로 보는 견해가 있는가 하면, 단순하게 신라가 의도적 목적으로 퍼트린 첩보에 불과하다는 주장이 제기되어 있는 상태이다. 신라가 비밀리에 고구려와의 접촉을 꾀하였을 가능성은 충분히 상정되지만 그것이 실제로 성사되었는지 어떤 지는 잘 드러나지 않는다. 그것은 어떻든 백제는 일단 신라가 고구려에 접근해 밀약했다는 첩보를 입수하자 그에 적절히 대응하기 위해 안라 및 대가야와 함께 552년 왜에다 사신을 파견하여 구원병을 요청하였다. 이에 대해 왜에서는 특별한 반응을 보이지 않았다.

백제는 만약 고구려와 신라가 실제로 통교한 상태라면 그들 연합 세력을 홀로 감당하기에는 세가 크게 불리하다고 여겼다. 그래서 552년 장악하였던 한성과 평양을 버리고서 자발적으로 퇴각하였다. 성왕의 오랜 꿈이 산산이 깨어지는 순간이었다. 신라는 이를 절호의 기회라 여겨 전혀 힘들이지 않고 한성에 무혈입성(無血入城)하였다. 당시 평양의 향방에 대해서는 잘 드러나지 않으나 고구려가 장악하였을지 모른다. 만일 그렇다면 신라가 한강 유역 처리 문제를 놓고 고구려와 협상해서 일단 한성과 평양을 각기 나누어 갖고 그 사이를 두 나라의 경계선으로 삼았을 공산이 없지 않다.

신라는 새로이 확보한 땅이라는 뜻으로 이 지역을 '신주(新州)'라고 명명하고 김유신의 할아버지이며 당시 명장으로서 명성을 떨치던 김무력(金武力)을 군주로 삼아 중앙 병력을 주둔시킴으로써 장기적으로 유지할 의지를 강하게 내비쳤다. 그런 측면에서 고구려와 신라 두 나라 사이에는 일시적, 한시적이나마 밀약이 성립하였다고 보아도 좋을지 모르겠다. 다만, 신라가 이후 동해안을 따라 북상해 568년에는 함경도의 황초령(黃草嶺)과 마운령(磨雲嶺)까지 진격한 것으로 미루어 보면 밀약이 성립되었다고 하더라도 그 자체가 지극히 일시적이었을 뿐 영속성을 띤 것은 아니었다.

신라가 상당한 위험을 무릅쓰면서 한강 하류 지역까지 장악하려 한 것은 인적·물적 기반의 확보에도 하나의 목적이 있었지만 황해를 횡단하는 대중(對中) 직항로의 확보가 무엇보다도 시급하고 중대하였기 때문이다. 그때까지 신라는 단독으로서는 단 한 차례도 대중 교섭을 시도한 적이 없었다. 4세기에는 고구려의 도움을 받아 전진(前秦)에, 521년에 백제의 도움으로 남조의 양(梁)과 통교하였다.

이제 독자적으로 남북 두 왕조를 대상으로 직접 교통할 수 있는 길이 열린 것이다. 비록 한강 방면이 아직 안정되지 못한 탓에 564년에 이르러서야 비로소 가능하게 되었지만 대중 교통로의 확보는 선진문물 입수 및 치열한 체제 경쟁에서 갖는 비중이 결코 가볍지 않았음을 뜻한다. 한강 유역 확보를 계기로 장차 신라에게는 비약적으로 발전하는 길이 보장되고 있었다.

관산성(管山城) 싸움과 가야

사실 신라가 한강 유역을 장악함으로써 오래도록 면면히 이어져 온 백제와의 우호관계는 완전히 결단나기에 이르렀다. 다만, 신라의 군사력에 의해 한성을 탈취당한 것이 아니라 백제가 자진해서 철군하였으므로 두 나라가 즉각 적대적 관계로 완전히 돌아선 것은 아니었다. 적어도 표면적으로는 기존 우호관계가 그대로 이어짐으로써 완전한 파탄은 잠시나마 유보된 상태였다.

백제는 이제 신라를 적으로 돌려 내밀하게 보복의 칼날을 갈기 시작하였다. 성왕은 본심을 숨기고서 명운을 건 승부수를 던지기 위해 한강 유역으로부터 철수한 바로 그해 553년 12월 일단 자신의 딸을 젊은 진흥왕의 소비(小妃)로 보내었다. 백제가 겉으로는 신라와 적대관계로 돌아선 것이 아니라 기존 우호관계를 그대로 유지한다는 의사를 표명한 셈이었다. 내심을 숨기고서 진흥왕을 믿도록 하기 위한 술책이었음은 물론이다.

사실 백제 내부에서도 신라 대상의 보복 전쟁 시행을 둘러싸고서 논란이 크게 일었다. 그를 당장 강행하자는 강경론과 보류하자는 소극론의 두 그룹으로 나뉘어 대립·갈등하였다. 물론 후자의 경우도 보복전 자체를 영원히 추진하지 않으려는 의도가 아니라 실력을 쌓아 철저하게 만반의 준비를 갖춘 뒤 실행하자는 입장이었다. 한강 유역 진출 작전을 추진해 가면서 입었던 경제적·군사적 손실이 만만하지 않았던 데서 비롯한 인식이었다.

대체로 백제 왕경 중심의 원로대신들 대부분은 그처럼 신중한 입장을 취하는 쪽이었다. 반면 혈기가 펄펄 끓는 20대의 태자 여창(餘昌)이 강경 입장을 주도하였다. 여창은 원로대신들의 진중한 자세를 비겁하다고 힐난하면서 신라 대상의 즉각적 전면전 감행을 주장하였다. 무령왕과 성왕을 거치면서 지배체제가 정비되고 그 결과 왕권이 크게 강화된 상황에서 여창의 주장이 받아들여질 수밖에 없었다. 노쇠한 탓에 당시 일체 정사를 아들 여창에게 맡겨둔 채 지켜보고만 있던 성왕도 경험이 부족한 젊은 여창의 출정을 심히 불안해 하기는 하였을 터이나 끝내 고집을 꺾기는 역부족이었다.

드디어 554년 가을 백제는 근 3만명에 달하는 정예 병력을 동원해 신라 공격에 나섰다. 이번 작전은 백제의 명운을 가름할 한 판의 승부로서 여창이 총사령관으로 출정하였음은 물론이다. 이 싸움을 준비하는 과정에서 백제는 만전을 기하기 위해 왜에다가 선진문물을 보내어 주면서 구원병을 요청하였다. 왜에서는 그에 응답해 553년 일단 활과 화살 등 약간의 군수물자만 보내어 성의를 표하는 정도였다. 백제에서는 이후에도 신라가 고구려와 협력해 공격해 온다는 명분으로 자신들이 군복과 식량을 부담할 터이니 병력을 보내달라고 몇 차례 더 요청하였다. 특히 활과 말이 부족한 상황이므로 이를 많이 보내주도록 요구하였다. 이에 대해 왜에서는 마침내 병력 1천과 말 1백 필, 배 40척을 보내어 주었다고 한다.

이 싸움을 준비해 가면서 백제는 가야 병력도 동원하였다. 백제 주도 아래 가야와 왜 3국의 연합군이 편성되었으니 마치 4세기 후반과 매우 비슷한 양상이었다. 이때 동원된 가야 병력의 수치나 역할 등은 분명하게 드러나지 않는다. 3만 정예 병력의 상당수 주력이 가야병일 것으로 추정하는 견해도 있지만 당시 가야가 처한 말기적 상황에 비추어볼 때 지나친 추정이다. 가야는 겨우 형식적 성의만을 표시하는 수준에 그쳤으며 따라서 파견 병력은 그리 많지가 않았다고 봄이 올바르다.

백제의 주력은 왕도 부여를 출발하여 익산과 논산을 거쳐 금산 방면으로 나아가는 통로를 선택하였다. 아마도 직선이라 할 육십령과 팔량치 방면을 곧바로 넘는 것이 가야 경역에로의 진입을 의미하므로 일부러 우회 통로를 선택한 것으로 보인다. 사실 가야 영역을 거쳐 나아가는 방면은 신라의 방비가 더욱 견고하였을 것 같다. 이를 피해서 돌아가는 쪽이 방비가 상대적으로

성왕이 전사한 곳으로 추정되는 곳에서 해마다 열리고 있는 성왕에 대한 추모제인 '백제 성왕제'

허술하였으므로 작전상 한결 유리해 추풍령 혹은 북쪽의 화령(華嶺) 쪽을 택하였을지 모른다. 백제가 신라 경역으로 들어가는 길목에는 험준한 요새지로서 관산성(管山城)이 자리해 있었다. 이 관산성을 놓고서 두 나라간 공방전이 치열하게 전개되었는데 처음에는 백제가 우세해 승기를 잡았던 것 같다. 그래서 백제 병력은 신라 영역으로 더 들어가 일단 요충지에다가 방비를 위한 축성 작업을 펼치기도 하였다. 그러나 이때 뜻하지 않은 변수가 발생하였다.

여창은 아버지 성왕에게 승전보를 날렸다. 왕도 사비성에 머물던 성왕은 학수고대하던 반가운 소식을 듣자마자 승리에 도취한 탓인지 보병과 기병 50

여명만을 가볍게 거느리고서 아들의 노고를 위로하려고 급하게 전장으로 내달았다. 빠른 시간 내에 목적지에 도달하기 위해 위험성 여하를 전혀 따지지 않고 제대로 준비를 갖추지도 않은 채 지름길을 선택하였는데 이것이 돌이킬 수 없는 화근이 되었다. 성왕은 달려가는 도중 때마침 숨어서 기다리던 신라 척후병과 맞닥뜨렸다.

신라 진흥왕은 일차 관산성 전투에서 패배해 일시 위기 상황을 맞자 한강 방면의 총사령관 김무력에게 지원하도록 명하였다. 성왕은 한강의 신주에서 대병을 이끌고 남하하던 김무력이 길목에 매복시킨 병력을 우연히 만난 것이었다. 성왕은 신라 매복병에게 사로잡히고 말았다. 그는 신라의 본진으로 끌려가 갖은 수모를 당하다가 끝내 목이 잘리는 최후를 맞았다. 목이 잘려나간 성왕의 몸통을 전해 받은 백제 군사는 급속하게 사기가 떨어지고 전의(戰意)를 상실함으로써 즉각 수세에 몰렸다. 마침내 백제는 관산성을 중심으로 전개된 싸움에서 거의 전 병력이 괴멸 당할 정도로 대패하였다. 여창은 활을 잘 다루는 왜병의 도움을 받아 겨우 수십 명만을 거느리고 목숨만 부지한 채 사지(死地)를 벗어나 만신창이의 상태로 귀환하였다.

관산성 전투는 이후 신라와 백제의 발전을 가름하는 커다란 분수령이 되었다. 승전국인 신라는 그 여세를 몰아 승승장구해 감으로써 삼국 통합의 기반까지 마련한 셈이었다. 이는 바로 직전 성년(成年)이 되어 친정하면서 개국이라 선언한 진흥왕의 위상을 크게 강화시키고 나아가 대외 정복전쟁을 활발하게 치를 수 있는 주요 계기였다. 이제 백제를 도운 가야는 신라 공격의 직접적 표적이 되었다. 반면 패전국 백제는 지배귀족들 사이의 심각한 내분이 벌어질 위기를 맞았다. 정예병을 잃은 여창의 지위가 정상적으로 유지되기 어렵게 되었거니와 아무런 정치력을 발휘할 수 없는 상황이었다.

참패에 대한 모든 책임이 당연히 패장 여창에게 돌려졌음은 물론이다. 정상적이라면 성왕 사망 이후 태자 여창이 자연스레 왕위를 승계할 수 있었을 터이지만 이제는 그럴 형편이 아니었다. 여창이 삭발하고 출가(出家)함으로써 공위(空位)의 기간이 생겼다는 기록이 있는 것으로 보면 그의 즉위를 둘러싸고서 논란이 전개되는 등 큰 곡절을 겪었음이 틀림없다.

그러다가 마침내 왕위에 오르게 되기는 하였으나 여창의 위상은 매우 저하된 상태였으므로 한동안 왕권의 정상적 행사 자체가 그리 순탄하지 못하였으리라 여겨진다. 그래서 백제사에서는 이때를 귀족연립의 시기라고 명명하기도 한다. 백제는 관산성 싸움에서 엄청난 정예병을 잃은 까닭에 당분간 외정은 꿈조차 꾸기 어려운 실정이었다. 한동안 내부 체제를 정비하고 국력 배양에 혼신의 힘을 쏟을 수밖에 없었다.

한편 가야도 관산성 싸움에 일정한 병력을 파견하였으므로 피해를 입은 것은 당연한 일이었다. 사실 백제가 병력을 진군시키면서 가야의 경역을 거치지 않았던 것으로 미루어 백제 본군과 합류한 가야 병력은 그리 많지가 않았을 것 같다. 신라의 줄기찬 공격으로 국운이 기울고 심히 위축해 있던 가야로서는 아무리 백제의 요구가 강경했더라도 대병을 파병해줄 여력은 별로 없었다. 지리적으로 극소수의 연락 병력 정도만이 관산성 싸움에 가세하였고, 만약 백제가 신라 영역을 꿰뚫고 낙동강 방면에서 전쟁이 본격적으로 벌어진다면 합류하는 작전을 세웠을 가능성이 크다. 그것이 가야가 항구적 위기에서 벗어나는 길이기도 하였기 때문이다. 따라서 관산성 싸움 자체에서 가야가 입었던 병력 손실은 그리 크지 않았으리라 생각된다.

가야의 멸망

백제를 중심으로 치러진 관산성 싸움이 끝난 뒤 가야는 즉각 풍전등화의 위기 상황을 맞고 있었다. 백제와의 싸움에 대승해 기세를 올린 신라가 이제 가야를 가만둘 리 만무하였다. 신라는 가야가 백제와 연합하였다는 자체를 빌미로 삼아 전면전을 준비해 갔다.

신라는 관산성 싸움이 끝난 바로 이듬해인 555년 창녕의 비사벌(比斯伐)에다가 상주와 분리해 새로이 설치한 하주(下州)의 주치(州治)를 두었다. 원래는 왕경과 함께 지방에 광역의 행정 단위로서 설정해둔 것은 동해안 방면과 낙동강 방면 두 곳이었다. 동해안은 길게 띠 모양을 이룬 형태였던 탓에 특수한 하나의 단위로서 설정해 관리하였으며, 낙동강 상류 일원에는 525년 사벌(沙伐)에 주치를 둔 상주(上州)를 설치하였다. 그러다가 553년 확보된 한강 유역에 신주를 두었는데, 이는 상주에 대응해 설치한 새로운 땅이라는 의미였다. 이제 다시 낙동강 중·하류를 하나의 단위로 삼아 하주를 설치하고 비사벌에 주치를 둔 것이었다. 이는 낙동강 유역권을 남북의 두 구역으로 나누어 양 쪽에서 강 건너의 가야를 공략하기 위한 목적에서 나온 조치였다.

상주나 하주와 같은 광역의 주는 군관구(軍管區)로 기능하였으며, 정치적·행정적 중심지인 주치에는 핵심 병력이 배치되었다. 그래서 부대의 명칭으로 주치의 지명을 붙여서 무슨 정(停)이라고 부르기도 하였다. 정은 원래 군대가 머무르는 주둔지를 의미하지만, 그 자체가 곧 부대의 명칭으로 전용되기도 하였다. 주치의 명칭이 붙은 부대는 곧 주의 핵심 주류 병력이었다. 555년 비사벌을 하주의 주치로 삼고 그곳을 중심으로 병력을 배치함으로써 하주 전체를 하나의 군관구로 활용하였다. 하주의 주치를 비사벌에 둔 것은 정치적·군사적 거점으로서 이 지역을 매우 중요하였음을 의미한다. 비사벌은 본래 진한을 구성한 일국으로서 출발하였는데, 4세기 전반 잠시 가야 성립기에 그쪽으로 이탈하였다가 4세기 말 무렵 다시 신라 영역으로 편입된 특이한 곳이었다. 그래서 신라 중앙정부는 이곳을 정치적으로 매우 중요시하여 왔다. 창녕의 교동이나 송현동에 조영된 대규모의 고총 고분군 자체는 그런 실상을 잘 보여주고 있다.

그와 같이 군사적으로 매우 대단히 중요시한 비사벌을 주치로 삼고서 병력을 전진 배치한 것은 바로 낙동강 건너의 가야 세력을 겨냥한 조치였다. 특히 합천 방면에는 가야 세력 가운데 유력한 다라가 위치한 곳이었다. 다라는 북쪽의 유력한 대가야와 남쪽의 유력한 안라 사이에 끼여 두 방면을 연결하는 교량적 역할을 담당할 정도의 요충지였다. 이를 표적으로 해서 비사벌을 하주의 주치로 삼은 것이었다. 한편 그 이듬해에는 상주의 주치를 사벌로부터 감문(甘文)으로 옮기는 조치를 단행하였다. 감문은 오늘날 경북 김천 일대로서 교통상의 요지였다. 이를 거점으로 해서 상주 방면은 물론이고, 추풍령 방면으로도 나아갈 수 있을 뿐만 아니라 남쪽 거창 방면으로 진출할 수 있는 길목이었다.

이처럼 관산성 전투를 치루고 난 이후 낙동강 방면에서 잇달아 주치를 설치하거나 이동시키는 변동이 뒤따랐다. 이는 곧 공동의 목적을 띤 일련의 조치였다. 감문 방면의 병력을 증강시켜 가야에 압박을 가하려는 뜻이었다. 뒤쪽에서 공세를 가하려는 뜻과 함께 혹여 백제가 나제통문, 추풍령을 넘어서 가야를 지원하거나, 서로 연결하는 의도를 사전에 차단하려는 조치였을 것 같다. 말하자면 백제의 지원을 견제하면서 거창 방면으로 대가야의 후문을 장악하려는 전략이었다. 한편 창녕을 거점으로 낙동강을 건너고자 한 것 역시 남북의 대가야와 안라의 연결을 막으려는 방책이었다.

신라는 비사벌과 감문에 병력을 배치한 뒤 잠시 추이를 살피다가 550년대 말 본격적으로 가야 공략에 나섰다. 가야 가운데 먼저 공격 대상으로 삼은 것은 고립된 안라였다. 안라의 멸망 시점에 대해『삼국사기』지리지에는 막연히 법흥왕대라 하였고 또 다른 기록에서는 구체적으로 법흥왕 26년이라고도 하였으나 이는 임나부흥회의 관련 기록으로 미루어 편찬자의 착각이었다.『일본서기』에서는 신라가 561년 아라(阿羅)의 파사산(波斯山)에다가 왜(일본)의 공세에 대비해 축성하였다고 한 기사가 그것을 방증해 준다. 따라서 이로 보면 안라는 561년 바로 직전 무렵 신라에 의해 멸망당하였을 가능성이 크다.

근자에 1990년대 초부터 10여년에 걸쳐 오래도록 안라의 산성일 것으로 추정되어 온 함안의 성산산성(城山山城) 발굴이 이루어졌다. 그 결과 전혀 예상하지 못한 일이 벌어졌다. 거기에서 같은 시기에 작성된 다량의 목간(木簡)이 출토되었는데 그것은 모두 신라의 것이었다. 내용 전반을 분석한 결과 그 연대는 모두 대략 560년 무렵의 것으로 추정되었다. 거기에 보이는 지명들 대부분은 상주 관할의 행정성촌과 자연촌임이 확인되었다. 이들의 용도는 대부분 물품이 달린 꼬리표 기능을 한 소위 하찰(荷札) 목간이었다. 주로 상주 관할지의 물자가 안라 지역으로 이동해 왔음을 증명하여 준 셈이었다. 안라를 공략하면서 상주의 병력과 함께 물자가 공급된 실상을 여실히 보여 주었다. 파사산의 축성 시점과 거의 일치하였으므로 성산산성이 바로 그곳이라고 추정되었다. 안라는 그로부터 멀지 않은 시점에 신라에 의해 멸망당하였는데, 이 무렵 자구책으로서 왜에게 도움을 요청하는 시도를 하였으리라 여겨진다.

사실 그 점과 관련하여 주목되는 것은『일본서기』흠명기 23년(562)조에 '신라가 임나 관가(官家)를 타멸하였다'는 기사의 협주로서 인용된 일본(一本)의 기사이다. 거기에는 562년이 아닌 560년 임나가 멸망하였는데 총체적으로는 임나라 일컫지만 개별적으로는 가라국, 안라국 등 10국을 가리킨다고 하여 나라 이름 전부를 낱낱이 열거하고 있다.

이로 보면 560년에도 가야 멸망과 관련한 어떤 큰 사건이 벌어졌다고 유추해 볼 근거가 있는 셈이다. 그것이 구체적으로 무엇을 의미하는지를 둘러싸고 크게 논란되고 있다. 가야 전체가 사실상 이 무렵에 멸망되었는데 562년 반란을 일으켰다가 다시 멸망당하였다는 견해, 이때는 가야의 일부만 멸망당하였다는 견해, 기록상의 착오로 돌리는 견해 등이 제기되어 있는 실정이다. 일단 가야 전체가 일시에 멸망한 것이 아니라 선후하면서 신라에 의해 각개격파 당하였다는 사실을 고려하면 이때가 안라의 멸망과도 관련이 깊은 해일지도 모른다. 그래서 561년 파사산성을 쌓게 되었다고 보면 무난하게 이해된다.

『삼국사기』 신라본기 진흥왕 23년(562) 7월조에는 흥미로운 기사가 보인다. 이 해에 백제가 변경을 침략하자 신라가 군사를 보내어 막고서 1천여 명을 죽이거나 생포하였다고[殺獲] 한다. 『삼국사기』에 따르면 백제 위덕왕 즉위 8년의 일로서 백제본기에도 그와 똑 같은 내용이 그대로 실려 있다. 이때는 백제가 관산성 싸움의 패배로부터 온 충격과 후유증이 어느 정도 극복되었을 법하지만, 그 세부 동향이 바로 직전까지 전혀 드러나지 않다가 갑작스레 신라의 변경을 공격한 사건은 예사롭게 보이지 않는다. 이후에도 한동안 백제가 신라를 공격한 사례가 없다는 점도 아울러서 고려하면 당시 공략은 수세에 몰린 가야를 지원하기 위한 작전으로 해석될 여지가 많다. 이는 역으로 바로 직전 해에 신라가 가야를 공격하였음을 시사해 주는 대목이기도 하다. 그런 측면에서 560년에는 가야의 전부가 아니면 혹여 일부라도 신라의 공격을 받아 멸망하였다고 보아 무방할 듯 싶다. 그 점을 방증하여 주는 기록이 『삼

신라진흥왕순수비유지

국사기』신라본기에 보인다.

　백제는 가야가 자신들의 편에 섰던 탓에 궁지에 몰린다고 생각해서 도와
준다는 측면에서 신라의 변경을 공격하였지만 실패하고 말았다. 신라는 백
제의 지원을 견제하면서 가야에 대한 전면적 공세를 늦추지 않았다. 같은 해
인 562년 진흥왕이 명장 이사부(異斯夫)를 총사령관으로 삼아 가야 공세에 나
섰다. 이에 대해『삼국사기』신라본기 진흥왕 23년 9월조에는 '가야가 반란하
였기[加耶叛]' 때문이라고 표현하고 있다. 대체적으로 이 '가야반'을 오류라 여
기고 있지만 기사를 그대로 받아들일 여지가 없지도 않다. 앞서 언급한 560년

가야 여러 세력의 멸망 기사를 고려하면 이때는 그야말로 멸망한 가야 여러 세력이 잠시나마 부흥을 꾀한 것으로 볼 수가 있기 때문이다.

사실 이후 가야의 움직임이 기록상에 전혀 등장하지 않는 것으로 보면 가야는 회생이 불가능할 정도로 기반이 철저히 파괴되었음을 뜻하는 일이겠다. 따라서 '가야반'을 무조건 대가야가 멸망한 사실에 대한 오류적 성격의 기록이라고만 단정하기보다는 560년 가야가 사실상 멸망하였고 대가야를 중심으로 한 부흥운동이 562년 일시에 벌어지자 신라가 대대적 공격을 해 완전히 멸망시켰을 가능성도 충분히 상정할 수 있다. 그런 측면에서 보면 안라가 멸망하고 난 얼마 뒤 곧이어 대가야를 비롯한 여타 가야 세력도 멸망하였으며 일시 부흥을 기도하였다가 실패로 돌아갔다고 풀이해도 무방하겠다.

사실 신라가 가야 방면에 대해 총공세를 취한 모습은 561년 2월 1일 세워진 「창녕진흥왕비」에서 확인된다. 이를 단순하게 진흥왕이 순행(巡行)한 사실을 기념해 세운 순수비적 성격이거나, 아니면 영토를 넓힌 사실을 기록한 척경비(拓境碑) 정도의 성격으로 이해한 견해가 일반적이다. 그러나 진흥왕을 비롯한 당시 중앙정부의 최고위직에 있던 41명의 인사가 동원된 사실을 고려하면 단순히 그렇게 단정하기 어려운 측면이 엿보인다. 열거된 인사들 가운데 각별히 주목되는 점은 비자벌, 한성(漢城), 비리성(碑利城), 감문 등 이른바 사방군주(四方軍主)가 포함된 사실이다.

사방은 당시 신라의 천하의식을 반영하고 있는 표현으로서 이들이 각 방면의 군관구를 책임진 최고 야전군 군사령관들이었다. 그들이 자기들의 원래 책임 지역인 위수(衛戍) 구역을 벗어나 비사벌로 집결하였다는 사실 자체는 단순한 국왕의 순행에 따라나섰다거나 낙동강 이동 영역을 개척하기 위한 행태라고는 생각되지 않는다. 중대한 군사적 행위를 전제로 한 신라 전군

(全軍)에 대한 집결 명령이 내려졌다고 보아도 좋을 것 같다. 당시 일진일퇴를 거듭하고 있던 동해안이나 한강 방면에 파견된 군주까지도 특별 명령에 따라 여기에 참여한 것으로 보면 신라의 전군 총력 동원 체제가 가동되었음을 전제로 할 때 비로소 이해가 가능한 일이다. 전군 총력 동원은 바로 강 건너의 가야에 대한 공세 외에는 생각하기 어렵다. 말하자면 「창녕비」가 세워진 배경은 가야 대상의 공세 문제를 떼어놓고서는 이해하기가 곤란한 일이다.

다만, 가야의 멸망 과정과 시점을 어떻게 보느냐에 따라 「창녕비」의 건립의 목적이나 구체적 성격에 대한 이해는 약간 달라진다. 가령 560년 가야 여러 세력이 멸망한 것이 사실이라면 창녕에 전 병력이 집결한 것은 가야 공략 전반을 일단 마무리한 뒤 그 공과를 따지거나 아니면 향후의 방향을 결정하는 등 정리 차원의 것이었다고 풀이할 수 있다. 사실 첫머리에 구체적 일자가 명기된 일, 각종 영토나 토지 및 그 지배와 관련된 내용 등이 보이는 것으로 미루어 충분히 그렇게 상정할 여지도 있다. 자칫 「창녕비」를 척경비 오인할 만한 내용을 담고 있는 것도 그 때문이었다.

다른 하나는 562년에 치를 총공세를 겨냥한 모임으로서의 성격이다. 공세를 시작하기 직전 이른바 가야 공략을 위한 작전회의와 같은 성격으로 것으로 풀이할 수가 있다. 그럴 때에는 560년의 가야 멸망은 전체적으로 진행된 것이 아니라 안라와 같이 일부를 대상으로 이루어진 것이었고, 따라서 이번에는 가야 전역을 대상으로 삼은 마지막 공세를 성공적으로 펼치려는 작전으로 이해할 수 있는 것이다. 이럴 때에는 신라본기에 보이는 '가야반'이라는 기사가 확실히 기록상의 착각이나 오류가 될 수도 있다. 「창녕비」가 갖는 성격은 이상 두 가지 가운데 어느 하나일 터이지만 더 이상 확정적 결론을 이끌어내는 것은 불가능하다.

여하튼 562년을 끝으로 정치세력으로서의 가야는 완전히 소멸되었다. 가야는 여러 정치세력이 분립된 상태에서 신라에 의해 순차적으로 멸망당한 것이었다. 분립된 여러 정치세력을 통합해 하나의 단일한 국가를 성립시키지 못하는 한 가야는 오래도록 약세의 상태를 벗어나기 어려웠다. 이로 말미암아 가야가 백제나 신라에 의해 잠식당하는 것은 시간과 상황의 문제였을 뿐 이미 정해진 것이나 다름없었다. 내부적으로 대가야 혹은 그에 대적할 정도의 안라가 이따금씩 통합운동을 전개하기도 하였으나 별다른 성과를 거두지 못하였다.

특히 대가야는 400년 낙동강 통로가 신라에 의해 막히자 새로이 개척한 섬진강 방면을 개척하여 한때 성공을 거둠으로써 남제와 처음이자 마지막으로 단독의 힘으로 통교할 수 있었다. 이때의 성공으로 대가야는 그 전과는 다른 하나의 왕조국가, 영역국가를 건설할 기회를 갖기도 하였다. 대왕이란 왕호의 사용이나 '하부'라는 부명(部名)의 존재는 그런 실태를 반영한다.

그러나 더 이상 발전하지는 못하였다. 사실상 백제나 신라와 마찬가지의 통합 왕국의 건설에 한 걸음 다가갔으나 백제의 견제와 신라의 진출 등으로 더 이상 진행하기에는 한계가 있었기 때문이다. 신라의 끈질기고 꾸준한 병합 노력이 마침내 562년 결실을 거두게 됨으로써 가야는 완전히 역사의 뒤안길로 사라졌다. 그 후예들은 백제로, 혹은 바다 건너 왜로 나아갔으나 대부분은 신라의 주민으로 편입되어 일정하게 역할을 다하였다. 이로써 명실상부하게 삼국이 정립(鼎立)하는 새로운 형세를 이루게 되었다.

가야인, 신라에서 빛나다

가야사 새로 읽기

부편

가야인, 신라에서 빛나다

가야의 유력한 세 세력

다 아다시피 가야는 일반적으로 단일한 정치세력처럼 불리지만 들여다보면 전혀 그렇지 않다. 우리측 기록에 따르면 흔히 5가야 또는 6가야가 존재하였다가 멸망한 것으로 되어있는데, 일본측 기록에 보면 6세기에 10여 개 나라의 이름이 보이며 이들이 동시에 병존하였다가 각각 멸망한 것으로 나온다. 그 진위야 어쨌든 간에, 이는 가야가 결코 단일화되지 않았으며, 그들 간의 실제적인 관계는 어떠하였는지 잘 알 수 없지만 다수의 독립된 정치 세력으로 구성되어 있었다는 것은 확실하다. 이들 가야의 여러 세력들은 오랜 기간 이합집산하는 등 부침을 거듭하다가 결국 멸망하였다.

가야를 구성한 여러 정치세력 가운데 문헌상으로나 고고자료상으로 볼 때 가장 유력한 세력을 꼽는다면, 아무래도 경북 고령에 중심지를 둔 대가야, 경남의 김해를 근거지로 삼아 세력을 떨친 금관국(금관가야), 함안에 위치하였던 안라(아라가야)일 것이다. 아마도 이들 3대 세력은 각기 백제나 신라와 마찬가지로 주변의 동족(류) 세력을 대상으로 정치적인 통합운동을 줄기차게 전개하였을 것이나, 마침내 그 목적을 이루지 못한 채 멸망이란 비운을 맞았다. 어쩌면 가야 정치사는 한 마디로 실패로 끝난 통합운동의 역사라고 할 수도 있다.

이 3대 세력은 비록 단일 세력으로 통합되지는 못하였지만 각기 시차를 달리하여 정치적으로 유력한 세력으로 기능하였다. 흔히 가야의 역사를 시기구분할 때는 크게 두 가지 견해로 나뉜다. 하나는 가야사를 5세기 초를 기준으로 전후의 두 시기로 나누는 것으로서, 전기는 2세기에서 4세기 말까지로서 금관국이 주도권을 장악하고, 후기는 5세기 후반부터 멸망기까지로 대가야가 가야연맹체의 주도권을 장악하였다고 본다.

이 견해는 최근 우리 학계에서 거의 통설화되어 있다. 이 견해의 특징으로는 가야가 시종일관 단일한 연맹체를 구성하고 있었다는 점, 일반적으로 4세기 초까지 존재하였다고 인정되는 변한을 전기가야 연맹으로 파악하려 한 점, 금관국이 급격히 쇠퇴한 요인을 이른바 400년 광개토왕의 남정에서 찾는다는 점, 이후 5세기 후반 대가야가 갑자기 부상하기까지 과도기적인 상태를 설정한다는 점, 안라국의 존재를 과소평가한다는 점 등을 꼽을 수 있다.

그러나 가야가 단일한 연맹세력을 구성하고 있었다는 사실은 어떤 기록에도 나타나지 않는다. 금관국이 가장 유력한 세력을 이룬 시기를 설정하는 것은 타당하지만, 그것이 단일한 가야 연맹체의 맹주였다는 증거는 어디에도 없다. 게다가 변한을 곧바로 가야 연맹체와 동일시하는 것은 가야사만의 입장에서라면 몰라도 그 밖의 마한과 백제, 진한과 신라의 문제와 아울러서 생각해 보면 근본적인 문제를 안고 있음을 알 수 있다. 특히 안라의 위상을 애써 낮게 평가하려는 것은 문헌상으로나 고고자료상으로나 문제가 많다. 이를 보완하면서 가야사를 다른 입장에서 세 시기로 나누어 이해하려는 새로운 시도가 두 번째 견해다.

이 두 번째 견해는 우선 4세기 초를 정치사회적 변동기로 중시하였다. 즉 이 때를 변한에서 가야로 이행한 시기로 간주하고 이후를 가야사 단계로 보아 전(초), 중, 후의 세 시기로 나눈다. 초기는 변한 단계를 이어서 마찬가지로 금관국이 가야의 제 세력 가운데 가장 유력하였던 4세기 전반이며, 중기는 4세기 후반에서 5세기 전반까지로 가야 제 세력이 크게 재편되는 시기, 후기는 5세기 중반 무렵부터로 대가야가 유력한 세력으로 급부상한 시기다. 그 가운데 안라국은 두드러지지는 않았지만 줄곧 유력한 세력으로서 자리하여 전기에는 금관국, 후기에는 대가야와 쌍벽을 이루었다고 본다. 가야 제 세력이 통합되지 못한 하나의 요인도 바로 여기에서 찾는다.

이 견해는 첫 번째 견해와 비교해 보면 내용상으로 몇 가지 점에서 뚜렷한 차이를 보인다. 변한과 가야 시대를 각각 구별함으로써 가야의 성장을 삼국과 연동하여 파악하려고 한 점, 유력한 정치세력이 존재하였다는 것은 인정하되 지속적인 하나의 가야 연맹체를 설정하지 않으려한 점, 대가야의 등장을 4세기까지로 올려보려한 점 등이 그것이다.

필자는 여러 가야세력 가운데 금관국, 안라국, 대가야의 3대 세력이 주축이 되어 가야 정치사가 전개되어 갔다고 보는 후자의 입장에 서 있다. 이들은 각기 자신들을 중심으로 통합된 하나의 가야국을 건설하고자 하였으나 결국 뜻을 이루지 못하고 멸망하였다. 아마도 그 과정에서 각 지역별로 자구책의 일환으로서 소 연맹체가 구성되기도 하고 또 다른 세력으로 편입되는 등 이합집산이 끊임없이 계속되었을 것이다. 특히 위의 세 세력만이 『삼국사기』나 『일본서기』에 그 실상을 약간이나마 전하고 있는 것도 결코 우연은 아닐 것이다. 이 세 세력이 처한 내적인 사정이나 외교 관계 등의 현안은 한결같지 않았다. 이웃한 강대국 신라의 침공에 대처하는 양상이나 방법도 각기 달랐다. 이로 말미암아 신라에 편입되고 난 뒤에는 각기 다른 대우를 받았던 것 같다. 아래에서는 그에 대한 이해를 높이기 위하여 먼저 가야의 멸망과 신라에의 편입 과정을 간략하게 더듬어 보기로 하자.

무너지는 가야

세 나라를 주축으로 하는 가야 제 세력은 멸망 시기나 방식이 각기 달랐다. 그로 말미암아 유민(遺民)들에 대한 신라의 대우도 한결같지 않았다. 따라서 우선 그들이 어떤 과정을 거쳐 신라로 편입되었는지를 살펴볼 필요가 있다.

금관국을 중심으로 하는 낙동강 중하류의 세력은 4세기를 정점으로 한때 전성기를 구가하며 최강의 세력을 구축한 적도 있지만 그 뒤 점차 쇠퇴의 길을 걸어 6세기 초에 이르면 가장 약체의 상태를 면치 못하였다. 이 때문에 낙동강 이서 지역으로 진출하기 위한 교두보를 마련하고자 한 신라는 가장 먼저 약체인 금관국 방면을 집중 공략하려 하였던 것이다. 율령을 반포한 법흥왕 7년(520)에서 얼마 지나지 않은 시기부터 신라는 낙동강 하류 지역을 본격적으로 공략해 나갔고, 금관국은 그 집중 공세를 이겨내지 못하였다. 그리하여 일시 신라에 백기를 들고 투항함으로써 그 명맥만 간신히 유지하다가 마침내 532년에 이르러 자진하여 항복하고 말았다. 이 지역의 공략에 중심적인 역할을 감당한 인물은 바로 신라의 명장 이사부였다. 이후 이웃의 록기탄, 탁순도 약간의 시차를 두고 항복함으로써 낙동강 하류지역은 완전히 신라의 영토로 편입되었다.

사실 약체였으면서도 금관국의 유민들은 신라에서 남다른 대우를 받았다. 그것은 물론 자진 항복이라는 형식을 취하였기 때문이기도 하지만 가야의 여러 세력 가운데 처음으로 복속한 나라였기 때문에 신라로서는 이들을 대외적인 목적에 적극 활용할 필요가 있었다. 다른 가야 세력이 아직 기반을 그대로 유지하고 있었고, 뿐만 아니라 그 상당수가 친백제적인 성향을 보이고 있었으므로 신라는 이들을 적극 회유하고 포섭하는 방식을 염두에 두지 않을 수 없었던 것이다.

한편 거기에는 편입 이후의 지배 방식에 대한 계산도 밑바탕에 깔려 있었을 것이다. 군사력이라는 물리적 수단을 동원하지 않고 회유하고 포섭하여 자진 항복을 받는 평화적인 방식은 차후 이 지역을 지배하는 데에도 여러 가지로 이점을 가져다주는 가장 최선의 방책이었기 때문이다. 금관국은 그 첫 케이스로서 특별 우대를 받았다.

금관국의 마지막 왕인 구해왕(仇亥〈衡〉王)은 그의 세 아들인 노종(奴宗), 무력(武力), 무덕(武德) 및 상손(上孫)인 졸지공(卒支公) 등과 함께 신라 왕경으로 옮겨가면서 진골귀족으로 편입되고 본국은 식읍(食邑)으로 받았다. 이 식읍은 그 동생인 탈지이질금(脫知爾叱今)이 현지에 남아 관리하였다. 이렇게 보면 금관국 왕족이라도 구해왕과 가까운 혈연관계에 있는 인물들만 한정적으로 진골귀족으로 편입되고 나머지는 현실적인 처지에 따라 신분적인 차별대우를 받았음이 확실하다. 상당수는 6두품 이하로 편입되었을 것이다. 여하튼 금관국계 왕족은 가야 제 세력 가운데 약체에 속하였으면서도 우대를 받았던 것은 틀림없다. 그 후예들이 신라에서 크게 활동하며 어려운 여건 속에서도 유달리 두각을 나타내게 된 것도 이에 힘입은 바 크다고 하겠다.

금관국과 몇몇 세력을 복속시킨 신라가 이후 즉각 가야에 대한 전면적인 공세를 시도한 것 같지는 않다. 상당 기간 소강 상태를 거친 것으로 되어 있기 때문이다. 이것은 아마도 무력보다는 회유 방식을 취하려 한 데서 비롯된 것이 아닌가 싶다. 게다가 백제가 이 세력들과 연결되어 있었으므로 곧바로 직접적인 공세를 취한다는 것은 신라로서도 큰 위험 부담이 아닐 수 없었을 것이다.

안라국의 멸망 시기와 과정에 대해서는, 『삼국사기』 지리지 함안군조에 막연히 법흥왕대라고만 되어 있다. 한편 조선 초기에 편찬된 사서인 『동국통감』에는 어떤 사료에 근거하였는지 잘 알 수 없지만 법흥왕 26년(539)이라고 구체적 시점이 명시되어 있다.

그러나 『일본서기』에는 안라가 이후에도 계속하여 대가야(가라) 세력과 어깨를 나란히 하는 유력한 세력으로 등장하고 있으므로, 법흥왕대에 신라에 편입되었다는 기사는 그대로 믿기 어렵다. 다만, 지리적인 위치로 미루어 보아 안라국이 금관국 다음 신라에 복속되었을 가능성은 충분히 있다. 그 시점은 명확히 말할 수 없겠지만 대가야가 멸망한 시기보다 앞서는 것은 분명하다. 『일본서기』 흠명기 14년(553)조에는 신라가 고구려와 모의하여 안라를 정복하려 하였다는 기사가 보이므로 이 때까지는 존속하였던 것이 틀림없다.

그런데 같은 책 흠명기 22년(561)에는 신라가 일본의 침략에 대비해 아라파사산(阿羅波斯山)에 축성하였다는 기록이 보인다. 파사산의 위치는 분명하지는 않지만 아라는 안라라고 이해되므로 적어도 그 이전에 안라는 신라 영역으로 편입되었을 것이다. 어쩌면 『일본서기』에 보이는 임나(가야) 멸망설 중 하나인 560년일지도 모르겠다.

『일본서기』에 따르면, 안라는 6세기 중반 왜(倭) 세력과 가장 밀착한 것으로 나타난다. 아마도 백제나 신라 등 강대한 세력의 공략에 대항하고 나아가 줄곧 경쟁관계에 있던 대가야 세력을 견제하기 위하여 왜를 끌어들여 긴밀한 우호관계를 맺었을 것이다. 말하자면 가야 가운데 자립성·독자성이 가장 강한 세력으로서 신라의 공세에 여러 가지 수단을 동원하여 끝까지 저항하였던 것으로 보인다. 안라가 상당한 유력 세력을 형성하였음에도 그 후예들과 관련한 기록이 전혀 나타나지 않는 것이 이를 추정케 한다.

안라를 복속시키자마자 신라는 전국적인 역역을 동원하여 그 중심지에 축성사업을 감행하는데, 이를 통해 안라의 기반을 철저하게 유린하였고 그 결과 유민들 역시 별다른 대우를 받지 못하였던 것이 아닐까 싶다. 물론 안라의 핵심 세력은 왜와 백제 등으로 이주하였을 가능성도 크다. 아라파사산을 쌓아 왜에 대비하려 하였다는 데에서 그런 실상이 느껴진다. 여하튼 안라국의 유민은 이런 저런 이유로 신라에 의해 제대로 평가받지 못하고 아울러 그 기반을 철저히 유린당한 탓에 관련 기록조차 변변히 남아 있지 못하게 된 것이 아닐까 싶다. 안라에 대한 연구가 오래도록 부진한 이유는 바로 여기에 있다.

가장 늦게까지 독립된 실체를 유지한 것은 대가야다. 대가야는 5세기 전반 이후 멸망기에 이르기까지 가야의 여러 세력 가운데 가장 우세하였다. 인근 세력을 대상으로 상당한 수준의 통합을 이룩하였으며 6세기 초에는 이미 백제나 신라에 비견되는 영역국가로까지 발돋움하고 있었다. 대왕호(大王號)를 칭하고 부명(部名)을 통해서 드러나듯이 왕도가 존재하였으며, 그에 대응하는 지방도 확인되고 있어 그 점은 확실시된다. 그러나 경쟁관계에 있던 안라의 줄기찬 견제를 받아 끝내 통합의 목적은 달성하지 못하였다. 이러한 대가야가 『삼국사기』에 따르면 562년에 반란을 일으킨 것으로 되어 있다. 이는 찬자가 금관국과 대가야를 착각한 데에 나온 것이지만 실제로 그보다 약간 앞서 멸망했을 가능성도 없지 않다. 여하튼 562년에는 가야 최후의 보루를 지키던 대가야 및 가야 잔존 세력들 전부가 신라에 복속됨으로써 가야사는 종막을 고하게 된다.

대가야는 멸망하기 십수년 전부터 이미 시대말기적 조짐을 보이고 있었다. 멸망기에 일반적으로 나타나는 양상인 상층 지배층의 사치와 향락, 정사를 내팽개치고 주지육림에 빠지는 모습 등이 이 때에도 두드러졌다. 국왕을 비롯한 지배층들은 어쩌면 시대적 흐름이 이미 가야의 편에서 비켜나 있음을 알고 자포자기한 상태에서 그런 길을 선택한 것일까.

이런 상황은 유력자들의 이탈을 촉진하였다. 우륵이 가야가 멸망하기 훨씬 앞선 시점인 540년대에 신라에 투항한 데서도 짐작되는 사실이다. 이들과 관련된 대가야인들은 신라에서 명맥을 유지하며 나름대로의 활약상을 보이며 족적을 남긴다. 이를 제외하면 국왕을 비롯한 대가야인의 흔적은 찾아보기 어렵다. 아마도 반란을 일으켰다는 표현에서도 느껴지듯이 대가야 왕족들은 신라에 강력하게 저항하여 장렬한 최후를 택하였을지도 모르겠다. 아니면 그들 역시 백제나 왜 등으로 도망하였을 수도 있다. 여하튼 대가야 왕족들은 금관국의 왕족들과는 달리 신라에서 대우를 받지 못한 탓에 그 흔적조차 남기지 못하게 되었다.

요컨대 본국이 멸망한 후 신라 지배세력으로 편입되어 어떤 형태로든 족적을 남긴 인물들은 전부 끝까지 저항한 세력이 아니라 자진 항복했다는 공통성을 보인다. 이는 신라가 복속민을 어떻게 차별화하였던가를 여실히 보여 주는 사례로서 애초에 설정한 목적을 일정하게 달성하였음을 반영한다고 하겠다.

신라 속에 빛난 가야인들

이상에서 언급하였듯이 신라에 편입된 방식에 따라 가야 유민이 받은 처우는 각기 달랐다. 신라에서 활동한 가야계를 하나로 합쳐서 다루지 않고 굳이 구별하려는 이유도 바로 그 때문이다. 그 각각은 성격은 신라에서 활동한 가야계의 역할을 구체적으로 분석해보면 확연해진다. 가령 금관국계가 줄곧 군사 방면에서 두드러진 활동을 보였다면 대가야계는 주로 문화 방면에서 큰 족적을 남겼다. 이는 우연의 소치가 아니라 가야 각국 유민의 존재 양상을 엿보게 하는 대목이다. 그것은 역으로 가야사를 더욱 풍부하게 이해할 수 있는 다른 접근 방법이기도 하다. 그래서 아래에서는 기록상에 뚜렷이 보이는 가야계통 인물들을 대가야계와 금관국계로 나누어 활동 상황과 그 특징을 구체적으로 살펴보기로 하겠다.

1) 문화 방면에서 두드러진 대가야계

신라 진흥왕이 어린 나이로 즉위하였던 탓에 처음에는 그의 어머니인 지소태후가 섭정을 하였다. 그러다가 즉위 12년(551)에 이르러 성년이 되자 진흥왕은 친정(親政)을 하면서 새로운 자신의 시대가 도래하였음을 표방하는 뜻에서 연호를 개국(開國)으로 바꾸었다. 이것은 바로 신라가 안으로는 국왕권을 강화하는 체제정비를 꾀하고 밖으로는 영역을 극대화해 나가겠다는 신호탄이었다. 글자 그대로 나라를 연다는 뜻의 새 연호에는 젊음의 의지가 가득 담겨 있었다.

진흥왕은 새로이 신라 영역으로 편입된 지역을 확고하게 다지기 위하여 충북 일대를 순행하던 길에 오늘날의 청주인 낭성(娘城)에 이르렀다. 거기에서 오늘날 충주인 국원에 있던 우륵과 그의 제자 니문이 음악을 잘 안다는 소문을 듣고 하림궁(河臨宮)으로 가서 머물면서 그들을 불러 음악을 연주케 하니 그들이 새로운 노래 두 곡씩을 지어 연주하였다고 한다. 하림궁은 흔히 충주로 비정되고 있는데, 그것이 사실이라면 진흥왕은 우륵을 만나기 위해 청주에서 충주까지 일부러 행차했다는 이야기가 된다. 음악을 지극히 사랑한 군주 진흥왕의 면목이 그대로 묻어나는 대목이다. 진흥왕순수비에 비록 유교 경전을 인용하고 있지만 인민에 대한 애정이 듬뿍 담겨 있는 것은 결코 우연이 아님을 알겠다.

다 아는 바처럼 진흥왕에게 불려간 우륵은 원래 대가야인이었다. 그의 구체적인 이력에 대해서는 단순히 성열현(省熱縣) 출신이라고만 되어 있을 뿐 거의 알려진 바가 없다. 성열현은 물론 가야 당대의 표현이라 단정짓기 어렵겠지만 대체로 의령군 부림면 일대로 추정되고 있다. 그렇게 보면 우륵의 출생에 대해서는 다소 의문이 생긴다. 그 곳에는 가야 제 세력 중 하나인 사이기국(斯二岐國)이 자리하고 있었다는 설이 유력하다. 그렇다면 우륵은 대가야인이 아니라는 말이 된다. 하지만 다른 한편으로는, 성열현과 사이기국에 대한 현재의 위치 비정에 잘못이 없다면 이는 대가야의 정치적 사정을 달리 해석해 볼 여지를 제공한다.

우륵은 대가야 가실왕의 명령을 받은 인물이므로 대가야인인 것은 분명하다. 그렇다면 사이기국은 대가야의 영역에 포함되는 것이니, 사이기국 자체는 형식상 독자적 국명을 갖고 존속하고 있었지만 실제로는 이미 대가야 영역에 정식으로 편입되어 대가야의 한 지방으로 인식되고 있었다고 할 수 있다. 이 점은 대가야가 상당히 광역의 영토를 확보한 국가로 발전하고 있었다는 사실을 증명하는 사례의 하나라 하겠다. 하지만 성열현은 왕도 고령 부근일 가능성이 크다.

6세기 초반 재위하였던 것으로 추정되는 가실왕 시대에는 대가야가 비약적으로 발전하여 주변의 여러 가야 세력을 정치적으로 장악한 것으로 보이는

데, 그 여세를 몰아 지배체제의 정비를 도모하고 또 선진문물도 적극 입수한 듯하다. 어떤 논자는 중국의 남제(南齊)와 처음 교섭하여 보국장군본국왕이란 작호를 받은 가라국왕 하지(荷知)를 대가야의 가실왕으로 비정하기도 하지만, 달리 방증 사료가 없는 현재로서는 단정할 수 없다. 어떻든 가실왕이 중국의 쟁(箏)이란 악기를 모방하여 가야금을 만들었다고 하니 당시 대가야의 문화 수준을 짐작해 볼 수 있다. 가실왕은 가야금을 만든 뒤 성열현에 살던 우륵을 불러 그 악기에 맞는 12곡을 제작하게 하였으니, 그것이 곧 1년 12달을 상징한 것이라 한다. 이로 보면 우륵은 악성이라 일컬을 만큼 작곡에 뛰어난 재능을 갖춘 인물이었다 하겠다.

대가야의 지방 사람으로서 왕도에 불려와 악사의 업무를 담당한 우륵은 모국이 멸망의 길로 치닫는 현실을 목도하고서 상당히 우울하고 비통한 나날을 보냈던 것 같다. 당시 국왕 도설지는 우륵이 제작한 음악에 심취하여 정사는 돌보지 않고 주지육림에 빠지는 등 말기적 증상을 드러내고 있었기 때문이다. 마음이 결코 편치 못하였을 우륵은 아마 여러 차례에 걸쳐 직·간접으로 간언을 하였을 것이나, 그 간언이 쉽게 받아들여질 상황은 아니었다. 그리하여 그는 대가야가 멸망하기 십수년 전에 자신을 따르는 일군의 무리를 이끌고 대가야를 떠나 신라에 의탁하고 만다.

우륵이 언제 신라로 망명하였는지는, 분명하지 않다. 그가 남한강가인 오늘날 충추 땅 국원(國原)에 머물면서 진흥왕의 부름을 받았던 시점이 551년인 것으로 미루어, 그 이전이었던 것은 틀림없다. 그렇다면 그 시점은 대체로 540년대 말 무렵으로 잡아도 그리 어긋나지는 않을 듯하다. 아직 멸망 이전임에도 불구하고 우륵이 본국을 떠난 것은 음악을 지키기 위한 마지막의 몸부림이었던 것이다. 그의 망명 길에 제자 니문을 동반하였던 사실에서도 짐작이 간다. 니문이 실제 대가야인인지 아니면 국원 출신자인지는 잘 알 수 없지만, 우륵이 극한 상황 속에서도 제자를 키우고 있었다는 사실은 그 점을 특히 여실히 보여 준다.

그런데 우륵 일행이 신라에 투항한 뒤 곧바로 국원으로 안치된 것은 아니었을 터이며, 왕경을 거쳐서 때마침 영역으로 확보된 국원에 사민(徙民)된 것으로 보인다. 신라의 음험하고 야비하기까지 한 의도가 엿보인다.

국원은 원래 백제 땅이었으나 고구려가 475년 무렵 이 곳을 장악하면서 그렇게 부르기 시작하였다. 그러다가 신라 영역으로 편입된 것은 진흥왕이 이 곳에 행차하기 바로 1년 전인 550년이었다. 그렇다면 국원은 신라로서는 최전선에 해당하는 셈이다. 이 지역을 교두보로 삼아 신라는 551년 백제 및 가야와 힘을 합쳐 한강 중·하류로 진출한다. 이처럼 갓 망명하여 온 대가야인들을 일진일퇴를 거듭하는 최전방으로 옮긴 것은, 그들을 고구려와의 싸움에 총알받이로 활용하려했다는 의도로밖에는 해석되지 않는다.

음악밖에 알지 못하였을 우륵을 통하여 보면 특히 그러하다. 물론 이러한 행태가 비단 대가야인에게만 한정되지는 않았을 터이다. 비록 뒷날의 일이지만 고구려인 안승이 신라에 투항하여 왔을 때 그들을 집단 사민한 곳이 멸망 전 백제의 중심지인 오늘날 익산이었다. 이는 고구려와 백제 유민들의 대립·갈등을 조장하여 지배에 활용하고자 한 의도가 강하게 깔려 있다. 그러면서 고구려 유민들의 나라 이름을 신라의 덕에 보답한다는 뜻의 보덕국(報德國)이라고 짓는 아이러니를 보였다. 피복속민에 대한 신라의 기본정책이 이이제이책(以夷制夷策)이었음을 여실히 보여 준다.

대가야의 우륵 무리는 당시 가장 위험한 땅으로 내몰림으로써 본국을 이탈한 본래 목적인 음악의 맥을 잇는다는 의도가 무위로 돌아갈 위기에 직면하였다. 바로 이 때 유학적 소양이 풍부한 중흥의 군주 진흥왕을 만난 것은 정말 다행스런 일이었다. 진흥왕은 국원에서 우륵의 음악을 듣고 돌아와 그의 음악을 계승하기 위하여 이듬해(552) 계고(階古), 법지(法知), 만덕(萬德) 세 사람을 보내어 음악을 배우게 하였다. 우륵은 이들의 재능을 잘 헤아려 계고에게는 가야금을, 법지에게는 노래를, 만덕에게는 춤을 가르쳤다. 이는 당시의 음악이 종합예술이었음을 보여 주는 대목이다. 음악 속에 유학사상이 자리하고 있는 것도 충분히 음미해야 할 사항이다. 그런데 계고 등이 12곡을 전수 받은 후 12곡은 번잡하고 음란하니 우아하고 바른 것이라고 할 수 없다면서 멋대로 축약하여 5곡으로 만들었다. 이는 신라의 음악과 가야의 음악 사이에 일정한 차이가 있었음을 보여준다.

우륵은 처음에 축약한 5곡을 듣고 노하였으나, 다섯 곡을 전부 다 듣고는 눈물을 흘리면서 탄식하여 말하기를 "즐거우면서도 무절제하지 않고 슬프면서도 비통하지 않으니 바르다고 할 만하다"고 하여 그를 승인하였다. 이는 신라인이 그 나름대로 가야 음악을 시대적 상황에 맞게 자기 것으로 소화해내는 과정으로서, 두 나라의 음악이 절충되어 마침내 한 단계 높은 수준으로 상승하고 있음을 엿보게 하는 대목이기도 하다.

진흥왕도 이 소식에 크게 기뻐하였다. 간신(諫臣)들이 나라를 망친 음악이므로 가히 취할 바가 못 된다고 말리자 진흥왕은 "가야왕이 스스로 음란하여 멸망한 것이지 음악이 무슨 죄가 있느냐. 대개 성인(聖人)이 음악을 제정함은 인정에 연유하여 법도를 따르도록 한 것이니 나라의 다스려짐과 어지러움은 음악 곡조로 말미암은 것이 아니다"라고 하여 악(樂)과 유학에 대한 높은 이해 수준을 보여주었다. 그리고 마침내 신하들의 반대를 물리치고 가야와 신라의 장점을 결합하여 새로이 창조된 음악을 궁중의 공식음악인 대악(大樂)으로 삼았다.

가야의 음악은 진흥왕이라는 위대한 군주를 만남으로써 신라의 음악으로 재창조되어 이후 한국 음악의 발달에 크게 기여하였다. 진흥왕이 음악을 이해하였다는 것은 단지 그 자체만이 아니라 유학에 대한 이해 수준도 높았음을 의미한다. 예악(禮樂)이라고 표현되듯이 악은 예를 실현하는 하나의 수단이고, 예는 곧 유학의 최고 실천 형태로서 그 결정체다. 진흥왕이 순수비에서 유교 경전을 이용하여 민들을 교화하려 한 사실에서 그 점은 뚜렷하게 확인된다.

진흥왕이 예악에 대한 근본적인 이해가 없었던들 우륵의 곡조 역시 결코 이해하지 못하였을 것이다. 우륵의 음악은 예악을 충분히 인식한 진흥왕을 만나 비로소 빛을 발할 수 있었던 것이다. 두 사람의 만남은 어쩌면 운명적이었다. 이로 미루어 짐작하면 가야의 음악은 그 바탕이 된 유학과 함께 신라에 큰 영향을 미쳤다. 그 점의 일단을 여실히 입증해 주는 것은 역시 대가야계 인물인 강수(强首)를 통해서다.

강수도 역시 국원에 사민된 대가야 출신자다. 국원은 진흥왕 18년(557) 소경으로 편제 되었다가 뒷날 통일기에 중원경으로 이름이 바뀌었다. 강수가 스스로 임나가량인(任那加良人)이라고 한 사실을 근거로 금관국계라고 보는 견해도 있지만 이는 임나의 의미를 곡해한 데서 비롯된 잘못이다. 임나에는 여러 가지 다른 의미가 내포되어 있기 때문이다. 같은 지역에 일정한 시차를 두고 살았다는 사정을 감안하여 보면, 둘다 대가야인으로 보는 것이 자연스럽다. 강수가 우륵과 어떤 혈연관계가 있었는지는 명확하지 않지만 가야계로서 같은 지역에 살았다는 사실은 주목을 끈다. 게다가 예악 가운데 우륵이 악의 극치를 보였다면, 예(유학)의 극치를 보여 준 것은 강수다. 이것만으로도 그 둘의 관계는 예사로워 보이지 않는다.

강수의 아버지는 나마 관등을 지닌 석체(昔諦)란 인물이었다. 17등 가운데 11등인 경위(官等) 나마는 원래 통일 전에는 왕경인에게만 주어졌으므로 그를 왕경 출신자로 보기 쉬우나 그렇지 않다. 7세기 이후에는 외위(外位)만을 지급받던 지방민 일부에게도 경위가 개방되기 시작하고 674년에 이르러서는 지방민 전부에게 외위 대신 경위가 지급됨으로써 관등은 일원화되었다. 따라서 석체가 나마를 소지하였다고 해서 왕경인이라 볼 하등의 이유는 없다. 여하튼 석체가 중원경에 정착해 있었다면 그의 조상은 550년 무렵 우륵과 함께 사민된 대가야인일 것이고, 이후 유력한 세력으로서 계속 지위를 유지하였다고 봄이 적절할 듯하다.

강수의 어머니가 꿈에 뿔이 달린 사람을 보고 잉태하였는데, 출생 후 머리 뒤편에 뼈가 불쑥 튀어나와 있었다고 한다. 그의 아버지가 강수를 데리고 어진 사람을 찾아 물으니 그가 말하기를 "성인의 골상(骨相)은 보통 사람과 다른데 이 아이는 머리에 사마귀가 났다. 골상법에 보면 얼굴 위의 검은 사마귀는 좋지 않으나, 머리 위의 사마귀는 나쁠 것이 없으니 이는 반드시 기이한 것이리라"고 말하였다. 아버지가 귀가하여 어머니에게 사정을 말하고 잘 길러 나라의 재목이 되게 하자고 다짐하였다.

강수는 나이가 들면서 스스로 책을 읽을 줄 알아 의리(義理)에 통달하였다고 한다. 아마도 강수 집안이 경전을 읽는 분위기였기 때문에 가능했을 것이다. 이는 대가야계의 문화는 물론이고 지방문화의 계승 관계가 집안을 중심으로 이루어지고 있었음을 보여주는 한 사례이다. 아버지가 그 뜻을 알아보고자 하여 아들에게 너는 불교를 배우겠느냐 유교를 배우겠느냐고 물으니, 강수는 "불교가 세속을 도외시한 가르침인데 어찌 배우겠느냐고 반문하여 현실적인 유학을 선택하였다고 한다. 이는 당시 유학이 시대적 필요성에 의해 부상해 가던 사정을 반영한다.

신라의 유학은 원래 불교의 테두리에서 성장하였으나 점차 관료조직이 정비되고 지배체제가 갖추어지면서 불교를 대신하여 정치 이데올로기로 자리 잡아가고 있었다. 그의 아버지도 그러한 시대적 상황을 충분히 감지하고 있었으므로 강수의 의사에 쉽게 동의하였던 것이다. 그리하여 다시 스승을 찾아 유학을 배운 그는 관료세계로 진입하여 이름을 알리기 시작하였다. 강수는 아버지의 뜻과는 달리 야합(野合)한 대장장이의 딸과 파격적인 결혼을 감행하기도 하였다. 이는 강수가 유학의 선택과 함께 시대를 앞서가는 풍모를 가졌음을 잘 보여준다.

신라 무열왕이 즉위하였을 때 당이 보낸 조서를 제대로 이해할 수 없어 강수를 불러 물으니 막힘 없이 해석하였다고 한다. 국왕이 크게 기뻐하여 서로 늦게 만남을 한탄하면서 이름을 묻자 자신은 임나가량인으로 이름이 우두(牛頭)라고 답하였다. 국왕은 '그대의 머리뼈를 보니 강수선생(强首先生)이라고 불러야겠다'라고 하고는 당 황제에게 보내는 답서를 쓰게 하였다. 이후 무열왕은 강수의 이름을 부르지 않고 단지 임생(任生)이라고만 불러 우대하였다고 한다.

무열왕이 강수를 늦게 만났음을 한스럽게 여겼다는 것은 당시의 정황으로 미루어, 그가 즉위하기 전 당 태종과 맺었던 나당연합군 결성 밀약이 이제야 성사되었음을 의미한다. 강수는 660년 나당연합군을 결성하여 백제를 공격하는 데 외교문서의 작성을 통하여 공을 크게 세웠다. 문무왕대에 들어서도 이 방면에서 큰 공헌을 하였다. 이는 삼국통일 이후 논공행상을 하면서 강수의 외교문서 작성의 공을 인정하여 지방민으로서 오를 수 있는 최고의 관등인 사찬(沙湌)과 함께 200석의 봉록을 수여하였던 데서 확인된다.

신문왕대에 강수가 사망하자 국가에서는 그의 장례 비용을 지급할 정도로 우대를 해 주었다. 아마도 문무왕·신문왕을 거치면서 통일기 신라 유학의 산실로 기능하는 국학(國學)을 설치하고 나아가 유학적 관료를 양성하는 데에 강수가 큰 역할을 하지 않았을까 짐작된다. 그의 부인이 장례비용을 절약하여 이를 사사로이 쓰지 않고 불사에 바쳤다고 한 것으로 미루어 여전히 종교로서는 불교를 믿고 있었던 것 같은데, 유불이 공존하던 당시의 실상을 잘 전해준다.

이상과 같이 대가야계로서 신라에 큰 족적을 남긴 인물로는 우륵과 강수 둘밖에 확인할 수는 없지만 이들을 통하여 비록 기록상으로는 전하지 않으나 여타 인물들의 활동도 미루어 추정해 볼 수 있다. 대가야계는 음악과 유학에 특장(特長)을 가지고 있었던 듯하다. 그런데 음악은 제사(祭祀)나 제의(祭儀) 등에 활용되어 유학과 뗄 수 없는 관계를 갖고 있다. 우륵과 그 후예인 강수가 이를 입증하여 주고 있는데, 이는 대가야의 문화 수준을 가늠케 해준다.

다른 한편 강수의 아버지가 불교를 운위한 것을 보면, 그들이 불교에 대해서도 상당한 조예를 갖고 있었음을 알 수 있다. 그것은 대가야 말기 신라인의 피가 섞인 월광태자(月光太子)의 이름에서도 묻어난다. 따라서 대가야에서는 유교와 불교가 함께 상당히 성행하였고 그 명맥이 우륵과 강수를 통하여 신라로 이어진 것이다. 특히 강수에서 드러나듯이 대가야는 문(文)으로써 신라의 삼국 통일과 이후의 문화 발전에 일조하였다. 이 점은 군사력을 통하여 신라의 발전에 크게 기여한 금관국계와는 뚜렷한 대조를 이룬다.

대가야계는 중원에 뿌리내려 지방문화의 발전에도 적지 않게 기여하였다. 중원은 원래 백제의 영토로 출발하였으나 고구려의 영토로 편입되고 마침내는 신라 영토로 편입되어 대가야인이 사민된 곳이다. 그렇다면 한국 고대사의 중심 세력인 삼국 및 가야 문화가 융합된 특수한 지역이므로 눈여겨볼 만하다. 국원이라는 지명을 통일기에 중국문화의 발상지인 중원(中原)을 모방하여 중원소경으로 바꾼 것도 결코 우연이 아니라, 그 점을 잘 인식하였던 결과라 하겠다.

그러나 대가야인은 지방에 근거를 두고 활동한 까닭에 이후의 향방은 잘 추적할 수가 없다. 후삼국 시기에 지방학교의 존재가 확인되고 특히 충주 지역에 근거지를 가진 유력한 호족세력이 왕건의 고려 왕조에 많이 참여하는 것으로 미루어 보면 그들 속에서 대가야 문화가 면면히 계승되고 있었다고 보아도 그리 틀리지 않을 듯하다. 아마도 대가야 문화는 충주 출신 호족을 통하여 다시 고려 왕조에서도 알게 모르게 이어지지 않았을까 싶다.

2) 군사 방면에서 두드러진 금관국계

대가야계와는 달리 금관국계는 왕족 후예들의 활약상이 주로 전해지고 있다. 금관국계는 신라에 병합된 후 그 주류가 왕경으로 사민된 반면 비주류는 주로 본국에 남아 있었으므로 왕족들의 향방을 전혀 알 수 없는 대가야의 경우와는 좋은 대조를 이룬다.

금관국계는 국왕이 중심이 되어 자진해서 신라에 귀부(歸附)한 까닭에 상당한 대우를 받아 정치적·경제적으로 안정된 기반을 확보할 수 있었다. 특히 구해왕 직계는 신라의 진골귀족으로 편입되었다. 그러나 이후 그들의 성장은 그리 순탄하지만은 않았다. 그들이 골품제적인 정치사회의 운영을 근간으로 하는 신라 지배집단 내에서는 비록 진골귀족이기는 하였으나 어디까지나 비주류 아웃사이더였다. 때문에 주류로 진입하는 데에는 수많은 우여곡절을 겪지 않을 수 없었다. 말하자면 금관국계는 신라의 흥망성쇠 과정에서 온갖 영욕을 겪었던 것이다.

진골로 편입되어 경주에 들어 온 후의 구해왕의 향방은 잘 알 수 없다. 그의 세 아들 가운데 두드러진 활약상을 보이며 금관국계가 신라에서 자리를 잡는 데 중심적인 역할을 한 인물은 둘째 왕자로 보이는 무력이다. 비록 진골로 편입되기는 하였지만 신라라는 새로운 환경에 적응하여야 했던 그의 고충과 난관은 이루 말할 수가 없었을 것이다. 그런데 무력은 이름에 걸맞게 활발한 군사 활동과 그 성공을 통하여 이같은 어려움을 극복하여 갔다. 그의 활약상은 『삼국사기』 등의 문헌 기록에도 제법 남아 있는데, 진흥왕순수비 및 「단양신라적성비」 등 당대의 금석문에도 보인다는 사실이 주목을 끈다. 아마도 그처럼 금석문상에 이름이 많이 오른 경우도 이들 금석문들이 전부 신라의 군사적 활동 및 그에 따른 영역 확장과 밀접하게 관련되어 있음을 고려하면, 김무력의 활약상이 어느 정도였는지 짐작 가능하다. 먼저 문헌과 금석문을 종합하여 그의 활동 궤적을 간단하게 추적하여 보기로 하겠다.

무력은 550년의 「적성비」에 따르면, 아찬(阿湌)의 관등을 갖고 고두림(高頭林)이라는 성에 주둔하는 군주(軍主)로서 최전선에서 활동하고 있다. 551년에는 신라가 백제 및 가야와 연합하여 한강 유역으로 진출하여 고구려의 10군(郡)을 탈취하는데, 이 때 그는 선봉에서 혁혁한 전공을 세웠다. 그 여세를 몰아 신라는 553년 백제와의 동맹을 깨트리고 백제가 장악한 한강 하류 지역으로 나아가 이를 확보하였다. 당시 무력은 이곳에 두어진 신주(新州)의 첫 군주가 되었다.

한강 유역을 신라에게 빼앗긴 백제의 성왕은 보복을 하기 위해 554년 많은 원로대신들의 반대를 무릅쓰고 원정군을 일으켰다. 성왕은 그의 장자인 여창

(餘昌)에게 정예병력 3만을 주어 신라를 공격하게 하였다. 진군하던 여창은 오늘날 옥천(沃川)에 위치한 관산성(管山城)에서 신라군의 강한 저항을 받고 일진일퇴를 거듭하고 있었다. 이를 응원하기 위하여 성왕이 소수의 병력을 거느리고 관산성으로 향하던 중 무력의 휘하에 있던 삼년산군(보은) 출신 고간(高干) 도도(都刀)라는 인물에게 생포되어 무참하게 목숨을 잃고 말았다.

이 관산성 싸움은 결국 신라군의 승리로 돌아가고 여창은 3만 병력을 거의 잃고 사지에서 탈출하여 겨우 목숨만 부지하였다. 이 싸움은 신라가 삼국 간의 항쟁에서 우위에 서는 계기가 되었다. 백제의 경우 패배의 충격은 매우 커서 그 재흥에 엄청난 시간을 소요해야 했고, 신라는 승승장구하여 한강 이북 지역을 확보하고 나아가 동해안 방면으로 북상해 자신들의 본래 영토의 두 배 이상에 달하는 영역과 인민을 획득함으로써 뒷날 삼국을 통합하는 기반을 마련하였다. 이처럼 중요한 싸움에서 큰 전공을 세운 무력의 위상이 한껏 높아졌으리라는 것은 너무도 당연하다.

그러나 무력의 승승장구는 신라의 전통 진골귀족으로부터 상당한 질시와 견제를 받고 있었다. 그것은 일단 그의 관등 승진 사정을 통하여 유추된다. 550년에는 6등인 아찬이었지만 561년에는 3등인 잡찬(迊湌)이 되었는데, 8년이 지난 568년에도 여전히 같은 관등에 머물렀다. 그의 관등 승진에 어떤 제약이 있었음을 엿보게 하는 대목이다. 진골 중심의 골품제 사회 내에서 이질적 세력이 갖는 한계였을 것이다. 이 점은 그의 직계 비속들의 결혼에서도 여실히 드러난다.

무력의 아들은 서현(舒玄)으로 바로 김유신의 아버지다. 그의 활동은 아버지 무력이나 아들 유신에 비하면 그리 두드러지지는 않는다. 진평왕대인 6세기 후반 오늘날 충북 진천인 만노군(萬弩郡)의 태수를 역임한 바 있고, 629년에는 김춘추의 아버지 용춘(龍春)과 함께 대장군이 되어 고구려가 장악하고 있던 낭비성(娘臂城) 전투에 참여한 정도다. 그밖에 시기는 잘 알 수가 없지만 양주 총관(良州總管)을 역임하기도 하였다. 이처럼 그의 활동이 기록에 그리 뚜렷하게 나타나지 않는 것은 역으로 그의 활동 자체가 상당한 제약을 받고 있었기 때문이기도 하다. 그 점을 잘 반영하는 것이 그의 결혼에 얽힌 이야기이다.

서현은 젊은 시절 진흥왕의 동생인 숙흘종(肅訖宗)의 딸 만명(萬明)을 흠모하여 마침내 야합에 성공하였다. 만노군의 태수로 발령 받아 임지로 부임하게 되자 그는 만명과 함께 가려 했으나 숙흘종의 반대로 만명이 별채에 갇히게 되었다. 그러나 뇌성벽력으로 별채의 문이 부서지고 이를 틈타 만명이 탈출을 시도하여 만노군으로 가게 되었다. 김유신은 이렇게 해서 탄생하였다. 유신이 진천에서 태어났고 그와 관련한 전설이 이곳에서 많이 전해지고 있는 것으로 미루어, 서현은 오래도록 만노군태수를 역임한 듯하다. 이 또한 가야계에 대한 신라 귀족들의 대응을 여실히 보여준다. 전통적인 신라 귀족들은 가야계를 흔쾌히 동질적 집단으로 받아들이지 않고 계속 경계하고 있었던 것이다. 이와 유사한 사례는 후술하듯이 그의 딸과 김춘추의 결혼에서도 보인다. 이처럼 금관국계는 진골귀족으로 편입되기는 하였지만 지배집단으로 자리잡기까지는 전통적인 귀족들의 반발 속에서 험난한 과정을 겪지 않으면 안 되었다. 그 점은 김유신도 마찬가지였다.

김유신은 595년 만노군에서 출생하였다. 김서현 부부가 별[星]과 무장을 한 동자가 집으로 들어오는 꿈을 꾸고 임신을 하였다고 한다. 『삼국유사』에는 고구려의 유명한 점쟁이 추남(楸南)이 왕비에게 무고로 몰려 억울한 죽임을 당한 후 김유신으로 환생하였다는 설화가 실려 있다. 만노군에서 출생한 뒤 이 곳에서 어린 시절의 상당 기간을 보낸 그는 왕경으로 돌아와 화랑이 되었다. 용화향도(龍華香徒)라 이름하는 화랑도를 이끈 그는 팔공산의 중악석굴(中岳石窟)에서 수련하며 난승(難勝)이란 노인에게 삼국통일을 달성하는 비법을 전수 받았다고 한다. 아마도 이런 과정을 통하여 군사적인 능력과 기반을 함양하여 간 듯하다. 성년이 된 뒤의 초기 활동상은 잘 알 수가 없고, 아버지 서현과 김춘추의 부친 용춘(수)(龍春〈樹〉)을 따라 중당당주(中幢幢主)로서 낭비성(청주) 전투에 참가해 처음으로 두각을 나타내었다. 이 출정은 김춘추가와 김유신가의 결속관계의 일단을 보여 주는 것이어서 주목된다.

김유신가는 김춘추가와 정치적으로 끈끈한 결속 관계를 맺었던 듯하다. 그것은 두 세력이 동병상련의 입장에 있었기 때문이다. 앞서 언급하였듯이 김유신가는 금관국계로서 진골귀족들의 경계대상 제1호였다. 김춘추가는 원래 전통적인 진골귀족 출신이었지만 입장은 비슷하였다. 그의 할아버지인 진지왕(眞智王)이 정난황음(政亂荒淫)을 이유로 귀족회의의 결의에 따라 왕위에서 쫓겨나 사망함으로써 귀족들과는 반목 대립하는 관계였기 때문이다. 이 때문에 두 집안은 자연스레 가까워질 수밖에 없었다. 진지왕의 뒤를 이어 즉위한 진평왕은 진골귀족들을 제어하여 명실상부하게 국왕 중심의 지배체제를 확립하고자 하였는데, 여기에 김춘추와 김유신의 두 세력을 적극 활용하고자 하였다. 그들은 왕당파(王黨派)의 역할을 자임하고 나섰던 것 같다.

이 두 세력의 결속에 대해 진골귀족들은 당연히 계속 경계의 시선을 보냈다. 그 일단을 보여 주는 것이 김춘추와 김유신의 동생 문희(文姬)의 혼인을 둘러싼 이야기이다. 아마 당시 김춘추는 이미 유부남이었던 것 같은데 다시 정치적인 목적에서 김유신의 책략에 따라 그 동생 문희와 결혼을 하게 되었다. 이 결혼은 아마도 진골귀족들의 적극적 견제와 비난으로 순조롭게 이루어지지 못하였던 것 같은데, 김유신과 김춘추의 계산된 비상수단 동원과 함게 진평왕의 협조 등으로 마침내 목적을 달성하게 되었다. 둘 사이에 태어난 첫 아들인 법민(문무왕)이 626년생이므로 그들의 결합은 이보다 약간 앞설 것이다.

양자가 굳게 결속을 다져가는 데 비례하여 귀족들의 견제도 그만큼 심해졌다. 김춘추·김유신을 중심으로 한 왕당파와 귀족파 간의 대립·갈등은 진평왕이 노년에 이르도록 왕자가 없이 사망할 시점이 다가오자 점점 노골화하기 시작하였다. 그것은 진평왕 53년(631) 이찬 칠숙(柒宿)과 아찬 석품(石品)의 모반사건에서 유추된다. 이 모반사건의 주된 원인은 진평왕 사후 왕위계승의 향방을 둘러싼 것이었다. 아마도 왕당파들은 진평왕의 딸 선덕을 지원하고, 귀족파들은 그에 반대하는 입장이었던 것 같다.

이 모반사건이 발발한 이듬해에 진평왕이 사망하였는데, 당시 대립 갈등하던 양 세력 사이에 절묘한 타협이 이루어져 선덕이 여자로서 전례없는 왕위에 올랐다. 당시 귀족파들은 선덕여왕의 사후를 노리고 왕위계승에 가장 근접한 직책인 상대등(上大等)을 확보함으로써 일시 타협을 한 것이다. 선덕여왕대는 이들 두 세력 사이의 견제와 균형 위에서 유지되어갔다.

그러나 팽팽한 긴장 관계가 깨지기 시작한 것은 642년 백제의 대야성 침공으로 낙동강 유역의 옛 가야 영역을 상실하면서였다. 이로 말미암아 신라 자체가 심각한 대내외적 위기에 빠지게 되면서 양자의 대립이 노골적으로 표출되기 시작하였던 것이다. 특히 대야성 함락에 일차적 책임이 있던 김춘추 일파는 수세에 몰렸다. 대야성 싸움의 실패는 주로 김춘추의 사위 김품석 때문이었다. 그는 대야성 방면을 책임진 사령관인 도독이었지만 자기 부하의 처를 유인하기도 하고 그것도 모자라 현지 유력자들의 처자들에게 눈을 돌림으로써 여러 가지로 문제를 일으켰을 뿐만 아니라 백제군이 대야성을 공격하여 왔을 때는 지방민들이 결사항전을 주장하는데도 구차하게 목숨을 부지하기 위하여 물리치고는 항복해 버리고 말았던 것이다. 당시 신라 지배층에게 가장 크게 요청되고 있던 덕목은 흔히 화랑 정신이 담겨 있다고 여겨지는 세속오계였으니, 자진 항복은 이러한 덕목에 철저하게 반하는 비난받아 마땅한 행태였다.

이 사건은 신라의 국가적 위기임과 동시에 김춘추계의 일대 위기이기도 하였다. 김춘추가 위험을 무릅쓰고 적극적인 외교 활동에 나서지 않을 수 없었던 이유도 바로 여기에 있었다. 그들 일파가 주도하여 대당 군사교섭을 시도하고 또 김춘추가 직접 고구려에 원병을 요청하러 가는 등 군사외교를 활발하게 펼쳤지만, 쉽사리 성사될 상황은 아니었다. 오히려 당으로부터 '여주불능선리(女主不能善理)'란 대답이 돌아옴으로써 여러모로 불리해지고 있었다.

그런데 이 때 당은 고구려 원정에 박차를 가하고 있었다. 당은 고구려를 공격하였다가 실패한 결과 멸망한 수(隋)의 전철을 밟지 않기 위하여 원정 준비에 만전을 기하면서, 신라를 향해서는 고구려 공격을 위한 신라병의 파견을 요청하였다. 신라로서는 백제의 전면 공격이란 위기에 봉착해 있었으므로 자연 그를 둘러싸고 내부에 논란이 일었다. 파병 결정을 적극 주도한 세력은 당면의 위기에서 불리한 입장에 서 있던 김춘추 일파였다. 사실 한반도에서 고립을 면치 못한 신라로서는 당연한 선택이기도 하였다.

그 결과 수만 명의 병력을 파견하였지만 당의 고구려 원정이 실패로 돌아가면서 국내에서는 원병 파견을 주도한 김춘추 세력이 한층 불리해졌다. 아마도 그 결과로 왕위 계승에 가장 가까운 직책인 상대등을 귀족파의 대표였던 비담(毗曇)에게 양보하지 않을 수 없었을 것이다. 당시 선덕여왕은 병약하고 노쇠한 상태로 사망할 날이 멀지 않았으므로 비담은 차기 왕위를 따논 당상이나 다름없었다.

646년 12월 일본의 다이카 개신을 주도한 인물 가운데 한 사람으로 신라에 사신으로 온 다카무쿠로 구로마로[高向玄理]가 귀국하는 길을 따라 김춘추가 일본으로 간 사이인 647년 1월 비담의 난이 일어났다. 그 즈음해서 선덕왕은 임종에 직면해 있었던 것 같은데, 김춘추가 없는 사이 비담이 왕위계승을 위한 반란을 일으킨 것이다. 당시 김춘추 일파는 다시 여자인 진덕왕을 후계자로 내세우기로 결정하고 있었다. 이로써 이 두 세력 간의 직접적인 무력대결은 피할 수 없는 상황으로 치닫고 있었으니, 그 절정에 비담이 난을 일으킨 것이었다.

난을 일으킨 비담 일파는 명활산성(明活山城)을 근거지로 하여 월성(月城)에 주둔해 있던 왕당파에 대해 적극 공세를 취하였다. 왕당파는 초기에 불리한 상황을 맞아 수세에 몰렸지만 김유신의 기지와 군사력으로 마침내 이를 극복하고 비담의 난을 진압하였다. 이 와중에 선덕이 사망하고 대신 그 사촌 동생인 진덕이 즉위하였다. 난이 끝난 뒤 귀국한 김춘추와 김유신의 쌍두마차는 사실상 정치적 실권을 장악하게 되었지만 그렇다고 귀족파가 완전히 제거된 상태는 아니었다. 게다가 여전히 백제의 위협은 상존하고 있었다. 특히 당의 태종은 신라의 여왕 즉위를 내심 못마땅하게 여기고 있었다. 하지만 자신이 즉위하기 위해서는 사전 정지작업이 절대적으로 필요하였던 김춘추로서는 진덕여왕을 내세우지 않을 수 없는 형편이었다.

이렇게 여러 가지로 불리한 당면 여건을 벗어나기 위해 먼저 당과의 관계를 원만하게 이끌어 환심을 살 필요가 있었다. 이 때문에 김춘추가 직접 당으로 건너갔는데, 아마도 그는 여자인 진덕의 즉위가 불가피하였음을 역설하였을 것이고 나아가 그를 무마하는 반대급부로서 당제(唐制)의 수용을 적극 내세웠다.

이렇게 해서 신라는 독자적 연호의 사용을 포기하고 당복(唐服)을 비롯한 여러 가지 당제를 수용하는 길로 접어들었다. 그러는 한편 시시각각으로 변화하는 당의 동향 등 정보를 신속 정확하게 파악하고 나아가 선진문물의 수용에서 주도권을 행사하기 위하여 자신의 아들과 측근들을 당으로 보내 당 태종을 숙위(宿衛)케 하였다. 이 숙위는 사실상 다목적용으로서 큰 성과를 거두었다. 아마도 김춘추는 그 밖에도 나당연합군을 결성하여 고구려와 백제를 치기로 당태종과 밀약을 맺었는데, 태종이 사망하는 바람에 즉각 실현되지는 못하였다.

김춘추 일파는 사실상 정치적 실권을 장악하고 있었지만, 그가 즉시 즉위하기에는 여전히 귀족파의 반발이 만만치 않았다. 따라서 여러 가지 정지작업을 꾀하지 않을 수 없었다. 과연 진덕이 재위 8년만에 사망하자 귀족들은 상대등 알천(閼川)을 밀었다. 그러나 실제적인 힘을 갖고 있던 김춘추와 김유신은 알천을 위협하여 김춘추가 마지못해 양위(讓位)받는 형식으로 즉위하였다.

이러한 일련의 과정들은 김춘추의 즉위에 반대하는 귀족들이 여전히 적지 않았음을 의미한다. 이로 말미암아 김춘추는 특단의 조치를 취하지 않을 수 없었다. 바로 백제에 대한 전면적인 공세였다. 그를 위해 김춘추는 계속하여 당의 병력을 끌어들이기 위하여 노력하였지만 쉽사리 성사되지는 않았다. 거기에는 당의 내부 사정이 작용하고 있었다. 당 태종 사망 이후 외숙인 장손무기(長孫無忌)의 도움을 받아 즉위한 고종은 유약하기 짝이 없었고 그 틈바구니에 태종의 궁녀였던 무측천이 여러 수단을 동원하여 황후가 되어 자신의 소생을 태자로 내세우는 등 실권을 강화하더니 마침내 장손무기와 한판의 대결을 벌였다. 당시는 권력쟁탈전이 한창 진행중이었으므로 쉽사리 백제 원정군을 파견할 수가 없었던 것이다.

이 싸움에서 승리한 측천무후는 결과적으로 국내의 불만을 해소하기 위한 방편으로 원정군을 파견한 셈이 되었다. 무열왕 김춘추와 마찬가지로 국내 문제에 대한 이해관계가 서로 맞아떨어져 백제 공격이 이루어지게 된 것이라 하겠다. 나당연합군과 백제의 싸움은 불과 15일 만에 끝나고 말았다. 이후 고구려와의 싸움은 사실상 당의 필요성에 의해 추진되었다. 그리고 그때까지 왕권을 견제하거나 제약해 온 귀족파는 국왕이 주도한 전쟁에서 승리를 거두면서 마침내 몰락하지 않을 수 없었다.

지금까지 김춘추를 중심으로 하여 그의 집권화 과정을 장황하게 살펴 본 것은, 겉으로는 부분적으로밖에 드러나지 않지만 그 배경에 김유신이 크게 자리하고 있었기 때문이다. 이 둘은 마치 바늘과 실의 관계와 같았다. 사실 김유신의 군사적인 기반이 뒷받침되지 않았더라면 김춘추의 즉위는 불가능하였을 것이고, 그 뒤 삼국통일 전쟁의 승리도 장담하기 어려운 형국이었다. 이는 뒷날 문무왕과 함께 김유신이 삼국통일의 원훈(元勳)으로 숭앙받고 있었던 데서도 쉽게 느낄 수가 있다. 이들은 사망한 뒤에도 신라를 영원히 지켜주는 호국신으로 여겨지기까지 하였다. 김유신은 상대등을 역임하고 삼국통일 전쟁을 승리로 이끈 제일의 공로자로 마침내 가장 높은 비상 관등인 태대각간까지 오르는 등 최고의 대접을 받았다.

그가 군사전략가로서 보여준 자세는 신라인들에 오래도록 회자되는 전범이었다. 압량주군주로 있을 당시 의도적으로 군사에 뜻이 없는 척하며 늘 술만 마시고 노는 태도를 취해 마침내 주인(州人)들의 마음을 자발적으로 이끌어내어 백제와의 싸움을 승리로 이끈 것, 당이 신라 지배층의 분열을 책동하려 한다는 사실을 간파하고 그와 대결을 벌이려 하였던 일, 백제 멸망 후 당나라 측에서 그를 회유하기 위하여 백제 땅의 일부를 식읍으로 주려 하였을 때 거절한 일 등은 그가 단순한 군사전략가로 머문 것이 아니라 원모심려(遠謀深慮)의 정치력과 혜안을 갖춘 범상치 않은 인물이었음을 보여준다. 당도 그의 위상을 그렇게 인식하고 있었다. 신라와 당의 싸움이 본격화된 것이 그의 사망 이후라는 점도 그를 이해하는 데 참고가 된다.

김유신은 상벌에 철저하여야 한다는 기본 입장을 갖고 있었다. 문무왕 원년(661) 백제 멸망 후의 여세를 몰아 당이 고구려를 공격할 때 신라에서는 김유신이 병참을 담당하여 책임지기로 하였다. 그런데 신라가 제공하는 군수물자가 평양까지 도달하는 데에는 고구려의 저항이 워낙 완강하였던데다 때마침 추위까지 겹쳐 큰 어려움을 겪고 있었다. 이때 휘하의 보기감(步騎監)으로 있던 열기(裂起)가 선봉으로 나서서 군사(軍師)인 구근(仇近) 등과 함께 이 일을 감당하여 임무를 완수하였다. 김유신은 출정시 국왕에게 승인 받은 편의종사권(便宜從事權)에 따라 열기에게 급찬의 관등을 지급하여 일단 그 공로를 표상하고 귀국한 뒤 국왕에게 다시 상주하여 사찬으로 올려 주기를 간청하였다. 이때 문무왕이 사찬은 너무 과하다고 반대하자 "작록공기(爵祿公器)는 공(功)에 보답하려는 것인데 무엇이 과하다는 말입니까" 하여 그를 관철시켰다. 여기에는 금관국계 김유신의 오랜 관록이 녹아있지 않은가 싶다. 아마도 능력이 있음에도 불구하고 관등 승진 등 신분상의 제약이 작동하는 신라 사회의 모순점을 오랜 체험을 통해 깊이 인식하고 있었던 것이다.

반면 군기를 어겼을 경우에는 가차없이 처벌하고 예외는 결단코 용납하지 않았다. 문무왕 12년(672)이 당과의 백수성(白水城) 석문(石門) 싸움에 신라 병력이 출정하였을 때 일이다. 그의 아들 원술(元述)이 비장(裨將)으로 나섰다가 소속 부대가 군기를 어겨 당에게 대패하고 장군들이 전사하자 그 역시 따라 죽고자 하였으나 보좌관의 만류로 그러하질 못하였다. 이에 김유신은 자기

아들이지만 원술이 왕명을 욕되게 하고 가훈을 어겼다면서 참수할 것을 주장하였다. 국왕이 이 주장을 받아들이지 않고 사면하였으나 김유신은 원술을 끝끝내 용납하지 않았다.

그의 사망 후 원술은 군공을 세웠음에도 불구하고 그의 어머니로부터 역시 받아들여지지 못하였다. 이는 공사(公私)를 엄격히 가려 처신하려는 태도를 잘 보여준다. 아마 김유신 일족이 신라인에게 모범이 될 수 있었던 것은 단순히 군공 때문이 아니라 김유신의 가훈이라고 표현된 이러한 원칙에 대한 철저한 자세가 더해져서였을 것이다. 실제로 이는 골품제 사회인 신라에서 귀족들의 끊임없는 견제 속에서도 금관국계가 굴하지 않고 살아남을 수 있었던 요인 중 하나라고 볼 수 있다.

신라의 삼국통일은 결국 진지왕이 폐위된 이후 전통적인 진골 귀족에게 배척당하던 김춘추와 금관국계의 합작품이라고 하여도 좋다. 이것은 문무왕이 고구려와의 일전을 앞두고 김유신·김흠순·김인문 세 사람을 나라의 보배라고 한 데에서 드러난다. 김흠순은 바로 김유신의 친동생이었다. 김춘추의 즉위와 함께 신라는 새로운 시대가 열렸고, 이후 그의 직계가 왕위를 계승하던 시기를 중대라고 불러 그 전후와 구별하고 있다. 이 중대의 개창을 주도한 세력이 바로 김춘추와 김유신 일파였다. 더욱이 김유신에게 중대의 국왕은 그 외손들이었다. 이로써 금관국계로서 가지는 기존의 한계를 완전히 탈피할 수 있었던 것이다. 그러나 통일 이후 지배체제가 점차 왕족을 중심으로 강화되어 가면서 다시 금관국계는 정치적 핵심에서 밀려나게 된다.

통일 이후 금관국계는 무훈(武勳)으로서뿐만 아니라 외척으로서 그에 걸맞은 정치적·경제적 대우를 받고 있었다. 그 수준은 다른 왕족의 수준을 능가할 정도였다. 금관국계는 스스로를 현창하기 위하여 김씨 왕족처럼 중국 전설시대의 소호금천씨(小昊金天氏)의 후예라고 표방하고 자신들의 역사서인 『개황록(開皇錄〈曆〉)』을 저술하였다. 개황록이란 황실을 열었다는 뜻으로서, 금관국의 역사서다. 아마도 이때 그들은 스스로를 신김(新金)씨라 이름하여 왕족에 버금간다고 내세웠다. 이로써 금관국계는 바야흐로 그 절정기를 맞아 가고 있었다. 김유신의 아들인 삼광(三光)이 인사권을 총괄하고 있었던 것으로 미루어 그들은 막강한 영향력을 행사하였음을 알 수 있다.

그러나 신라의 지배체제가 왕족 중심으로 확립되고 또 통일의 기운이 식어갈 무렵인 성덕왕대부터 점차 권력의 핵심에서 밀리는 조짐이 나타나기 시작하였다. 당시 성덕왕이 김유신의 손자인 대아찬 윤중을 편애하자 왕족들이 그를 질시하였다. 이에 국왕은 시절이 이처럼 평안한 것은 모두 윤중의 조부 김유신 덕분이라면서 무마하였지만 이는 일시적인 조치에 지나지 않았다. 733년 당이 발해를 공격하기 위하여 신라에 도움을 요청하였을 때 윤중과 함께 그의 동생인 윤문(允文)이 장군으로서 출정하였다. 아마 이때까지는 금관국계가 기존의 기반을 그런대로 유지하고 있었던 것 같다. 그러나 이후 점차 핵심에서 뚜렷하게 밀리기 시작하였다.

혜공왕 15년(779) 선풍이 김유신의 무덤에서 일어나 그로부터 말을 탄 무사가 위용을 갖추고 나오니 그 뒤를 40여 명의 무장 병력이 미추왕릉으로 들어갔다. 갑자기 무덤 속에서 통곡하며 우는 소리가 들리니 그 말인즉 김유신이 삼국통일의 공을 세우고 죽어서도 나라를 지키려는데 자신의 자손들이 아무런 죄가 없음에도 주살 당하였으니 다른 곳으로 옮겨가겠다는 내용이었다. 혜공왕이 그 말을 듣고 놀라 김유신의 무덤에 제사지내어 사과하고 그의 원찰인 취선사(鷲仙寺)에 공덕보전(功德寶田) 30결을 지급하였다고 한다. 이는 김유신의 자손들이 모종의 사건에 연루되었음을 의미하는데 그것이 이른바

770년에 일어난 김융(金融)의 난으로 추정되고 있다. 아마 성덕왕 이후 소외되고 배척 당하던 김유신의 금관국계가 특히 768년 대공(大恭)의 난(96角干의 난)에 뒤이은 일련의 반란사건에 가담하였던 것 같은데, 이것이 현실 정치에서 몰락하는 결정적인 계기가 되었다. 그 이전부터 차별 당하였던 데 대한 반발로 결국 반란에 가담하였을 것이다.

이후 금관국계로서 고위직에 오른 인물은 전혀 등장하지 않는다. 혜공왕 대 이후 김유신의 현손(玄孫) 김장청(金長淸)이 주도하여 뒷날 『삼국사기』 김유신 열전의 모태가 된 행록(行錄) 10권을 저술하였지만, 그의 관직이 겨우 집사부의 가장 말단인 집사랑(執事郎〈史〉)이었던 것으로 미루어 금관국계의 몰락 정도를 가늠할 수 있다. 김유신 행록의 저술 자체는 김유신의 현창(顯彰)을 통해 재기를 노린 금관국계의 노력의 소산이었던 것으로 보이지만, 전혀 도움이 된 것 같지는 않다. 이미 금관국계가 과거의 영광을 되찾을 가능성은 사라지고 있었던 것이다. 물론 금관국계로서는 노력을 계속하였던 듯한데 흥덕왕 대에 이르러 김유신이 흥무대왕(興武大王)으로 추존되고 있는 데서 미루어 짐작된다.

그러나 이러한 노력들로도 큰 물길의 흐름을 되돌리기는 어려웠다. 김유신의 헌신적인 노력과 영광은 시간이 흐를수록 신라인들에게 잊혀져 가고 있었다. 금관국계는 정치일선에서 밀려나 진골로서의 신분조차 제대로 유지하지 못하였던 것 같다. 다만 김유신의 서손(庶孫)인 김암(金巖)이 음양가의 둔갑입성법(遁甲立成法)을 익히고 또 육진병법(六陣兵法)에 정통하였던 것으로 보아 전략가 집안의 명맥은 일각에서 유지된 것으로 보인다.

가야인의 뒤안길

우륵과 강수의 활동을 통하여 알 수 있듯이 대가야계가 신라에서 문(文)으로써 큰 영향을 끼쳐 족적을 남겼다면 금관국계는 무(武)로써 큰 공적을 쌓았다. 어쩌면 가야계가 아니었더라면 신라의 삼국통합은 그렇게 쉽게 성공을 거두지 못하였을 것이다.

그러나 대가야계는 줄곧 신라사회의 주류로 편입되지 못한 채 변경에서 겨우 명맥을 유지하며 신라 지방문화의 발전에 기여하였다면, 금관국계는 한때 왕도에 뿌리를 내리고 큰 성공을 거두었다. 그러나 교활한 토끼가 죽으면 사냥개는 구워삶아 먹는다고 하였던가. 결국 금관국계는 도태되고, 그 주류들의 향방은 이후 짐작하기 어렵다. 겨우 후삼국 정립기에 김해 지역에서 그들의 후예를 표방한 소율희(蘇律熙) 세력이 등장하여 흔적을 보일 뿐이다. 반면 문화 방면을 주된 무기로 삼았던 대가야계는 충주지역에 뿌리를 내려 뒷날 그 기반이 알게 모르게 고려왕조에서도 면면히 이어진 것으로 짐작된다. 이것이 문과 무가 지니는 효용성의 차이를 반영하는 사례일지도 모르겠다.

두 가야계는 신라에서 서로 다른 입장에서 조우할 기회가 두 차례나 있었다. 우륵이 충주 지역에서 이따금 탄금대에 유유히 흐르는 남한강을 바라보며 가야금을 타면서 시름을 달래고 있을 즈음, 이 방면을 군사적으로 총괄하고 있던 인물이 김유신의 할아버지 무력이었다. 아마 진흥왕이 하림궁에 행차하여 우륵을 불렀을 때 그 옆에 무력이 시위(侍衛)를 하고 있었을 것이 틀림없다. 서로 전후하여 경쟁하면서 줄곧 하나로의 통합을 주도하려 하였던 나라의 후예들이, 이국땅 신라의 변방에서 그것도 죽고 죽이는 전투가 치열하게 전개되는 한가운데에서 만났을 때 어떤 느낌이었을까. 과거 자신들의 적국이었던 신라를 위해서, 비록 입장은 다르다고 하지만 총알받이로 나선 그들의 심정엔 망국의 회한이 끊임없이 치솟았으리라.

다른 기회는 그로부터 백년쯤 세월이 흐른 후에 왔다. 당시는 무력의 손자 유신과 우륵의 후예 강수가 각기 삼국통일을 위하여 앞장서고 있었다. 그들의 역량은 각기 다른 방향에서 표출되고 있었으니 하나는 문(文)으로써, 다른 하나는 무(武)로써였다. 당시 그들의 힘을 빌려 삼국 통합에 중심적 역할을 한 국왕의 시호가 뒷날 문무왕(文武王)이라 칭해지게 된 것은 상당한 아이러니이다. 역사에는 가정을 허락하지 않는다지만, 그들이 이제는 사라진 고국에서 서로 통합하였다면 통일은 그들의 몫이 되었을지도 모를 일이다. 각자 망국의 유민이 되어 정복자의 나라에서 힘을 합쳐 마침내 삼국통일의 달성에 중추적인 역할을 담당하게 된 것은 결국 그들의 운명이자 숙명이었는가. 게다가 삼국통일의 과업을 이루었으면서도 다시 한 세력은 저 멀리 변방에서 또 다른 꿈을 키우고, 또 한 세력은 왕경에서 일시 절정기를 맞았지만 다시 쇠퇴의 길을 걸었다. 모두 신라에서 한시적인 용도로밖에 쓰이지 못하고 말았던 것이다.

가야사 새로 읽기

지은이 주보돈

펴낸이 최병식

펴낸날 2017년 8월 30일 / **재판** 2021년 10월 25일

펴낸곳 주류성출판사

서울특별시 서초구 강남대로 435 (서초동 1305-5)

TEL | 02-3481-1024 (대표전화) • FAX | 02-3482-0656

www.juluesung.co.kr | juluesung@daum.net

값 20,000원

잘못된 책은 교환해 드립니다.

ISBN 978-89-6246-324-8   93910